世論と社会

デジタル・ヒストリーで紐解く公開集会の歴史

刀水書房

はじめに

　2020 年，新型コロナウイルス感染症(COVID-19)が世界じゅうに広がり，私たちの世界は様変わりしました。その年のクリスマス，私は人影もなく薄暗い関西国際空港に立っていました。遠くで光が見えるのはスターバックスくらい。仕事を辞めて，MBA を取得するために，バナナ共和国，いや日本を後にしてスイスに旅立つ娘を送りにきたのでした。かつて自由であった香港に生まれ，日本の民主主義の下で育った娘ですが，いよいよ生活の拠点を移すつもりなのだなと感じました。

　思い出の年，日本では「# 検察庁法改正案に抗議します」という Twitter の投稿が爆発的に広がり，自民党・公明党連立政権は圧倒的多数で議会を支配しているにもかかわらず，その関連法案の成立を断念しました。また，アメリカ合州国のミネソタ州で，警官が黒人男性ジョージ・フロイド氏を拘束して死に至らしめると，全米のみならず世界各地で，人種差別に反対する抗議デモが広がりました。この運動は，ブラック・ライヴズ・マターを略し，BLM 運動と呼ばれています。さらに，かつて雨傘運動が起こった香港でも，民主的制度の維持を求める抗議デモが続きました。

　特定の団体の構成員だけではなく，広く社会一般の人びとが参加して行われるこのような活動は，社会運動と呼ばれ，自由で民主的な社会に不可欠な要素です。ただし，香港の場合のように，政府による強権的な弾圧が行われると，参加へのハードルは高くなります。さらに社会運動自体が事実上禁止された中国のような国，今や香港も含めないといけないかもしれませんが，そういう国は専制国家と言ってよいでしょう。本書を読まれれば，18 世紀末から 19 世紀初めにかけて，今から 200 年ほど前に行われた集会の自由に対する弾圧が，香港などで行われている弾圧とよく似ている

iv

と感じるかもしれません。

　本書では，政府や権力を持つ組織に対して，誰もが自由に批判し，その政策や行動に平和的に影響を及ぼすことができる手段，社会運動成立の中核にあり，世論形成の最も重要な手段であったパブリック・ミーティング（公開集会）の歴史を検討します。社会運動も，公開集会も，人権を保障する民主的な国家の成長を支えてきた歴史的制度です。民主主義を支える公式の制度，議会の歴史については，高等学校の世界史の教科書でも詳しく取り上げられています。しかし，世界を見渡すと，多くの専制的国家は議会政治の国でもあります。議会を活きたものにして，民主主義に命を与えることができるのは，社会運動が広く認められていて，人びとが自由に意見を表明できる権利がある国に限られます。

　専制的な支配者は，いつも社会運動の発展や世論の反撥を恐れ，それを抑圧してきました。他方で，社会運動は，しばしば専制政治の暴走を食い止めてきました。中国のような専制国家であっても，新型コロナの隔離政策に反対して白紙を掲げる，命がけの抗議運動に譲歩したのは，つい最近のことです。社会運動は，広い意味で世論の一部です。世論と言えば，立法・行政・司法の三権に並ぶ第四の権力として，新聞やテレビなどのマスコミを思い浮かべるのが普通でしょう。しかし，近年のインターネットの発達によって，SNSなどで一般の人びとが直接発信する意見の重要性も認識されるようになってきました。検察庁法改正案への抗議もBLM運動も，SNSがなければ，これほどまでに広がることはなかったでしょう。近代民主主義が誕生する時に，SNSのように議会に民主主義の命を吹き込んだのが，公開集会（パブリック・ミーティング）です。その影響力は，おそらく第2次世界大戦まで続きました。研究者をも含む多くの論者は，サイバー空間やSNSの拡大を，テレビや新聞などの旧来のマスコミと対照的に位置づけて，双方向的コミュニケーション，多種多様な意見の拡散などの特徴を指摘し，革新的・対立的に理解する傾向があります[1]。しかし，本書が扱う公開集会の歴史を考えれば，まさしく近代的世論自体が，

この2種類の様式が合体して誕生したことを理解できるでしょう。インターネットの誕生で新たな世論形成の手段が広く与えられるようになりました。同時に，それは差別や偏見の助長，権力による監視や統制，闘争的な公共圏の拡張など，多くの問題も抱えています。その多くは，けっして新たなコミュニケーションの手段に特有な問題ではなく，近代的世論が誕生時から抱えていた問題です。私たちは歴史的経験を活用できるのです。

　近代世界が形成される時期に，新聞とともに，いや新聞以上に，民主政治の確立に大きな影響を与えたのが社会運動であって，その中核となったのが公開集会です。議会政治を本当に民主的な制度にしたのは，公開集会の誕生だったと言っても，言い過ぎではないでしょう。日本の歴史研究は，これまで公開集会の誕生を本格的に扱ったことはありませんが，民主主義が世界的に危機を迎えている今こそ，サイバー空間が拡張している今こそ，そこに焦点を当て，歴史を振り返るまたとない機会だと思います。

　いい機会だ，というのは，私にとってはもう一つ別の意味でもそうなのかもしれません。これまで文理遊合を目指して，1999年に阪大でインターネット講義を始めたのを皮切りに，オーストラリア辞典・年表などのデータベース，the Ghostly Gazetteer of Australia という，地図と連動させた英文のデータベースの作成などを行ってきました。その一つの到達点として，本書は，大阪大学データビリティフロンティア機構（今でも時々忘れる名前ですが，ボケも入っているので）の協力のもとに，現段階の自然言語処理の技術を最高度に活用することで生まれた，本格的なデジタル・ヒストリーの研究成果でもあります。「オーストラリアにおけるパブリック・ミーティングの構造（1803〜1954）とグローバルな近代世論形成の展開をデジタル・ヒストリーで追う」というのが，最初に考えた間の抜けたタイトルです。「ボケ防止のデジタル・ヒストリー」とも呟いていますが，そのデジタル・ヒストリーの功罪を含めて，退職が迫る歴史家の残された仕事の一つとして，公開集会の歴史をお届けします。

　現在の日本では，大学で教える60代の教授は言うに及ばず，50代や40

代の教員でもデジタル・ヒストリーと無縁な歴史家がほとんどです。1970年代，コンピューターを使い，大量の数量データを分析して，歴史を研究するクリオメトリックスが席巻しましたが，そのブームは一過性で，歴史家たちの多くは，言語の問題や深い意味の探求に舵を切りました。大型コンピューターが必要なうえに，数量（つまり数字）の分析だけでは，歴史研究の方法を大きく変えるには至りませんでした。デジタル・ヒストリーが登場するのは20世紀の末ですが，それが本格化するのは，インターネットが普及し，パーソナル・コンピューターの性能が飛躍的に向上するようになってからです。しかし，当初はデータベースの構築や歴史的過去の視覚化が中心で，歴史研究の方法に大きな影響を与えることはありませんでした。多くの人にとっては便利になったという感じでしょう。ところが，自然言語処理の登場は，それを劇的に変えようとしています。歴史家が過去を理解する最も重要な媒体は言語です。歴史家は，クリオメトリックスには，言語の意味を追求することで対抗できましたが，デジタル・ヒストリーは，歴史家が生涯をかけても読めないような言語のデータを一瞬で処理します。最初は，単語の数を数えるというような単純な処理でしたが，AIや機械学習は，複雑な言語の解釈を徐々に可能にしていきます。その進歩は不可逆的で，歴史家の逃げ込む場所を一つ一つ制圧して行くでしょう。歴史家の役割も歴史研究の方法も根本的に変わらざるをえないのです。その岐路に私たちは今立っています。何と楽しい瞬間，「時よ止まれ，汝はいかにも美しい」。

　その瞬間へ，すぐに，と言いたいところですが，私と公開集会との関係は長く，35年以上前に遡らなくてはなりません。少々長い助走に，しばらくお付き合いのほどを。

2024年6月14日（金曜日）
アボリジナルの絵画に囲まれた，自宅の3畳の仕事部屋兼倉庫にて

藤川隆男

目　次

はじめに　iii

第1章　公共圏とパブリック・ミーティングの誕生 ………… 2

春は夕暮れ／反中国人運動／排他的公共圏／ユルゲン・ハーバーマスと公共圏／世論形成の場／チャールズ・ティリー／パブリック・ミーティングの勃興／ヘンリー・ジェフソン／18世紀メソジストの活動／正式なパブリック・ミーティング／集会の爆発的増加／新聞報道との連携／屋外の炬火集会の禁止／オーストラリアへの移植／定着

第2章　構造としてのパブリック・ミーティング …………27

夏はつとめて／構造／想像力の産物／範囲／新聞／言葉の哲学／演説／ミクロ圏に突入／活動的市民と組織力／権力への接近と正統性／短命な組織／安全弁／世論／公共圏／デジタル・ヒストリーとは何か？

第3章　デジタル・ヒストリーを用いた分析

（共同執筆：Chu Chenhui, 梶原智之, 長原一, 中村武司, 田中昂志, Felix Giovanni Virgo, Prakhar Saxena, 森井一真, 石田真衣, 谷垣美有） …………59

秋はあけぼの

第1節　対象の把握　60

パブリック・ミーティングとは何か／研究の見取り図／Google Books Ngram Viewer とパブリック・ミーティング／British Newspaper Archive／Trove：Newspapers & Gazettes／GLAM Workbench

第2節　データの抽出　77

コーパスの構築／情報抽出／新聞の報道記事の抽出／開催数（広告分析の始まり）

第3節　分析①──日時　84

viii　目　次

聖月曜日／聖日曜日／開催時間帯

第4節　分析②──場所　91

会場／開催場所の諸問題／タウンホールは誰のものか？

第5節　分析③──招集者　104

集会の招集要請者／集会の招集者

第6節　分析④──参加者　111

女性とパブリック・ミーティング／集会に招集された人びと

第7節　分析⑤──目的と規模　124

集会の目的の抽出方法／スケール／パブリック・ミーティングの目的／組織的なパブリック・ミーティング／出席者数／女性と参加目的／中国人のパブリック・ミーティング

第4章　権力闘争の場としての公共圏　………………………… 149

冬は夜／権力闘争の場／屋外集会

第1節　メルボルンにおける集会と行進の規制　153

メルボルンにおける規制／メルボルンの屋外集会の展開／イースタンマーケット／治安を乱す集会及び党派の行進防止法案／イースタンマーケット再び／1860年のイースタンマーケット／その後の屋外集会

第2節　シドニーにおける自由な屋外集会の伝統　172

スピーカーズ・コーナー／ハイドパークの発展／1878年ハイドパークの乱闘／ハイドパークにおける集会の禁止／バサースト・ストリート・コラム／新しい聖地ドメイン／ドメインを閉鎖する動き

第3節　女王陛下とパブリック・ミーティング　205

帝国意識／ヴィクトリア女王在位50年記念／2回目のパブリック・ミーティングの大失態／市長室の会合／日曜日の劇場閉鎖／3度目の正直はあったのか／3度目の集会の実態／その後

むすび　235

注　242

索引　269

オーストラリアの世論と社会

デジタル・ヒストリーで紐解く公開集会の歴史

第1章

公共圏とパブリック・ミーティングの誕生

春は夕暮れ

　1985年3月初春，もう今から35年以上前になるが，私はオーストラリア国立大学に留学した。担当教員は，ドン・ベイカー先生[2]。恩師であり，後に家族ぐるみの親友になったが，パートナーのパット・ホワイトさんとともに，空蝉の身では，しばらくはお目にかかることはできない。留学した当初の目的は，白豪主義形成の推進力となった反中国人運動を研究することであった。白豪主義というのは，簡単に言うと，白人だけを移民として受け入れて，ヨーロッパ系の民族だけからなる国を作ろうとするオーストラリア連邦の政策である。

　最初にベイカー先生に面会した時，近づきやすさや親しみを微塵も感じないなかで，修士論文について英語で約8,000語，内容について叙述し，翌週の同じ時刻までに提出するように淡々と言われた。面談時間は10分ほどで終わった。けっこうひどい英文だったと思うが，比較的早く完成して，さっそく提出。翌週，次の面談に望んだ。意味内容はなんとか理解してもらえたようで，「これは修士論文の1章になる。続きが書けるなら，書くように」と促された。面談時間はまた約10分。この後，修論の草稿を読んでもらった時以外，面談時間はいつもこれくらいで，隔週ごとに同じ時刻に会い，1年半くらい過ごすことになる。ドンの部屋に通ううちにキャンベラの秋は深まり，夕暮れのキャンパスの紅葉が美しくなった。紅葉した木々はヨーロッパから移植されたもので，ネイティヴ・プラントを尊重する今の時代にはふさわしくなく，これらの木は枯れたならば，2度

と植えられることはない。日本に住むオーストラリア史の歴史家も再び植え替えられることはないのかもしれない。

反中国人運動

さてさて，最初のエッセイを書き終え，比較的良好な評価はされたが，少しも手ごたえを感じなかった。それは白豪主義という題材に由来するものではない。私は研究テーマとして平等と差別にずっと関心を抱いており[3]，白豪主義のような人種主義，オーストラリアを舞台とするアイルランド系移民，女性・ジェンダー史，先住民の歴史など関連の研究を続けてきた。スポーツ史をするときも人種差別の観点から主に研究してきた[4]。こうした問題は，何を題材に研究していても，頭の中にある。それでは何が問題だったかと言うと，白豪主義形成に至る過程で，人種差別的な世論が喚起され，反中国人運動が活発化する仕組み，そこへのアプローチが足りない，それが必要だと痛感していたからだ。

反中国人運動を支持する世論はどのように生み出され，それが政府を動かし，議会の制定法になり，白豪主義として実施されたのか。実のところ，反中国人運動の発展を扱った研究は，すでに存在した。アンドルー・マーカスの研究である[5]。労働運動の役割と同時に，反中国人運動が広く世論に訴え，中国人排斥が立法化されていく過程に，パブリック・ミーティングが果たした役割が強調されていた。パブリック・ミーティングとは，あらゆる市民もしくは住民，つまりパブリックに開かれた集会であり，公開集会とか市民集会のような訳語が当てられることが多い。最近は，熟議的民主主義との関連で，歴史学以外で注目されている[6]。反中国人運動についていえば，それぞれの地域で連鎖的にパブリック・ミーティングが開催され，中国人排斥の決議がなされ，それが広く新聞によって報道されることで，世論が醸成され，最終的には中国人移民の排除につながった[7]。

本書では，パブリック・ミーティングに公開集会という訳語を当てるこ

ともあるが，パブリックという概念の多様性と重要性を考慮して，パブリック・ミーティングという語を主に使う。

排他的公共圏

　私は，反中国人運動の理解に二つの問題，あるいは課題の存在を感じた。第1の課題は，政治権力から独立した，市民に開かれた自由な議論の場，つまり，しばしば「理想的」に描かれる「公共圏」が人種差別を生み出す根源となっているという点である。理想的な民主的社会と，人種差別，男女差別，階級差別などは，必ずしも対立するわけではなく，相互補完的でさえある。現実の公共圏は，排除と差別の場でもあり，哲学的あるいは理想的に描かれる公共圏とは似ても似つかぬものでさえある。理想的な公共圏を構想して，ユートピアを描くことにも意味があると思う。しかし，現実の歴史的プロセスがそれとまったく異なっているとすれば，理想的な姿にならなかった原因を，十分に理解する必要があろう。そうでなければ，結局は同じ場所からたいして前進することもできないだろう。

ユルゲン・ハーバーマスと公共圏

　第2の課題を扱う前に，主な公共圏論の提唱者，ユルゲン・ハーバーマスについて少し見ておきたい。ハンナ・アーレントの古代ギリシアに関する公共圏の議論を受けて[8]，ハーバーマスが『公共性の構造転換』において，次のような公共圏の歴史的発展に関する見取り図を示した。

　18世紀から19世紀初めにヨーロッパでは公共圏が勃興し，その後衰退過程に入る。イギリスやフランスなどの西欧諸国では，国王や貴族による封建的システムが，国家と社会，公的領域と私的領域を分離するブルジョワ自由主義的社会へと変化した。この時期，私的領域の中から，合理的で批判的な政治的議論を行う，読書するブルジョワ層を担い手とする，ブルジョワ的な公的領域（公共圏）が形成され，それが世論と呼ばれる新たな現象を生んだ。この成長に貢献したのは，啓蒙思想家やカントなどの哲学

者であり，自由な議論ができるサロンやコーヒーハウスなどの場であった。このような場で生まれた文芸的公共圏が機能変化することで，公権力に対する批判の圏としての政治的公共圏が生まれてくる。おそらくハーバーマスの公共圏成立の主張の最大の弱点は（弱点だらけであるけれども一応そう言っておく），この変化の主張にある。モデルケースとして例示されたイギリスの例では，政治結社の成立や本書で取り上げる18世紀末のパブリック・ミーティングの拡大が指摘されているが，その内容の検討は行われておらず，それと文芸的公共圏との接続は示されていない[9]。要するに歴史的な変化と連続性の考察が無い[10]。

　ハーバーマスの主張に戻ろう。こうした公共圏は，産業資本主義の発達と大衆社会の勃興によって大きな変貌を遂げた。公的・私的領域（国家と社会）の分離は後退し，国家による社会の侵略が加速化した。生活世界のシステムに対する植民地化が進行し，マスメディアや消費社会の拡大によって，二つの領域は融合する。ブルジョワ的公共圏は消滅し，合理的な政治的議論ができる公共圏は衰退した[11]。

　サロンやコーヒーハウスなどから発生したとされる公共圏には，その後，手厳しい批判が寄せられている[12]。ハーバーマスは，歴史的事実との照応関係に乏しいモデルの修正を『事実性と妥当性』において図る。というよりも，ここでは『公共性の構造転換』の内容はほとんど意味をなさなくなる。公共圏は制度でもなく，組織でもなく，規範構造体でもなく，システムでもない，せいぜい「意見についてのコミュニケーションのネットワーク」にすぎない。「公共圏が政治的に重要な問題を対象とする場合には，その特殊化された処理を政治システムに委ねるのである」。「政治的公共圏は，市民の全体に由来する公衆によって担われる」のであって，団体・組織・運動は，私的生活領域に存在する共感を取り上げ，政治的公共圏に流し込む。市民社会は，団体・組織・運動によって，成り立っている。公共圏は，「空間的には，国際関係，国家，地域，地方自治体，二次文化などの互いに重なりあう多数のアリーナによって構成された，高度に

複合的なネットワークを表す」。このネットワークは,「居酒屋,コーヒー
ハウス,道端でのごく一時的な公共圏から,芝居の上演,PTA,ロック
コンサート,政党の集会,教会の大会など,催事としての公共圏を経て,
地球全体に散在する読者・視聴者からなり,マス・メディアによって作り
出される,抽象的な公共圏にまでいたる」。公共圏には,多種多様で,日
常言語によって構築された部分的公共圏があり,そのすべてがコミュニ
ケーションの流れに開かれている[13]。この公共圏概念を,18世紀から19
世紀の歴史世界に適用すれば,ハーバーマスが描いたブルジョワ的公共圏
とは,全く違う歴史世界が立ち現れるであろう。ハーバーマス自身,ブル
ジョワ的公共圏の着想が,役に立たない理念型であることを公言している
に等しいと言わざるをえない[14]。

世論形成の場

　本題に戻ろう。第2の課題は,「政治権力から独立した,市民に開かれ
た自由な議論の場」,もしくは公の政治に影響力を及ぼす世論形成の場と
しての公共圏とは,具体的にはどういうもので,それはどのような歴史的
変化を辿ってきたかを明らかにするという課題である。19世紀以降,世
界の多くの地域で,一つの国を単位として政治権力の多くが行使されるよ
うになった時期には,公共圏を議論する前提として,少なくとも一国を単
位とするような公共圏の歴史的変化について,具体的事実を知る必要があ
ろう[15]。断片的な歴史的知識と思い込みに基づいて,公共圏を論ずること
にどれほどの意味があるのだろうか。しかし,今のところ,すべての議論
は,ハーバーマスへの批判であれ,ハーバーマスによる議論の修正であ
れ,全般的な具体的な事実の発掘とその歴史的変容の検証がないために,
あたかも糸の切れた凧合戦の様相を呈しているように見える。

　これらの二つの課題を併せて,その解決に取り組むことに,どのような
意味があるのだろうか。

　公共圏を民主主義の理想としてだけではなく,排除と矛盾を構築する場

と想定し，その具体的な様相，世論形成の場としての歴史的変化を見る。これは，前述の反中国運動のような運動や様ざまな社会運動の理解に役立つと考えられる。

　反中国人運動は，労働運動の関係者や人種偏見に染まった人びとが，パブリック・ミーティングを各地で組織し，中国人の排斥を議会に請願し，広く新聞によって全国に情報を拡散して，最終的に議会が中国人の入国を厳しく規制する法律を制定した過程，つまり特定の人びとの主体的な活動の結果のように見える。しかし，反中国人運動に限らず，19世紀半ばから20世紀前半のほとんどの運動が，まったく同じようなプロセスを辿って，繰り返し行われている。成功するものも失敗するものもあるが，民主的運動であれ，宗教的運動であれ，国粋主義の運動であれ，人種主義的運動や保守主義の運動であれ，社会主義の運動であれ，女性運動であれ，慈善のための運動であれ，戦争推進の運動であれ，パブリック・ミーティングを用いた世論形成が，同じようなプロセスで，当然のごとく行われている。それはあたかも，こうした運動の目的や担い手とは関係なしに，パブリック・ミーティングという機械の入り口に，様ざまな問題が投入され，出口から自動的に出てくる装置であるかのようである。運動の種類とは関係なく，世論を形成する装置として社会に備わった機構，それこそがパブリック・ミーティングであり，「公の政治に影響力を及ぼす世論形成の場としての公共圏」として，公共圏の中核的構造の一つであったと言えるだろう。しかもそれは，長期に渡って存続した歴史的構造である。反中国人運動だけでなく，あらゆる運動が，その担い手や目的という個別で特殊な要因に規定されているだけでなく，それとは独立に存在する，世論形成の場として構造化されたパブリック・ミーティングによっても，大きな制約を受けているのではないだろうか。それを知ることは，民主主義の根幹でありながら，排除と差別を生み出すシステムとしての，現実の世論形成装置，公共圏を知ることにつながるだろう。

　大学院時代，反中国人運動のような，個別の運動を知るためには，世論

形成の場として構造化されたパブリック・ミーティングも知る必要がある。そのように考えた。その結果，3回目のドンとの面会日には，第2のエッセイを持参せずに，パブリック・ミーティングの研究をしたいと申し出た。ドンは，少し考えていたけれども，修士論文のテーマの変更をすぐに認めてくれた[16]。大学院の仲間からは，ドンは頑固でなかなか親しくなれない教師との評判を聞いていた。それは一面で正しい評価だと思うが，研究については柔軟で，日本から初めてやってきた大学院生の，海のものとも山のものともつかない研究プロジェクトを，面白いと言ってくれて，辛抱強く，見守ってくれた。次にエッセイを求められたのは，12月末に一時帰国する時，翌年の3月初めに戻るときには論文の序章を持って戻るようにとの指示を受け，再び約10分で送り出された[17]。

チャールズ・ティリー

パブリック・ミーティングの構造分析に移る前に，パブリック・ミーティングが世論形成に果たした役割について，説明しておきたい。日本に帰国後に初めて気づくことになるのだが，その頃，アメリカでは，歴史社会学の泰斗，チャールズ・ティリーが，社会運動の歴史的成立を主にイギリスを舞台にして研究していた。彼こそ，最初にパブリック・ミーティングを数量的データとして体系的に扱った研究者である。その主張を見ることにする[18]。

ティリーは，西欧における社会運動を歴史的存在として理解し，それがいかに誕生してきたかを研究していた。そして，その誕生の時期は，18世紀後半から19世紀初めの時期であるとする。この時期に，為政者に対する政治的な抗議が，暴力的な対決から，言論による圧力に変化していく。また抗議の規模は地域的なものから，全国的なものに変化する。その背景には，議会政治の発展や，特定の目的のために設立されたアソシエーションの勃興，新聞を中心とするマスメディアの拡大などがあった。この変化の中核にあったのが，パブリック・ミーティングの爆発的増加と，そ

れによって世論を形成し，政治的な影響力さえ行使できるような公共圏の成立である。ティリーのストーリーは，コーヒーハウス公共圏の物語とは，ずいぶん感じが違う筋書きであることは理解していただけると思う。ただしコーヒーハウスが，パブリック・ミーティングの開催場所の一つであったことは，間違いない。ただし，どれほどの割合をしめていたかはわからない。パブリック・ミーティングが実際どこで，どれくらい開かれたか，世論形成の具体的な場，パブリック・スペースを知ること，こうした基礎的事実を知ることが，歴史研究の礎である。

　ティリーの議論が，ハーバーマスのような他の論者と根本的に異なっているのは，恣意的に選ばれた個別事象の叙述に論拠を求めるのではなく，長期に渡って体系的に集められたデータに基づいて，具体的な変化を分析している点である。ティリーにおいて，ようやく公共圏の歴史的実態に迫ることができる。ティリーによれば，公共圏の拡大と統合を，いずれかの国で明確に測定する方法を開発した者はおらず，比較史的研究は大きな困難に直面している。しかしながら，人びとが為政者に対して集団的な要求を行う群衆の発生頻度と性格の変化は，探ってみる価値のある指標である。1750年代〜1830年代のイギリスに関するこの種のデータからは，公共圏の拡大，縮小，突然変異などを測定できるのである[19]。

　ティリーとそのグループは，10人以上の人びとが，公衆が出入りすることができる場所に集まり，集まった人びと以外にも影響を及ぼすような集団的要求を行った，「対立的集まり」について研究を行った。機械で読み取り可能な目録にある，主に定期刊行物から4,271例の事例を集めている。対象となった地域は，ロンドンとその近郊であり，時期としては，1758〜1820年のうちの13年間と，1828〜1834年の7年間をカバーしている[20]。

パブリック・ミーティングの勃興

　そのデータを分析すると，驚くべき結果ではないが，1815年のナポレ

オン戦争終結後，対立的集まりが驚くほど増加している。その背景には，全国的な問題や制度，人物について，政治的な要求を行う人びとが急速に拡大したという状況があった。また，その内容についても大きな変化があった。第1の変化は，対立的集まりのうちの暴力的なものの頻度が，1780年以降に大幅に低下していることである。第2の変化は，パブリック・ミーティングの異常なほどの増加である。1750年代には，年間数えるほどしか開催されていないが，1830年代には，毎年，数百件が開催されるようになる。増加は1780年代に始まり，ナポレオン戦争後には，もっとも開催頻度が高い対立的集まりとなった[21]。

　なぜ19世紀のイギリスでは，パブリック・ミーティングが対立的集会の中心に位置するようになったのだろうか。それに関しては，次の4点が示されている。

（1）資本主義の発展によって中核ロンドンと地方の結びつきが強まり，また階級関係も先鋭化した。地方の運動が全国的な目標を持った運動と連動しやすくなり，民衆が声をあげる場として，地域の集会がますます重要になった。

（2）議会が国民的政治生活の中核としての存在感を増し，議会議員選挙の意義が大きくなった。議員は地方と中央政府を結ぶパイプとなり，選挙権を持たない貧者は，選挙集会などに参加して，民衆の権利を擁護する議員を応援するようになった。選挙運動によって，パブリック・ミーティングは，様ざまな問題について主張する場として確立した。

（3）政治を専門的に行う者が登場し，議会への請願は，個人的嘆願から，議会の行動に対する集団的支持や反対を表明する手段となった。全国的運動を行うには専門的な知識やコネクションを持った人びとが必要であり，パブリック・ミーティングはこうした人びとが好んで利用する手段となった。

（4）闘争自体が，対立的集まりの在り方を変えていった。食料の接収のような暴力的で直接的な行動や地方的な要求は，アソシエーションや社会運動に参加した人びとが，不満を解消するための活動を拡大するにつれ，有効ではなくなっていった。活動家たちは，集会や結社の自由，言論の自由を一歩一歩獲得していった。パブリック・ミーティングは，三つの目的に役立った。①地方の人びとを全国的運動に動員する。②運動を広く宣伝する。③議会への直接的な要求を調整する[22]。

「結論としておそらく言えるのは，イギリスにおけるパブリック・ミーティングの勃興は，公共圏の拡大の縮図である。そして確実に言えることは，イギリスの民主化に決定的な役割を果たしたということである」[23]。

　以上が，ティリーのパブリック・ミーティングに関する研究の概要である。18世紀後半から19世紀の初めにかけて，イギリスでは民衆の政治的抗議や要求のやり方が大転換した。地方的・直接的・暴力的なものから[24]，全国的・間接的・非暴力的なものに変わった。もっとも顕著な変化はパブリック・ミーティングが主要な手段となったことであり，それこそが公共圏の拡大を象徴していた。

　公共圏に限らず，社会構造を長期的スパンで分析し，理解するには，計量的な手法がどうしても必要であろう。「変化」や「融合」「突然変異」などを見るにはいっそう，何らかの数値的なシリーズを用意すべきである。コーヒーハウスやサロンと公共圏を結び付けるやり方は，あまりにも事実の取捨選択が恣意的で，その変化の捉え方も一面的に過ぎるだろう。恣意的であるがゆえに，『公共性の構造転換』の公共圏理解から，『事実性と妥当性』の公共圏理解に，いとも簡単に構造転換を成し遂げられるのである。

ヘンリー・ジェフソン

　さて，ある意味で幸いなことに，オーストラリアに留学中，ティリーの

研究を知らなかったおかげで，私自身は独自の道を進んで，パブリック・ミーティングを理解しようとした。ハーバーマスは知っていたが，役に立たないと早めに見切りをつけた。

　私の M. A. 論文は次のように始まる。

　　　ほとんどのオーストラリアの機構と同じように，パブリック・ミーティングはイギリスで生まれた。多くの読者は，おそらくパブリック・ミーティングを古くからある機構，マグナ・カルタほどは古くはなくても，少なくともイギリス革命くらいは古いと思われるかもしれない。しかしながら，パブリック・ミーティングの誕生は，フランス革命と大差がない[25]。

　古くからパブリック・ミーティングのような集会が開かれ，演説が行われた例はあるけれども，単なる散発的な個別の事例であって，社会機構ではなかった。こうしたことがわかったのは，チャールズ・ティリーよりはるか前に，パブリック・ミーティングの重要性に気づいた人物がいるからだ。ロンドンに住む役人で，地方政治家のヘンリー・ジェフソンである[26]。ジェフソン自身も，19世紀から20世紀にかけての地方政治や行政改革に関わり，パブリック・ミーティングの重要性を，身をもって体験している。以下のパブリック・ミーティングのイギリスにおける歴史的展開は，主にジェフソンの議論を下敷きにしている[27]。

18世紀メソジストの活動

　18世紀の初めに，ジョン・ウェスリーやジョージ・ホワイトフィールドら福音主義者による信仰覚醒運動が起こり，世紀の半ばまでには，多くの説教師が，集会を屋外で開き，多数の民衆に直接語りかけるという状況がイギリス各地で見られるようになった。史上初めて，イギリスの大衆が，繰り返し集まり，熱狂的な演説を聞き，話し言葉の魅力を，身をもっ

て知るようになった。これらの集会は，宗教の領域に限定されていたけれども，政治的な領域で，同種の行動を起こすときの先例となった。イギリスの改革運動の先陣を切った奴隷貿易廃止運動が，クエィカー教徒や福音主義者たちの宗教を軸にしたネットワークを元にして展開されたことは，よく知られた事実である。メソジストの指導者は，下層階級の人びとが政治に参加することを好まなかった。しかしながら，重要なのは，メソジスト運動によって，非常に多くの人びとが集会に参加することに抵抗感を持たなくなり，アソシエーションと呼ばれる団体を組織したり，その規約を作ったり，資金を集めたり，国内の各地と連絡を取ったりする経験を積んだことである。メソジスト運動は，単に集会を開き，演説をする先例を提供しただけでなく，運動に統一性を与える団体を組織する先例でもあった[28]。

　このようなことは，歴史上繰り返し起こる。先述のイギリスの奴隷貿易廃止運動を指導したのは，中・上流階級の男性であったが，初期から多数の女性たちも補助的な役割で参加していた。ナポレオン戦争後，奴隷制度自体の廃止を目指す運動が再構築されると，ますます女性の参加は増加し，運動の組織化を十分に経験した女性たちは，1825年に女性だけによる別個の運動を立ち上げ，奴隷制度の即時廃止を要求した。この運動の経験は，大西洋をまたいだ奴隷制廃止運動につながり，いっそう大規模な女性参加を実現する女性参政権運動へとつながっていく。興味深いが，しかし，これはまた別の物語である。授業ではよくする話ではあるけれども。

正式なパブリック・ミーティング

　パブリック・ミーティングは，市民や住民の誰もが参加できる集会である。確かに現在のパブリック・ミーティングは，そうなのかもしれないが，かつてはそうではなかった[29]。すべての起源論が神話にすぎないとしても，パブリック・ミーティングにも「正統な」起源がある。

　正式なパブリック・ミーティング，つまり地域の住民の意見を正式に代

14　第1章　公共圏とパブリック・ミーティングの誕生

表すると見なされるようなパブリック・ミーティングの原型は存在する。メソジスト運動や福音主義運動が，中・下層階級のパブリック・ミーティングを準備したとすれば，中・上流層のパブリック・ミーティングにもその起源がある。18世紀のイギリスには，何らかの危機が生じた際に，カウンティ（州）にいる政府の軍事的・行政的代表者である統監 (Lord Lieutenant) が，州の治安判事や，時には自由土地保有者を招集して，適切な手段について討論する慣例があった(30)。

　パブリック・ミーティングを正式に招集する手続きについて見てみると，18世紀前半のイギリスには，パブリック・ミーティングを禁止する法律もなかったが，その招集の手続きを定めた規定もなかった。ただし公式の集会を招集できるのは，統監だけだと考えられていた。しかし，ジョン・ウィルクスに関連する選挙の自由と権利を主張する運動や，アメリカ独立戦争に対する支出の削減を要求する運動などで，貴族やジェントリ（地域の支配者層）や他の有力者がパブリック・ミーティングを招集すると，このような意識は薄らいでいった。ただし，パブリック・ミーティングの開催に統監の同意が必要ないとしても，少なくとも地域の有力者が招集するべきだと1790年頃までは考えられていたと思われる(31)。

　議会への請願は，政治的意見を表明する合法的な手段として，イングランド人の権利だと認められてきたが，チャールズ2世の時代に国王と議会への請願に関して，3人の治安判事もしくは大陪審の許可がなければ，請願に署名できる人数を20人以下に，請願を提出する人数を10人以下に制限する法律が成立していた。この法律が適用されることはめったになかったが，普通の平民が，治安判事などの承認なしに，パブリック・ミーティングを招集することは，合法的かどうかは疑わしかった(32)。

　18世紀末，議会改革運動や反政府運動が活発化する。1792年から1795年にかけて，ロンドン通信協会や憲法協会などの組織が多数のパブリック・ミーティングを招集した。これらの集会は，議会に対する請願という明確な目的がなくても，権力を持たない普通の市民がパブリック・ミー

ティングを招集できるという先例を確立した。1793 年にロンドン通信協会が最初の屋外集会を開くなど，議会改革運動のような運動は，中産階級だけではなく，多数の職人や労働者を大規模に集めて，パブリック・ミーティングという手段に慣れさせることに成功した。政府を支援する人びとも，こうした運動に対抗する団体を組織し，パブリック・ミーティングを招集したので，世論形成の手段としてのパブリック・ミーティングが制度として根を下ろした。世論形成をする場，政治的公共圏がこれによって生まれたのである[33]。

　パブリック・ミーティングは，この段階で世論を表明するための有効な手段となり，しかも誰もが利用できる制度になった。しかし，フランス革命の影響を恐れた政府は，州長官や地方の権力者が正式に招集した場合を除いて，50 人以上のあらゆる集会を禁止した。また，治安判事の集会への出席と，集会を停止させる権限も規定していた。さらに演説・講演会場や討論協会なども規制された。皮肉なことに，この法案に対する反対運動によって，当時としては最大規模の参加者を誇るパブリック・ミーティングが開催されるに至った。これらの法的規制は，パブリック・ミーティングの増大を抑制することはできたけれども，ナポレオン戦争中でも，総選挙や規制が緩んだ時期には開催数が伸び（奴隷貿易の廃止はその成果の一つである），ナポレオン戦争終結後の爆発的増加につながっていった。ジェフソンの叙述もティリーの計量的方法も，ほぼ同じ結論に達している[34]。

集会の爆発的増加

　1815 年にナポレオン戦争が終わると，反穀物法運動や，現在で言うところの所得税に反対する運動が立ち上がった。反穀物法運動は，中流層と労働者の支持を受け，大規模なパブリック・ミーティングを多数開催したが，法案の成立を阻止できなかった。しかし，上流階級の支持，とりわけ地方のジェントルマンの支持を受けた所得税反対運動は，所得税の継続阻止に成功した。この二つの運動は，幅広い階層を全国的に巻き込んだ。こ

16 第1章 公共圏とパブリック・ミーティングの誕生

れを契機に 1832 年の選挙法改正運動の成功まで，パブリック・ミーティングの数は激増し，その影響力は誰の目にも明らかになった。改革運動の指導者の 1 人，フランシス・プレイスによれば，「1784 年には，パブリックは存在せず……派閥しかなかった」。しかし，その状況は大きく変わったのである。多くの改革運動に身を投じたウィリアム・コベットは「改革のための集会が増加するにつれて，暴動は止んだ……要するに請願のための集会が暴動に終止符を打った」と述べており，ティリーの暴力的集まりから非暴力的な集会への転換という数量的検証は，コベットの証言によっても裏付けられている[35]。

　しかし，政府は再びパブリック・ミーティングの規制と弾圧に乗り出した。1817 年になると，1795 年と同じく，正式の許可のない 50 人以上の集会を禁止するだけでなく，様ざまな協会や結社も厳しく統制されることになった。この時の法律は長いものでも 1818 年までの時限立法であったが，ピータールーの虐殺（政府による民衆弾圧事件）の後，1820 〜 24 年の間，治安六法によってパブリック・ミーティングの規制は再び強化された。ただし，これによって集会が根絶されたわけではなかった[36]。

　政府は，フランスとの戦争の危機が迫っていた 1795 年に，治安二法によって集会や結社を弾圧しただけでなく，1817 年には，外国からの侵略の危険がなかったにもかかわらず，治安四法を政府に対する抗議を抑え込むために成立させた。また，政府によるピータールーの武力的弾圧への抗議を抑え込むために，1820 年に治安六法が可決された。ただし，いずれの法律でも，総選挙における言論の自由は保障されており，抗議運動を完全に抑え込むことも，パブリック・ミーティングを根絶することもできなかった。また，罰則は厳しかったが，現在の「専制主義」国家とは異なり，違反者が長期に渡って監獄に収監されるようなこともなかった[37]。

　政府や保守的なジェントリは，州長官が招集する合法的なパブリック・ミーティングと，自由に招集され，主に労働者が参加するパブリック・ミーティングや示威運動を明確に区別していた。ピータールーの虐殺の

後，政府は後者を禁止したが，前者は州長官などの裁量に任せたのである。なぜなら，州長官や市長は，政府や国王に反対する集会の招集を拒否するのが普通だったからである。例外はある。1819年に，ヨークシャーの州長官が，ピータールーの虐殺に抗議するパブリック・ミーティングを招集している。しかし，この集会の後1週間足らずで，この州長官は政府によって罷免された[38]。

　上記の例のように，州長官や市長は，一般的に反政府的な集会の招集を認めなかったが，すべての集会の招集が拒否されたわけではなかった。国王ジョージ4世の離婚問題にまつわるキャロライン王妃事件では，中流層のみならず，庶民院議員の多くや貴族の一部，地方の有力者も王妃の擁護に回ったために，治安六法があったにもかかわらず，多数のパブリック・ミーティングが招集された。もちろん，各地で集会の招集を拒否する事例も相次いだが，州長官が集会の招集を拒否した場合には，バークシャーやダラムに見られるように，治安判事が連名で集会を招集するなど，運動は全国的に展開された[39]。

　パブリック・ミーティングを抑圧できなかったもう一つの理由は，修正案を提出する権利である。すべての自由土地保有者は，この権利を持つことが認められており，正式に招集された集会で，招集目的とは異なる修正案を可決させて，集会を乗っ取る場合があった。キャロライン王妃事件に続いて，1820年の末から，農村部の困窮への対策を求める請願を行うパブリック・ミーティングが多数招集された。地域のジェントリにとっては，窮乏する農村対策は喫緊の課題であり，集会の招集が認められるのは自然な流れであった。しかし，農村の困窮対策は，政府の無駄な財政支出の削減要求，さらには議会改革の要求へと発展，議会改革を求める修正案が多数採択される事態に至った[40]。

　治安六法の期限が切れると，パブリック・ミーティングの発展に歯止めをかけるものは何もなかった。議会改革運動，カトリック解放運動，奴隷制廃止運動と大規模な運動が組織され，議会改革法案が通過した後は，反

18　第1章　公共圏とパブリック・ミーティングの誕生

穀物法運動やチャーチスト運動が続いた。こうした話はイギリス史の概説書に委ねるとして，次に新聞との関係と新たな規制について触れておきたい。

新聞報道との連携

　パブリック・ミーティングの数が増えただけではなく，その影響力が急劇に高まった大きな要因は，新聞報道である。英語圏の有力紙は，ほぼどのような場所でも，その地域を代表する新聞であって，とりわけ19世紀には，地域で起こった毎日の出来事，各種の協会の集まりやイベントなどを細かく記録する役割を担っていた。重要な出来事には，詳細な報道が行われたが，多くの場合は簡単な言及に留まるのが普通であった。パブリック・ミーティングについても，1819年くらいまでは，簡単な言及がなされるだけであった。例えば，マンチェスターの例をあげると，「先週の木曜日，ブルズヘッドで大規模な集会が開かれた。決議については一面の広告欄を参照」程度の報道であった。しかし，この時期を境に，主要なパブリック・ミーティングについては，議長だけでなく主要な参加者，議事の進行の様子，決議の内容，演説の内容，会場の様子までが詳細に報道されるようになる。新聞の報道によって，パブリック・ミーティングの影響力は，集会の場を越えて，はるか遠くまで及んだ。この後，パブリック・ミーティングと新聞が両輪となって，政治的世論の形成の担い手となっていく[41]。

　近代世論の勃興は，新聞というマスコミュニケーションの手段と，パブリック・ミーティングという地域的，直接的，双方向的な手段が結合したことによって生じたのである。

屋外の炬火集会の禁止

　1838年，労働者たちが選挙権を求めるチャーチスト運動が盛んになると，夜にパブリック・ミーティングが開催される事例が登場する。10月

末秋が深まり，闇に包まれる時間が長くなるころ，最初の炬火集会がマンチェスター近郊のボールトンで開催された。週末に飲んだくれて仕事をせず，「聖月曜日」に労働者たちが集会に参加するという，一部の研究者たちの指摘にもかかわらず，多くの労働者にとって，集会参加のために1日の労働時間を失うのは痛手であった。夜の集会は，こうした労働者にとって好都合であったろう。炬火集会は，急速に各地に広がった。職人や労働者たちは，集合場所にあつまり，旗や炬火を手に街の主要な道路を行進して，集会場に向かった[42]。

チャーチストたちは，支持者をすべて収容できるような適当な施設を見つけるのに苦労した。集会にもっとも適したタウンホールの使用申請は，市長が拒否することが多かったので，炬火集会が，こうした課題を克服する有効な手段になった。しかし，多数の人間が深夜，炬火を手にして集まることに恐怖を感じた政府は，12月12日[43]，炬火集会を禁止する命令を出し，治安関係者に集会の開催を，全力を挙げて阻止するように命じた。また，過激な演説を行った人物を逮捕した。これによって，炬火集会は姿を消したのである[44]。

パブリック・ミーティングの母国イギリスでの展開はこれくらいにして，紙幅の関係上，私の研究の本体へと，先に進みたい（とは言っても，書くことができる量を制限されているわけではないが）。

オーストラリアへの移植

貴族制を除けば，ほとんどすべての社会システムがイギリスから移植されたオーストラリアには，当然ながらパブリック・ミーティングも移植された。イギリス人入植者が行くところに，パブリック・ミーティングも文化的荷物の一部として運ばれたのである。研究対象の構造的分析に入る前に，オーストラリアでのパブリック・ミーティングの展開を，伝統的なやり方で逐一見てみよう。伝統的手法と言っても，オーストラリアの歴史的新聞データベース Trove で，advanced search をかけて抽出した "public

20　第1章　公共圏とパブリック・ミーティングの誕生

meeting" という言葉が出てくる記事を網羅的に対象にしている[45]。

　最初に開かれたパブリック・ミーティングの詳細はわからないが，1804年3月19日に，ニューサウスウェールズ軍団の将校であった，ウィリアム・コックスの債権者を集めた，記録に残る最初のパブリック・ミーティングという名称の集会が開かれている。第2のパブリック・ミーティングは，1810年末にシドニーで開催されたもので，マクウォーリ総督統治1年目を記念し，総督に感謝の意を伝えるための集会であった。単に儀礼的なもののように思われるが，前総督ブライを追放した1808年の反乱後，植民地の情勢は混沌としており，集会を招集した3人，チャールズ・フック，ニコラス・ベイリー，グレゴリー・ブラックスランドには，総督を支持する明確な政治的意図があったように思われる。おそらくこれが，流刑植民地として出発したニューサウスウェールズにおける，実質的に最初のパブリック・ミーティングであったと思われる[46]。

　1813年11月には，集会を規制する命令が発布されている。マクウォーリ総督は，6人以上の集会を開催する場合，警察長官 Provost Marshal にあらかじめ申し出て，開催日の少なくとも5日前までに官報を兼ねた『シドニー・ガゼット』に前もって広告を掲載するように命じている。判事，治安判事，警察長官には，この規定に反する集会を必要な場合には強制的に中止させること，警察長官には，集会の開催要求があった場合，総督の承認を得て，集会の時間，場所，目的を明示したうえで公示し，集会に出席し，議長になることを命じた。また，新聞に対しては，正式の手続きを経ないパブリック・ミーティングの広告を掲載した場合，50ポンドの罰金を科すことを決めた。酒場やホテルの経営者には，違法な集会に会場を提供した場合，酒の販売の許可を取り消すこと（事実上の営業禁止）を告示している。内容からは本国の治安法の影響は明らかである。ただし，この規制は，おもに紙幣や約束手形などの流通に関する経済的な談合を阻止するためのものであった。それでも一般の政治的集会も同様に規制を受けることになった[47]。

1816 年 12 月 5 日に，ニューサウスウェールズ銀行設立のためのパブリック・ミーティングが開催された。11 月 20 日と 22 日にもパブリック・ミーティングが開かれたとの言及があるけれども，正式に開催されたのは 11 月 22 日だけだと思われる。法務官が議長を務めた公式のパブリック・ミーティングである[48]。

1817 年 3 月 7 日には，総督の承認の下，英国・外国聖書協会と連携して，聖書協会を設立するためのパブリック・ミーティングが開かれた。総督の承認が得られていることを広告でわざわざ示しているのは，非合法の集会でないことを告知し，参加を容易にするためであったと思われる。総督自身が議長を務めている[49]。1818 年 5 月 6 日には，貧者・老人・病人の救済のために協会を設立するためのパブリック・ミーティングが開催され，5 月 14 にはシャーロット王妃の死に弔意を表すパブリック・ミーティングが招集された[50]。

Trove による新聞検索が可能になるまで，最初のパブリック・ミーティングは，1819 年 1 月 19 日にシドニーで開催された，土地所有者，貿易商人，他の「リスペクタブル」な住人が参加し，政治改革を要求した集会だとされてきた。確かに，この集会以前には，パブリック・ミーティングの数はごく限られていたが，実際には，すでにパブリック・ミーティングの活用が始まっており，その規制も行われていた。この集会の真意は，政治改革にあったかもしれないが，将来の植民地の繁栄と福利を集会の目的に掲げ，総督の承認を受けたものであった。同年，ヴァンディーメンズランド（タスマニア）でも，最初のパブリック・ミーティングが開催された[51]。その他にも，聖書協会と慈善協会に関連する集会が開催されている。

定着

ジェフソンの主張によれば，治安六法があったにもかかわらず，1820 年代前半からイギリス本国では，パブリック・ミーティングが活発に開かれるようになった。それは，ティリーが示す統計的数値とも一致してい

22　第1章　公共圏とパブリック・ミーティングの誕生

る。同時期に，流刑植民地として，市民的自由が制限されていたオースト
ラリア（当時はニューサウスウェールズとヴァンディーメンズランド植民地があっ
た）でも，総督の承認を得たパブリック・ミーティングの開催が一般化し
た。

　カトリック教徒解放に先立つ1820年に，カトリック教会建設のための
パブリック・ミーティングが招集されたのは，宗教的寛容という観点から
は，特筆すべきかもしれない。1821年1月23日には，刑期を終えた流刑
囚とその仲間，すなわちエマンシピストのパブリック・ミーティングが，
総督の承認を得て，その権利の擁護を本国の議会などに訴えるために開催
された。また，牧畜の利益団体の結成を目指す集会が，タスマニアのホ
バートで1822年1月1日に開催された[52]。

　1823年になると，政治的な集会ではないが，政府の承認を受けていな
いと思われるパブリック・ミーティングも見られるようになった。しか
し，8月11日にホバートで開かれた銀行設立のためのパブリック・ミー
ティングや，10月30日の政府の現状維持を求める集会は，警察長官 Sher-
iff（Provost Marshal の役割を引き継ぐ，地位からすれば州長官とも訳せる）が招集し
ている。他方，宗教や慈善に関連する集会に関しては，比較的自由に開催
できるようになったようだ。1824年4月20日には，ホバートでニューサ
ウスウェールズからの分離に関するパブリック・ミーティングが正式な手
続きで招集されている。この集会の様子は，シドニーでも報道された。こ
の他にも，新総督を歓迎する集会の記事も転載された。パブリック・ミー
ティングの記事の転載がイギリスで始まると，間髪を入れずに同じように
植民地でも同じことが起こる。政治文化は地球の裏側にも驚くべきスピー
ドで伝播していたのである。パブリック・ミーティングと言及されること
が多い1824年11月5日に開かれたマクウォーリ前総督支持者の集会は，
私邸で開かれ，正式の招集手続きも踏んでいなかったので，「パブリック
なものかどうか」が不明瞭で，参加を躊躇した者が少なくなかったとされ
る。社会的地位のある者がこうした集会に参加することには，抵抗感が

あったようである[53]。

1825 年には，公的な説明責任を果たす場として，パブリック・ミーティングの重要性を説く論説が『オーストラリアン』紙に登場する。同じく『オーストラリアン』紙は，議会や裁判の記録と並んで，パブリック・ミーティングの記録を読者に提供することが，新聞の義務であると表明した。一方，タスマニアのホバートでは，警察長官が，目的が明確でないという理由などで，パブリック・ミーティングの招集を拒否した。これに対して，集会の開催を要請した者を代表して，商人であり，大土地所有者でもあった A. F. ケンプが，イギリスの例を引きながら，警察長官を厳しく批判した。5 月 17 日には，パブリック・ミーティングの開催拒否に抗議する集会が開かれている。8 月には陪審員裁判を求める動きが始まった。同じくタスマニアのロンセストンでは，教会のオルガンを購入するためにパブリック・ミーティングが開催された[54]。

1825 年 10 月 21 日，シドニーにおいて，総督ブリスベンに送別の会を開くためのパブリック・ミーティングが警察長官によって招集された。集会では，エマンシピストの指導者，W. C. ウェントワースが，「古くから法の合法的な執行者であるシェリフによって招集された，植民地創設以来，初めての正規のカウンティの集会」だと発言し，植民地では前例のない，正式に招集され，世論を忠実に反映する場としてのパブリック・ミーティングの意義を強調した。さらに，「何らかの公的な政策を称えたり，批判したりする場合にはいつでも，世論を表明する唯一の合法的な手段として，今後も見做されることを望みたい」とも述べている。そうして，一部の特権的な党派が秘密の集会を開いて世論を装うことを痛烈に批判した。『オーストラリアン』紙は，次のように述べている。「パブリック・ミーティングは，人民の眼を開き，人民に，その道徳的，身体的な力の強さを自覚させ，パブリック・ミーティングがなければ，知らないままでいたような真実を，人民が判断できるようにする。パブリック・ミーティングは，人民がその政治的権利を，強力かつ合法的に要求した場合には，人

24　第1章　公共圏とパブリック・ミーティングの誕生

民を押さえつけることができないことを示している。このようなパブリック・ミーティングの特徴は，母国の政府のひざ元に近ければ近いほど弱く，距離が離れれば離れるほど，強力になる」。『オーストラリアン』紙は，植民地で最初の完全に民間の新聞で，エマンシピストを代弁する新聞であった。1824年には新聞の検閲が廃止されており，同紙は自由な言論を強く支持していた。先のウェントワースの発言は，必ずしも正確だとは言えないが，当時の人びと，エマンシピストの意識を反映していたと思われる。この時点ですでに，パブリック・ミーティングが世論形成に果たす重要性は，それを利用しようとするオーストラリアの入植者に十分に伝わっていたと言えるだろう。ウェントワース自身，早速実践し，新総督歓迎のためのパブリック・ミーティングを要請して，認められている[55]。

　1830年代もパブリック・ミーティングの開催は続けられ，その広告や内容の報道は，新たに登場した新聞，『シドニー・モニター』紙や『シドニー・ヘラルド』紙などにも掲載されるようになり，税金の使用法や流刑の問題などについて，集会が招集された。警察長官によるパブリック・ミーティングの開催拒否や開催の権利が問題になる一方で，エマンシピストに反対して特権の擁護を狙う党派も，エマンシピストと同じように，パブリック・ミーティングの招集を要求し，流刑の継続を求める世論の喚起を図った[56]。

　ここから先は，真に伝統的な方法で，残る19世紀前半のオーストラリアにおけるパブリック・ミーティングの発展を描写することで，大まかな歴史的経緯を示しておきたい。後ほど，デジタル・ヒストリーによって再検証するが，この段階での一つの見取り図だと考えてほしい。

　1840年代には，パブリック・ミーティングの招集頻度が高まった。1841年には，植民地の分割に反対するために，44年には，教育問題に関連して，46年には，アイルランド飢饉の救済のために，多くの集会が開催された。同じく46年には，イギリス政府の流刑再開の動きに反対するために，さらに多くの集会が開催された。流刑反対運動は，選挙権のない

都市の労働者を，初めて本格的に政治の領域に引き入れることになった。49年になると，都市の小売商人，職人，労働者は，上層階級の援助なしに，自らのパブリック・ミーティングを組織するようになる[57]。

　流刑反対運動は，主催者と参加者の層を飛躍的に拡大し，パブリック・ミーティングを，オーストラリアにおけるもっとも有力な民主的なコミュニケーションの手段として確立した。流刑賛成派が8つの請願を提出したのに対し，反対派は40の請願を集め，事実上，流刑の再開の継続は困難になった。1849年6月の，囚人輸送船ハシュミイ号の到着に抗議する集会には，4,000〜5,000人もの参加者があり，1850年9月の，流刑再開に反対する集会には，6,000人を超える人びとが参加したとされ，ゴールドラッシュ前の集会としては最大の参加者を集めた[58]。

　ゴールドラッシュ期のヴィクトリア植民地で，もっともラディカルな政治家であり，もっとも有力な商人の1人であり，もっとも優れた知識人の1人でもあったウィリアム・ウエストガースは，オーストラリアのパブリック・ミーティングについて次のように書いている[59]。

　　あらゆること，憲法を作ることから，銀行やガス会社を作ることまで，パブリック・ミーティングで決めなければならない。もし人目を忍んでこっそり始めたという烙印を押されたなら，もう運の尽きである。最近になって，単なる民間の株式会社の問題に関しては，植民地はおそらく，この集会熱から少し脱しつつあるようだ。議会選挙の時や政治的関心が高まった時には，パブリック・ミーティングがひっきりなしに開かれる。夜であれ昼であれ，天気の時も雨の時も，議論するために集まる人びとのたゆまぬ熱意に，驚嘆したり，感心したりするだろう。多くの集会で，労働者階級は有利なように見える。労働者は一般的に聴衆の多くを占め，さらに弁士のかなりの部分も労働者である。労働者はいつも非常に熱心で，その見解は独自であるだけでなく，実践的であり，自分たちを取り巻く状況の経験と観察から得られ

た，うんちくの多い提案が際限なく湧き出てくる。

ウエストガースに至ったところで，イギリスとオーストラリアにおける
パブリック・ミーティングと公共圏の発展の概観を終わりにして，先に進
みたい（まあ，これくらいで勘弁しておいてあげよう）。次に，デジタル・ヒス
トリーによる構造分析を行うと言いたいところであるが，研究とは因果な
もので，もう少し下準備を続けることにする。一言付け加えると，この時
点で，イギリスの労働者には選挙権がなかったので，ウエストガースはそ
れを推進するのを後押ししていたと解釈できる。

第2章

構造としてのパブリック・ミーティング

夏はつとめて

　新型コロナが生活を変えてしまうまでは，夏休みに入るとすぐに，時には少し前に，冬のオーストラリアに出発した。長年，真夏というものを経験せずに1年を過ごし，その生活が約30年間続いた。キャンベラが一番多い目的地なのだが，鳥も凍えて木から落下する，夜には零度を下回る寒さに恐れ戦き，暖かいクィーンズランドにまず到着，車で南下するという場合が多かった。その後，じょじょにバリエーションも増え，オーストラリアの6州2準州の各地を，気が付いてみれば，見て回っていた。町では，歩いた，また歩いた。オーストラリア全土で開かれるパブリック・ミーティングを，単なるデータとしてではなく，身近に感じられるのは，こうした積み重ねの結果でもある。デジタル・データを十分に使いこなすには，データが生み出される背景を詳しく知る必要がある。

　日本では，西は神戸市，北は京都市，東は東大阪市[60]，南は関西国際空港を境界にする範囲でしか車の運転をしたことがないが，オーストラリアでは，1日で500キロを運転することも普通である。日本ではカーナビに目的地（自宅も）を必ず入れるが，オーストラリアでは地図さえ持たない時がある。別人である。1日運転距離500キロの制限は，自身の腰痛を考えてのことであり，早朝や日暮れ時にカンガルーにぶつからないためでもあるし，陽が落ちて，漆黒の闇を，キャッツアイを頼りに運転するのを避けたいからでもある。闇は美しく，そして怖い。

構造

　パブリック・ミーティングを研究するに当たって，パブリック・ミーティングを個別の出来事，もしくは特定の運動，例えば流刑反対運動のような運動に関連する一連の出来事とみなすのではなく，すべてのパブリック・ミーティングを一つの構造として扱うことにする。制度と言いかえてもよいのであるが，議会制度，福祉制度のように，厳格な枠組みがあるわけではなく，変化を伴いながらも長期的に断絶することなく持続する社会の仕組みとして，構造という言葉を使いたい。

　パブリック・ミーティングは，常に変化と創造を内包している点で，普通の構造とは少し違う。パブリック・ミーティングは，公共圏の主要な構成要素であり，民主的な近代社会の構造の一部を成しているのであるが，国家や社会制度を改変しようとする社会運動の媒介として，それ自体を包含する社会そのものを変容させていく。したがって，パブリック・ミーティングの構造は，特殊なものであり，それが効果的に機能すればするほど，それ自体が変容していく。構造を変えていくための構造，そういう存在でもある。その根本には，人間の主体的な活動があり，それこそがパブリック・ミーティングの原動力なのである。

想像力の産物

　構造は，想像力の産物である。パブリック・ミーティングの構造があるということを証明することはできない。パブリック・ミーティングの構造は，社会の歴史的変化を説明するための一つのモデルである。こうした構造を想定することが有効であるのは，社会の在り方やその変化，様ざまな事象を，他の説明の仕方よりも，より説得的に説明できる場合に限られる。うまくできなければ，ごみ箱行きが相当。この点は，ジェンダー，人種，階級のような概念にも多かれ少なかれ当てはまる[61]。

　開催されたパブリック・ミーティング全体を構造とみなすとき，個々のパブリック・ミーティングは，その全体を構成する要素だとみなされる。

この研究では，諸要素の関係や組み合わせが重要であり，その長期的な変動に着目する。全体としての構造が諸要素を規定している点を重視し，その持続性に着目する。具体例をあげよう。

ドンの家で一度，昼食を一緒に食べたことのある歴史家に，新左翼の旗手であったハンフリー・マックィーンがいる。修論提出後だいぶ経って，毎年キャンベラのクックにあるドンの家に長期滞在するようになった頃，ドンとの会話で彼が話題になった数週間後に引き合わせてくれた。マックィーンは，人種主義がオーストラリア・ナショナリズムのもっとも重要な構成要素だと指摘し，パブリック・ミーティングの例をあげている。「シドニー市長が議長に選ばれ，演壇上では，もっとも有名で指導的な市民の多くに取り囲まれていた」[62]。ここから，マックィーンは，中国人に対する敵対心は階級による分断を超克していたという結論を引き出した。なぜ中国人問題について，階級対立は起こらなかったのだろうか。なぜ労働者階級は中産階級を支持したのか。あるいは，なぜ中産階級は労働者階級を支持したのか。反中国人問題に関連して，ベリティ・バーグマンやアン・カーソイズのような歴史家たちは，これらの疑問を投げかけてきたが，別の観点からの回答もあり得る。

もし，パブリック・ミーティングというものが，一般的に市長が議長を務め，指導的な市民が演壇上を埋め尽くすものだったとすれば，どうだろうか。パブリック・ミーティングの構造が，この集会に，さらには一連の反中国人運動を規定していたとも言えるのではないだろうか。中国人に対する敵意ではなく，パブリック・ミーティングの構造が階級による分断を解消していたとも考えられる。逆にパブリック・ミーティング自体にそういう一般的な特質がなく，マックィーンが言及した集会が特殊な特徴を備えていたとすれば，中国人問題そのもの，つまり反中国人意識などの特殊要因が，階級の融和に大きく貢献していたことになる[63]。

いずれにしても，反中国人運動だけでなく，どのような運動を理解するにも，パブリック・ミーティングの全体構造，あるいは一般的な特徴を知

ることが，不可欠になるだろう。パブリック・ミーティングの全体構造
が，ほとんどの運動の在り方に大きな影響を与えているのだから。あらゆ
る運動は，世論形成の構造の枠内にある。また，個々の運動の特殊性や特
質は，全体構造との比較によってより正確に把握できる。また，全体構造
を物差しとして，各種の運動を位置づけることで，運動の比較も容易にな
る。

　もう一度述べるが，構造の要素は，個々のパブリック・ミーティングで
ある。この研究では，個々のパブリック・ミーティングを，その規模や影
響力にかかわらず，同じ一つの要素とみなす。開催日時，開催場所，招集
の要請者，招集者，招集された人びと，開催目的などの数を示すとき，
個々の集会は1単位としてカウントされる。1万人の集会も10人の集会
も，同じ要素，同じ1単位となる。そこにはひどい単純化や簡略化，荒っ
ぽい転写が行われている。この研究は，決して現実世界を正確に反映した
モデルでもないし，そのようにも意図されていない。それでも，現実の歴
史世界を理解し，説明するモデルとしては，恣意的な叙述の自分勝手な選
択によって組み上げられた理念型よりは，はるかに優れていると思う。そ
の最終的な評価は，この研究が生み出す結果と，読者の判断次第というこ
とになる。構造が想像力の産物であるという主張を根拠に，この研究の信
頼性を疑う人には，因果関係さえも同じく想像力に依存していると述べて
おきたい。

範囲

　この研究がカバーする範囲は，主にオーストラリアであり，パブリッ
ク・ミーティングが歴史的に影響力を持ち，公共圏において不可欠の要素
となったすべての地域ではない。言い換えると，この研究は，パブリッ
ク・ミーティングのグローバルヒストリーではない。

　ここで，オーストラリアのパブリック・ミーティングを本格的に扱う前
に，その歴史について少し説明をしておきたい。オーストラリアと白々し

く書いたが，19世紀には，オーストラリアという政治単位は基本的に存在しない。オーストラリアには，ニューサウスウェールズ，タスマニア（ヴァンディーメンズランド），西オーストラリア，南オーストラリア，ヴィクトリア，クィーンズランドという植民地が存在し，それぞれの植民地が個別にイギリス本国と結びつき，その指示と支配を受けていた。19世紀前半にはイギリス本国から派遣された主に総督による統治が行われ，植民地の政治的要求は，総督や本国に対してなされる必要がしばしば生じた。1850年代のゴールドラッシュの頃から，西オーストラリア（1890年に自治植民地となる）を除く植民地で責任政府が成立し，植民地が広範な自治権を行使するようになった。パブリック・ミーティングから出される要求の多くは，一番身近な地域の自治体のレベルと，この植民地のレベルで解決可能になった。もちろん，植民地と本国間に懸案がなかったわけではない。公有地の処分や移民制限などの問題をめぐっては，両者が厳しく対立することもあり，すべての問題が植民地の範囲で決着がついたわけではなく，パブリック・ミーティングが本国政府に対する要求を行うこともあった。

1901年にオーストラリア連邦が成立すると，各植民地 colony は，州 state として再編され，連邦憲法に記載された権限が連邦に移管された。その結果，従来は植民地（州）のレベルで決定されたような問題の一部が連邦議会と連邦政府の管轄下に入り，地域のパブリック・ミーティングが要求を行う対象に，連邦議会・政府が加わった。ただし，教育，医療，福祉，公有地など，生活に身近な問題の多くが州の権限に留まったので，それに関連した要求は19世紀と同じように，主に植民地政府を受け継いだ州政府に対してなされた。

まとめると，19世紀には，パブリック・ミーティングが提起した問題を解決する政治的な単位としては，町とか郡のような地方自治体，植民地政府，本国政府という3層のレベルがあった。20世紀になると，オーストラリア連邦結成によって，地方自治体，州政府，連邦政府，本国政府という4層構造に変わるのである。もちろん，19世紀にも想像の共同体と

32　第2章　構造としてのパブリック・ミーティング

してのオーストラリアという単位は存在したので，オーストラリアという
単位が19世紀にまったく関係しなかったわけではないが，その点やどの
レベルの政治的要求の比重が大きかったかについては，後の分析で明らか
にしていきたい。

　範囲に話を戻すが，すでに述べたように，パブリック・ミーティングは
イギリスに起源を持ち，イギリスの政治文化が浸透した地域で広く見られ
る。オーストラリアのみならず，アメリカ，カナダ，ニュージーランド，
南アフリカなど，責任政府が発達した場所では，パブリック・ミーティン
グが頻繁に招集されてきた。ただし，オーストラリア，カナダ，ニュー
ジーランド，南アフリカなどでは，パブリック・ミーティングという名称
がイギリスと同じように用いられたと思われるが，アメリカでは少し事情
が異なる。かつて私は，パブリック・ミーティングのアメリカ版をタウン・
ミーティングとみなしていたが，その理解は一部誤っていたようだ。

　アメリカとカナダにおけるパブリック・ミーティングの研究状況を調査
した森井一真は，次のように述べている。「ここでは，タウン・ミーティ
ングをアメリカでのパブリック・ミーティングに相当するものとして整理
したが，前者がタウンと密接に結びついて開催される一方，後者はより多
様な主体によって開催されており，両者を同一のものとすることには留
保が必要と考えられる」[64]。ここからは推測であるが，イギリスにおいて
は，州長官や地方の権力者が正式に招集する，当該地域を代表し，地域の
特定の人びとのみが招集されるパブリック・ミーティングがまず存在し
た。それに相当するアメリカ版の公式の地域集会が，タウン・ミーティン
グに相当するのではないだろうか。19世紀初めのイギリスやオーストラ
リアでは，招集する者が多様化し，参加者もパブリック（広い意味での市民
や住民）に開かれていくなかで，同じパブリック・ミーティングという名
称でありながら，その中身が変わっていった。このように変化した形のパ
ブリック・ミーティングの形態を，アメリカでは，伝統的で正式なタウン
の集会であるタウン・ミーティングと区別して，パブリック・ミーティン

グと呼ぶというようになったと考えている。授業では,「知らんけど」と付け加えているかもしれない。

　ところで,森井がまとめているように,北アメリカにおけるパブリック・ミーティングの研究は,熟議的民主主義や公共圏の理解などの現代的課題を目的としているものが多く,歴史的なパブリック・ミーティングの構造分析を対象とする研究はほとんどない[65]。また,地域や時代も限定されている。ティリーの研究対象もロンドンとその周辺部に限られている。私たちの研究の対象は,確かにグローバルヒストリーを扱うものではないが,少なくともそれを一つの国まで拡大したという意味で,従来の研究の地理的範囲を大幅に拡大したと言える。時間の範囲も,19世紀のほぼ全部から20世紀前半に及び,長期的な構造変化を把握するのに必要な長さを備えている。他の地域における研究状況は視野に入っているが,研究対象のさらなる拡大は,適切なデータベースの利用が可能かどうか(公開性も含めて)という条件もあり,今後の課題となろう。

　この研究は,利用するデータベースが全体として扱う主要な地理的範囲を,つまり現在のオーストラリア一国の領域を,その対象・範囲としている。しかし,パブリック・ミーティングの構造は,集会が開催される地域,その地域を含む植民地もしくは州(政治的枠組み),州を統合した連邦のレベルという3段階で分析する。さらに,パブリック・ミーティングの目的がイギリス帝国に関わる場合や,諸外国や国際関係に関わる場合もあり,その関係する範囲は,オーストラリアを越えて,イギリス本国,イギリス帝国,さらには世界全体にも広がっていることは指摘しておきたいし,こうした関連も積極的に分析対象としている。

新聞

　すでに述べたように,イギリスでは,1820年代から本格的に,地域の新聞がパブリック・ミーティングを詳細に報道するようになり,パブリック・ミーティングが世論を形成する力が格段に大きくなった。またオース

トラリアでも，すぐに同じプロセスが始まった。

　多くの新聞が紙名に採用している「クロニクル」という言葉が端的に示すように，地方の新聞は当該地域に起こった出来事を詳しく記録するという役割を担っていた。パブリック・ミーティングについても，広告欄で開催が予告されるだけでなく，新聞によって詳しい報道が行われることで，集会の目的や内容は，集会参加者だけでなく，その地域の住民にも広く知れ渡った。また，目的に対する賛成や反対の意見が，編集者への手紙欄に頻繁に掲載されたので，新聞は，集会の目的を討議する場（フォーラム）にもなった。

　地方のパブリック・ミーティングの状況が，メトロポリスから派遣された記者や地方に在住する通信員によって，例えば，シドニーやメルボルンの有力紙に掲載されると，その集会が植民地全体のレベルで注目されることもあった。さらに 19 世紀の新聞は，他紙の記事を，著作権をほとんど考慮することなく，自由に引用し，掲載したので，ある地域で開かれたパブリック・ミーティングの記事が，植民地各地の地方新聞に引用され，広い地域の世論形成に貢献することもあった。もしそれが刺激となって，その地域でのパブリック・ミーティングの開催につながり，同じように当該地域の新聞にその様子が掲載されると，今度はその記事が各地の新聞で引用されるというような循環的プロセスが起こることもあった。そのような場合には，大規模な社会運動に発展する可能性が大きくなる。

　新聞社は，新聞を発行する組織と設備や配送網という永続的な基盤を有しており，新聞は効果的な情報伝達の手段であった。しかし，その政治的主張は，新聞の所有者や編集者によって形作られており，読者の要求や期待にある程度影響されるとしても，読者の意見を直接代弁するふりをすることはあっても，実際にそうすることはあまりない。新聞は，広い意味で新聞を所有する人びとの意見を効果的に伝達する手段ではあるが，読者の考えや感じたことを伝達するのには必ずしも適していない。

　パブリック・ミーティング自体が，効果的な意見の伝達手段だと言うこ

とはできないかもしれない。19世紀にはとりわけ音響設備が十分ではなかったので，その場に参加した人びとでさえ，多数の人が参加すればするほど，演説を正確に聞けたかどうかさえ疑わしい。しかし，正式な手続きに基づいて招集された場合，パブリック・ミーティングが世論を代表しているとみなされる傾向は，新聞よりも大きかった。パブリック・ミーティングでは，集会の招集を要請した人びとが，討議されるべき議案を作成し，演壇上に招待する人物を決めるなど，あらかじめ周到に準備を進めたが，集会に招集された一般の人びとにも，議案を支持・修正・否決する権利があり，自分たちの意見を表明する機会が与えられていた。

　例えば，1858年11月24日，南オーストラリアのストラサルビンで開かれた路面電車の延伸線をどこにするかを検討する屋外で開かれたパブリック・ミーティングには，600〜1,000人ほどが参加した。しかし，用意されていた決議と修正案の両方が採決に2度付されたが，議長は，投票数がほとんど同じであったために，結論を出すことができないと判断し，散会することにした[66]。

　もう一例あげると，1885年2月26日，シドニー郊外のベルメイン市で市長によって招集されたパブリック・ミーティングでは，本国政府に協力して，スーダンに派兵[67]することを支持する決議案が用意された。下院議員 W. A.ハチンソンがこの議案を提案したが，派兵に反対する修正案が出され，修正案への賛成102，反対87，原案への賛成85，反対101で，修正案が可決された。その結果，ハチンソンは準備していた集会での愛国基金の設立を断念せざるをえなかった[68]。このように，パブリック・ミーティングは，その意思決定の過程に多くの人びとが主体的に参加し，影響力を行使できるという意味で，実質的に新聞よりも民主的な世論形成の場であった。市民の意志を代表するパブリック・ミーティングと，プロパガンダの手段としてより効果的な新聞との相互作用こそ，19世紀に誕生した世論，新たな政治的公共圏の最大の特徴であった[69]。

言葉の哲学

　言葉の重要性について哲学してみる。社会運動が誕生した社会と，それ以前の伝統的社会の違いは，どこにあるのだろうか。無数にある違いのなかで注目したいのは，平常時には政治権力の行使から排除された「民衆」が，政治に関与する様式にある。近代以前の社会においても，民衆は政治の在り方や権力の行使のされ方，社会の規律などに関して，主にミクロなレベルで，また時にはマクロなレベルで，政治に介入した。伝統的な社会の存続には，民衆の同意が不可欠であり，権力者もこれを尊重した。

　君主や貴族の行列に対する威嚇，公開処刑などの場における暴動，食料一揆，立ち入り禁止の森林や猟場・漁場の集団的侵犯，個人の家・商店・通行税徴収所などの集団破壊，機械の打ちこわし，外国人や税吏などの追放，シャリバリ（儀礼的制裁），祝祭のパレードやカーニバル，伝統的スポーツなど，民衆は様ざまな形で，直接的かつしばしば暴力的に意志を示した。その要求は，基本的に既存の価値体系と結合した，伝統的な権利や秩序の回復であった。人びとが目指す権利の回復の内容に応じて，様ざまな儀礼や豊かなシンボルが利用され，為政者にその意思が伝えられた。

　「世論」には二つの側面がある。一つは支配される者の意志，つまり民衆の意志を支配する者に伝えるという面。もう一つは支配される者の間で円滑なコミュニケーションを図り，支配される側の意見を明確化する，すなわち世論を形成するという側面である。民衆の要求が地方的なものに留まり，その目的が伝統的な権利の回復である限り，第2の側面はあまり必要なかった。すでに暗黙の前提としてある伝統的な秩序や正義の回復を，権力者に求めるだけで十分であり，儀礼やシンボル，時には暴力を用いて，要求の実現が図られた。

　社会運動が誕生した時代には，民衆が伝達しようとする意志は，伝統的な権利の回復ではなく，新しい権利の要求となり，儀礼やシンボルに代わって，言葉が，演説が，もっとも重要なコミュニケーションの手段となった。新しい権利の要求は，伝統的な価値体系からの逸脱を意味する。

古い価値や地域と結合した儀礼的行動やシンボルは意味を失い，代わって，新しい権利の主張を擁護する，新しい価値体系の創造が必要となる。また，地方的な活動が全国的な範囲に拡大するにつれて，民衆間に意志の統一や世論形成が必要となる。この新しい状況で，新しい価値体系を創造するのにもっとも有効な媒体は，もっとも豊かな意味の形成機能を有する言語であった。その言語を広く人びとに伝える手段として選ばれたのが，演説である[70]。

演説

19世紀ほど，演説が力を持った時代はなかったのではあるまいか。1863年のリンカーンのゲティスバーグの演説の一節，「人民の人民による人民のための政治」が，日本の人たちにも知られているのは，単なる偶然ではないように思われる。イギリスの1867年の第2次選挙法改革では「暗闇に飛び込む」という言葉が多用され，現在も引用されることが多い。奴隷制度の廃止と選挙権の労働者への拡大という大きな社会構造の変化と，こうした演説は密接に結びついていた。オーストラリアでも19世紀半ばの名演説で生まれた「バニヤップ貴族制」という言葉が，現代でも政治的場面で使われている。

さて名残惜しいが，親愛なる哲ちゃんとはサヨナラして，オーストラリアの具体的事例を見てみよう。19世紀末，オーストラリア連邦への参加の是非を問う国民投票が行われた。そのなかでニューサウスウェールズ植民地における投票がもっとも重要であり，植民地史上最大のキャンペーンが行われた。一つの植民地だけの投票ではあるが，ニューサウスウェールズの参加がなければ，連邦の成立は事実上不可能なので，連邦結成の帰趨を決する重大な投票であった。1898年と99年の2度，当時としてはオーストラリア史上最大の文書合戦と，連邦賛成派と反対派の運動が繰り広げられた。シドニーの二大新聞も，賛成派『シドニー・モーニング・ヘラルド』と反対派『デイリー・テレグラフ』[71]に分かれ，キャンペーンが数か

38　第2章　構造としてのパブリック・ミーティング

月にわたり続いた。私自身が詳しく資料をアナログ的に検討した，第2回目の99年の様子を見てみよう[72]。

オーストラリア連邦結成の是非を問う投票において，新聞，とりわけ『デイリー・テレグラフ』紙の影響力はつとに認められてきた[73]。しかし，演説の果たした役割は，それに劣らぬものがあった。投票を前にして繰り広げられたキャンペーンについて，『シドニー・モーニング・ヘラルド』紙は次のように書いている。

　　植民地は現在，ニューサウスウェールズでもっとも優れた雄弁家たちの演説を聞く機会に恵まれている。あらゆる市・町・村で，これらの紳士たちは熱心に，連邦結成の利益もしくは，この連邦法案の下で連邦結成の弊害とされるものについて，雄弁を尽くして語っている。選挙民がこれらの雄弁家たちの演説を待ち望む様子からは，安価な新聞と無料のパンフレットやチラシ広告が出回る今日においてさえ，世論を導く人の声の力が，あらゆる場所で十分に認められていることがわかる。もちろん，弁士と聴衆の間には，著者と読者の関係にはない，直接的な接触がもつ何かが存在する[74]。

1899年の連邦法案の是非を問うキャンペーンでは，『シドニー・モーニング・ヘラルド』紙の広告欄で，入植者反連邦法案連盟が436，連邦執行部連合が415の集会を招集した[75]。もし，一つの集会に平均840人が参加していたと仮定すると[76]，有権者総数約30万人の2倍以上，投票者総数約19万の3倍以上の70万人以上が，連邦法案を支持したり，批判したりする演説を聞いたことになる。実は，このキャンペーンでは上記の組織以外にも独自に，労働党系組織，社会主義連盟などの組織が多数のパブリック・ミーティングを招集していた。さらに，個々の政治家も自分自身の見解を述べるための集会を招集した。そのうえ『シドニー・モーニング・ヘラルド』の広告欄で広報されなかった集会も何百とあり，集会に参加した

延べ人数が 100 万人以上であったとしても，驚くにはあたらない。現清風高校教諭の米田誠が大学院在学中に，『シドニー・モーニング・ヘラルド』に加えて『デイリー・テレグラフ』の広告欄を使ってまとめた，1899 年のキャンペーンに関連する集会のデータによると，招集された集会の数は優に 1,200 件を超えており，この主張を裏書きしている[77]。

　パブリック・ミーティングは，連邦運動だけではなく，広く様ざまな運動で用いられ，雄弁家たちの演説はそこで大きな役割を果たした。1901 年に連邦政府が発足した後に，『シドニー・モーニング・ヘラルド』は次のように述べている。

　　新聞は世論を表明する強い力を持っているにもかかわらず，国民的な関心が集まる問題について，国民の感情を引き出し，強化する手段としては，パブリック・ミーティングを凌駕するには至っていない。現在，私たちは，関税の提案に関連して，この民衆扇動の手段を大いに活用しようとしている。すでにメルボルンでは，巨大な熱狂的パブリック・ミーティングが，明確に意見を表明した。来週には，ニューサウスウェールズで同じようにする機会が巡ってくる。告知が行われてから数日後から，関税に対する不満の声が漏れ始めたが，怒りの気持ちが大きくなるにつれ，組織的な意見表明を目指す動きにつながり，州の各地で糾弾のための一連のパブリック・ミーティングが開催されることになった。有能な演説家は，何千という仲間の感情を揺り動かしている考えを明確かつ強力に表現するだろう。集まった多数の聴衆が，一つの衝動に突き動かされた群衆に特有の，あの磁力によって，それに太鼓判を押すだろう。次に新聞が有益な機能を果たす番が来る。新聞はこの緊張した状況を記録し，何十万という国じゅうの読者に伝えるのである。集会は二重の目的，つまり，共通の目的に向かう大きな熱狂に点火すると同時に，つかみどころがない世論の塊を具体的な綱領に変えることで，反対の厳密な根拠を明瞭にするのであ

40　第2章　構造としてのパブリック・ミーティング

る[78]。

　残念ながら，私たちは19世紀の演説を聞くことができない。しかし，雨の中でも何時間も立ち去らずに演説を聞き続けた多数の聴衆がいたことを知っている。パブリック・ミーティングの誕生と成長はそういう世界に根差していたのである。少なくとも19世紀後半にオーストラリアに生きた人びとは，おそらく20世紀の前半に生きた人びとも，話し言葉の魅力，演説のもたらす興奮，政治化した群衆の磁力を自らの肌で感じ取っていたに違いない[79]。

ミクロ圏に突入

　パブリック・ミーティングは，孤立した出来事ではない。パブリック・ミーティングは，世論を形成し，政治的目的を達成しようとする特定の社会運動の一部として招集される。パブリック・ミーティングを使って世論形成を目指す運動には，一般的に三つの段階がある。それらは，準備段階，パブリック・ミーティング（1回もしくは一連のパブリック・ミーティング），政治権力へのアクセスと結果である。このプロセスを，具体例を通じて見ることにしたい。すでにシドニー東部郊外のベルメイン市におけるパブリック・ミーティングの事例（1885年2月26日）を紹介したが，この町における1889年の別のパブリック・ミーティング，パイン・パークという場所を，公園として購入するための資金を政府から得ようとした事例を取り上げて，その過程を詳しく見たいと思う[80]。

　社会運動の始まりは捉えどころがない場合が多い。ごく限られた関係者を除けば，同時代人でさえ，どのように運動が始まったのかを知っている者はいない。ベルメインの運動についても，その運動の起源まで辿るのは難しい。しかし，解決しようとした問題の発端はわかっている。パイン・パークという広い土地の所有者が，土地を分割して売却しようとしたのに対し，湿地帯にあるために，住宅などが建設されると衛生上の問題を引き

起こすことが懸念されたからだ。市会議員の D. H. イーストン（運動の創始者と思われる）を中心に，市議会で市の負担でパイン・パークを購入するという提案も行われたが，僅差で否決された。イーストンはその後，政府に対する働きかけを行うよう提案を行い，1888 年 11 月 16 日，実際，政府に代表団が派遣された。ただし，政府から明確な返事はなかった。政府に対応を促すために，1888 年 12 月 26 日（月曜日）午後 8 時に，市税納付者によるパブリック・ミーティングが招集され，パイン・パークを公園として確保する手段が検討され，再度政府に代表団を送ることが議決された。このパブリック・ミーティングは，市長に招集要請も行われておらず，市会議員が招集したもので，請願書も用意されておらず，準備不足は明らかであった[81]。その後，1889 年 5 月 2 日，再度代表団が送られたが，植民地首相のヘンリー・パークスからは，明確な返事は得られず，市長も消極的姿勢を示した。こうした状況から，政治的な圧力を強めるために本格的な公園獲得運動が始められたと思われる。まず 7 月 6 日に準備会合を案内する新聞広告が『ベルメイン・オブザーヴァー』に現れた[82]。

　この会合は，第 2 回目の準備会合である。マクラクランのタタソールズ・ホテルで，1889 年 7 月 8 日（月曜日）午後 8 時から会合が開かれた。目的は，パイン・パークをベルメイン市の公園として購入する手段を考えるための委員会を作ることであった。地域の施設や交通・環境整備は，パブリック・ミーティングでもっとも頻繁に扱われた議題である。2 人の市会議員が参加しており，前述のイーストンが議長を務めた。前回の議事録が読み上げられて，前市長の W. M. バーンズとパイン・パークの所有者からの，欠席のわび状も朗読された。運動を始めるに当たって，地域の有力者に直接参加を呼び掛けるのが通例である。続いて，政府に請願を行うための代表団を任命するためのパブリック・ミーティングを早期に招集すること，幅広く市会議員の支持を募り，代表団の影響力を強化するべきだとの意見が出された。目的を達成するための委員会が組織され，書記と会計係が任命され，次の委員会で引き続き問題を処理していくことになっ

42　第2章　構造としてのパブリック・ミーティング

た[83]。

　1週間後，委員会が招集され，再びイーストンが議長になった。今回は出席した前市長のバーンズが，タウンホール（市公会堂）における市税納付者（不動産所有者）のパブリック・ミーティングの招集を市長に要請することを提案した。また，パブリック・ミーティングで採択する政府への請願の原案を作成することも提案され，いずれも可決された。書記には250枚の葉書をパブリック・ミーティングへの招待のために準備するように指示が出された。委員会の委員をさらに補充した後，翌週に再度集まることが決まった[84]。市長のE. H. ブキャナンは，早速要請に応じ，7月29日（月曜日）にタウンホールにおけるパブリック・ミーティングを招集した。ただし参加を要請されたのは，市税納付者よりも幅広く，この問題に関心がある者すべてであった。すでに7月22日には，委員会の会合が予定通り開催され，パブリック・ミーティングの準備が行われ，27日にはパブリック・ミーティングの招集を告知する広告が『ベルメイン・オブザーヴァー』に掲載された[85]。

　参加者は多くはなかったが，予定通りパブリック・ミーティングが開催され，市長が議長を務めた。パイン・パークをベルメインの公園として購入するために，政府に援助を求める第1の議案が，イーストンによって提案された。市長は，公園の確保に加えて，衛生上の問題，食肉処理場から汚物が運び込まれている点を指摘し，衛生問題のほうが重大であり，政府が資金を出す気がないのであれば，市が独自に購入するべきだと主張した。同様の主張は他の発言者からもあった。さらに，市会議員のジョン・クラブが首相のヘンリー・パークスに現地視察をしてもらうことを提案し，政府への請願が失敗した場合には，市が独自に購入する案にも賛意を示した。委員会の行動に比べて，市議会の行動が鈍いという発言も他の参加者からあった。第1の議案は可決され，続いて，すでに準備されていた請願に参加者全員が署名し，政府に代表団を送るという第2の議案も，バーンズによって提案され，可決された。バーンズは，ベルメインの選挙

区の議員たちが政府に圧力をかけることが，この運動にとって重要であることを指摘した。この議案の審議の途中で，ハートという人物が，3，4 人の女性を代表団に加えるべきだ，パークスは女性好きだからと揶揄して，参加者の笑いを誘った。パークスは，当時にあっては数少ない女性参政権支持者であり，若い女性と再婚したばかりで，首相であったにもかかわらず社交界からは追放状態にあった。集会は，女王への歓声を 3 度あげて散会した[86]。

　1889 年 8 月 15 日，代表団は首相のヘンリー・パークスと面会した。代表団は，4 人のベルメイン地域選出下院議員と，市長と市会議員，委員会の主要メンバーで構成されており，女性の姿はなかった。この時期，「一般的」な請願を行う代表団には，女性が参加しないのが一般的であった。パークスは，公園用の代替地としてホワイト・ベイの土地を提供することを提案したが，バーンズはパイン・パークの購入は，単に公園用地が必要なわけではなく，そこに工場や住宅を建築させないことで，環境汚染を防ぐ目的もあることを強調した。その結果，パークスの現地視察が決まった[87]。

　8 月 24 日（土曜日）午後，パークスが市長の案内で，パイン・パークの視察に訪れた。植民地議会議員や市会議員，市の有力者がパークスを迎え，現地視察の後で，個人所有の新築の仕事場に集まり，政府がパイン・パーク購入などに提供する資金，市が行う義務についての協議が行われ，ほぼ合意に達した。後の報道によると，合意には，政府が予算を確保した場合には，市会議員の H. B. スワンが妻を娶るということも含まれていたらしい。その後，同じ建物の最上階で，有名な宴会業者カール・シュミットが準備した昼食会が催された[88]。

　パークスは約束を履行したが，スワンが約束を守ったかどうかは定かではない。新聞には，1 人の市会議員がお嫁さんを探しているとの記載がある。

　1889 年に『ベルメイン・オブザーヴァー』は，32 の記事と広告でパイ

ン・パークについて言及し，そのほとんどがパイン・パーク購入に関連する記事であった。地域の新聞は，非常に活発に運動の詳細を伝えていたことがわかる。また，シドニーの主要紙，『デイリー・テレグラフ』が9，『シドニー・モーニング・ヘラルド』が6，夕刊紙の『イヴニング・ニュース』が3，保護貿易主義を掲げる『オーストラリアン・スター』が5と，運動の関連記事を掲載しており，地域の小さな運動が植民地首府の主要な新聞の関心も惹いていたこともわかる。パブリック・ミーティングと新聞は密接に連動していた典型例であろう。パイン・パーク購入の予算は，下院で，40対2で可決された[89]。

活動的市民と組織力

すでに述べたように，パブリック・ミーティングは，独立した現象ではなく，世論形成のための社会運動のプロセスの一部である。パイン・パークの例では，1889年だけに限定するにしても，予備の会合が少なくとも4回開かれ，代表団の派遣が行われ，首相の訪問の準備が行われた。全体のプロセスは約2か月間続いている。本書は，パブリック・ミーティングに焦点を絞るが，その開催までには，多くの場合，活動的な委員会や市民による長い準備が必要であった。

パイン・パーク獲得の運動を始めたのは，市会議員のイーストンであったが，他の市会議員と委員会のメンバーに名を連ねる一般の市民の協力も不可欠であった。彼らは集会場を押さえ，提案する決議や請願の原案を用意し，招待状を送り，新聞広告を行い，おそらくポスターなどを貼り，首相訪問の用意を行い，すべてに関する帳簿を整え，必要な経費を徴収し，支払った。もっとも強調すべきは，こうした活動のために費やされる市民の時間である。社会のために行われる運動に，いつでも参加する用意のある，能動的に活動する市民が，あらゆる市，町，村に多数いること，これが，パブリック・ミーティングが政治的公共圏の一部として，世論形成を担うことができる前提条件であった。

19 世紀オーストラリア史上最大の運動，1899 年の連邦運動と反連邦運動を想起してもらいたい。連邦運動に関しては，1890 年代の初めから，オーストラリア出生者協会（ANA）やオーストラリア連邦連盟などの組織が継続的に運動を支援し，集会を招集してきた。連邦連盟の指導者で，初代首相のエドマンド・バートンは，300 以上の集会で連邦支持を訴えたとされる。さらに，大部分の地方自治体の首長が賛同していた連邦賛成派が，大規模なキャンペーンを展開できたことは，運動の桁外れの規模を除けば，意外なことではないだろう。しかし，反連邦派についてはどうだろうか。国民投票が行われるということが決まるまで，核になるような組織を持たず，指導者もおらず，反連邦運動は影も形もない状況であった。ところが，1898 年に連邦結成の是非を問う国民投票が行われることが決まると，それに反対する人びとが急速に集まり，指導者を選び，組織を作り上げ，連邦支持派の運動を凌ぐほどの大規模なキャンペーンを展開したのである。本部の設置，連日の大きな新聞広告，演説会場の確保，全植民地に広がるバラバラな反連邦派とのやり取り，植民地各地の集会への演説者の派遣，何よりも運動資金の確保など，山積する業務を市民たちがこなしていった。それは，日ごろから植民地のあらゆる場所で，様ざまな運動に携わってきた活動的な市民を糾合できた結果であったと思われる。

　反連邦法案連盟が結成されたのは，第 1 回の国民投票が行われることになった 1898 年の 4 月 5 日である。ニューサウスウェールズの自由貿易派の議会監視委員会の会合で，委員会が解消され，すべての党派に開かれた反連邦法案連盟が法務大臣の J. H. ウォントを会長として発足した。それにともないウォントは法務大臣を直ちに辞職した。自由貿易派のリーダーで首相であったジョージ・リードは参加せず，その場で労働党系の議員が数人加わっただけだった。リードの国民投票に対する立場はあいまいで，当時イエス・ノー・リードと呼ばれた。ウォントは任命制の上院議員で，必ずしも強力なリーダーとは言えなかった。支持者を糾合し，運動を開始するために，シドニーのタウンホールで，パブリック・ミーティングを開

46 第2章 構造としてのパブリック・ミーティング

催することが決まった。しかし，この時点ですでに地方に送り出す講演者
が数名決まり[90]，講演者を送る町がリストアップされた[91]。

　準備を整えていた連邦派のキャンペーンは，ニューサウスウェールズ
連邦協会によって，反連邦派よりも1週間前に始まり，シドニーの中心
部ピット・ストリートに本部を構え，地方における70以上の集会のスケ
ジュールをすでに決定していた。地方からは講演者を求める数百の手紙が
届き，こうした手紙からは，本部の指令を待たずに各地に連邦協会の支部
が陸続と設立されていることが明確になり，本部は講演者の手当てに追
われていた。反連邦法案連盟のほうは，3日後の大決起集会の講演者をウ
オント以外に公表できない状態で，明らかに出遅れていた。その頃，連
邦運動に反対する市民委員会が議会外で別個に結成され，約20人のシド
ニーの指導的市民が集まった。そこには前ニューサウスウェールズ首相の
ジョージ・ディブスの名前もあった。委員会では即座に300ポンドの寄付
が集まり，運動を始めるのに十分な資金の手当てがなされた。女性参政権
連盟の代表，ローズ・スコットも反対派への支持を表明する手紙を寄付と
ともに反連邦法案連盟に送付した。こうした女性運動の指導者の支援に応
えて，女性には投票権がなかったが，タウンホール前の2列が婦人席とし
て確保された。さらに，マニフェストの作成が進み，市中心部における本
部の設置，事務員の雇用も決まった[92]。

　4月14日（木曜日）にシドニーのタウンホールで開かれた反連邦法案連
盟のパブリック・ミーティングでは，会長で自由貿易派のウオント，労働
党を代表するJ. S. T. マクゴエン，保護貿易派のリーダーW. J. ラインが
演説を行った。ローズ・スコットも壇上に席を用意された。この時期まで
に，議会に作られた反連邦法案連盟と市民委員会の協力が決まり，反連邦
派の陣容も固まった。反連邦派は，自由貿易，保護貿易，労働運動という
日頃の対立を越えて[93]，1週間のうちに体制を固め，植民地全体で連邦推
進運動に対抗する戦線を整えたのである。その後も，反連邦運動の組織固
めは続き，市民委員会は入植者反連邦法案連盟の名称を採用し，影響力拡

大のための執行委員会の任命なども行われた。正式名称もなく，走り出しながら組織を整えるということが行われていたのである。そういう状態でも，様ざまな利害を持つ者を一つの組織にまとめ上げ，統一的な決議を練り上げ，効率的に運動を行い，拡大していくことがたやすくできたのは，日常的に植民地全体にわたって，ベルメインで見られたような活動が行われていたからである。強大なマシーンが各地で一斉に動き出し，それを中央の執行部がまとめ上げるようにして，植民地史上最大の運動は行われたのであった[94]。

　1898年の第1回の国民投票でも，連邦派と反連邦派が第2回と同じような大キャンペーンを繰り広げた。結果は，連邦賛成票が反対票を上まわったが，連邦参加の条件であった最小投票数8万に及ばず，ニューサウスウェールズは連邦参加を見送ることになった。この中途半端な結果に対し，予想される再度の国民投票に備えて，強力な指導者，首相経験者でビジネス界の有力者でもあったジョージ・ディブスが入植者反連邦法案連盟の会長に就任し，次の1899年の決戦に備えることになった。

権力への接近と正統性

　イギリスにおいて，議会への請願の権利が，伝統的な権利として認められてきたように，オーストラリアでも，集会を開催し，政府や議会に請願する権利は尊重されていた。正式な手続きが踏まれる限り，為政者には権利の請願や要求を少なくとも聞く，道義的な責任があった。ベルメインの例では，首相のヘンリー・パークスが，繰り返しベルメインの代表者と面会している。若き日のヘンリー・パークス自身も，中国人移民制限反対派の急先鋒であったにもかかわらず，1861年のラミング・フラットの反中国人暴動の補償を求める118人の中国人犠牲者からの請願を議会に提出し，被害調査のための委員会の設置を要求した[95]。また，失業者の代表として，一介の靴職人が建設大臣と面会できた例もある。ベルメインの例のように議会議員の紹介もなかったために，『シドニー・モーニング・ヘラ

ルド』紙の批判を招いたが，彼は失業者たちに道路工事の仕事を与えることに成功した[96]。参政権は平等ではなかったが，為政者に要求する権利は，社会的公正の保障として，すべての人に認められていた。

　もちろん請願がベルメインの例のように成功する場合は多くはないだろうし，代表者派遣も失敗することのほうが多かったと思われるが，為政者と接触し，意見を述べる機会が保障されているということは，市民たちに請願や代表派遣によって，政治に影響を与えることができるという希望を与え，そうした行動を支えることになったと考えられる。『ベルメイン・インディペンデント』紙は次のように述べている。「明らかに，公金の正当な分配に与かることを望む地域の人びとは，臆病であったり，不活発であったりしてはならない。……問題が吹きこぼれるまで，扇動しなければならない」[97]。

　これまで見てきたように，パブリック・ミーティングは，イギリスでは州長官，オーストラリアでは警察長官が招集するものが正式なものであり，それ以外の人間が招集した場合には違法になる時代もあった。その後，市長や地方自治体の長，複数の治安判事も，パブリック・ミーティングの招集者としての権限があることが，広く認められるようになった。また，招集の要請や開催通知の官報や新聞での告知など，パブリック・ミーティングの開催までに踏むべき手続きも広く共有されていった。

　時代が下るにつれて，公的な身分を持たない人も広くパブリック・ミーティングを招集するようになり，開催の仕方も多様になっていった。しかし，市長や地方自治体の長が，かつてのように正式な手続きを踏んで開催したパブリック・ミーティングは，世論を代表する資格があることが一般に認められる傾向が強く，新聞もそのように扱った。19世紀の後半，オーストラリアでは多くの市や町がタウンホールを建築し，市議会がそこで開催されるようになった。また，演劇，音楽会や舞踏会も開催され，タウンホールは市民生活の中心となる。市長が正式の手続きで市民をタウンホールに招集して開催したパブリック・ミーティングは，直接民主制に基

づくまさしく市民集会であり，その権威は集会のなかで際立っていた。

　運動が市長の支持を得ることはそれゆえ重要であった。さらに市長が招集し，議長を務めることは単なる権威づけには留まらなかった。市長がパブリック・ミーティングを招集する時には，市が新聞の広告費を負担することが多く，しばしば会場としてタウンホールも無償で提供された。運動が各地の市長の支持を取り付けることができれば，最小限の費用で，最大の正統性を引き出しながら，大きな運動を展開することができた。1878年末，政治改革連盟が大規模な反中国人示威運動を企図していたが，シドニー市長がパブリック・ミーティングを招集することを決めると，その計画を撤回した。市長が運動に与える正統性が重要だと考えられたからであったが，その結果，反中国人運動の指導権を，政治改革連盟は手放さざるをえなくなった[98]。

短命な組織

　ベルメインの例のような地域的な利害を主張する運動ではなく，植民地全体に及ぶような運動には，運動を統括する恒久的な組織がある場合があった。ただし，恒久的な組織が，大規模な運動を展開する必要条件ではないのは，植民地時代最大規模の運動，反連邦運動の例からも明らかである。

　植民地（州）全体や，オーストラリア全体に及ぶ大規模な運動を展開した組織には，例えば，各種の節酒連盟，布教団体，友愛協会，入植者組織，保護貿易派組織，自由貿易派組織，労働運動組織，自由党・労働党・地方党などの政党，公教育連盟，地方女性協会 C.W.A や Australia Women's National League のような女性組織，退役軍人会 R.S.L や the NSW Legion of Catholic Women のような戦争に関連する組織など，様ざまな組織をあげることができる。恒久的な組織は，植民地や州全体の運動を，一時的な委員会や協会よりも，容易に組織することができたと思われるが，必ずしも運動の拡大に成功するとは限らなかった。組織的な運動は，その党派性のゆ

50　第2章　構造としてのパブリック・ミーティング

えに，広い支持を集めることができずに失敗することも多かった。逆に一時的な委員会が大規模な運動の展開に成功する例も多い。例えば，ニューサウスウェールズの1886年の議会解散運動や，1895年のジョージ・ディーンの再審を求める運動などは，これに当たる[99]。

　1886年の解散運動は，総督に下院の解散を要請する運動であったが，明確な中央委員会さえ見当たらない。工場経営者で，慈善活動などで活躍していたアルフレッド・アレン（翌年下院議員として当選）やW. F.マーチン，ミラーと呼ばれる人物が背後で糸を引いていたと言われるが，ほとんどのパブリック・ミーティングは，地域の住民が準備をして，開催にこぎつけたものだった。例えば，10月27日にベルメインで開催されたパブリック・ミーティングは，100人を超える人が集まった会合で招集が決定され，10人以上の市民から成る委員会が準備を進めた。集会が開かれたタウンホール前の空き地には，臨時の演壇が設けられ，1,500人以上の参加者が集まり，元市会議員のA.ゴウが議長を務めた。照明は，多くの少年たちがランプを掲げることで，確保された。『ベルメイン・オブザーヴァー』は，「運動が正真正銘，真に自発的なものである点には少しも疑いがない」と述べている。運動が真に自発的なものかどうかは疑わしいが，パブリック・ミーティングが地域住民だけで準備され，開催されたのは間違いない[100]。

　解散運動の幹事によると，11月19日の時点で，50のパブリック・ミーティングがすでに開催され，総督に提出する請願には16,000の署名が集まっていた。別の報告では，その数は23,000に達し，これはニューサウスウェールズの有権者の約10％に相当した。50件のパブリック・ミーティングという数字は，誇張ではなく，『シドニー・モーニング・ヘラルド』は実際に34の集会を報道している。また，参加者数が明らかな10の集会の出席者の合計は，約1万人である[101]。

　『シドニー・モーニング・ヘラルド』紙は，解散運動に否定的であり，四つの社説でこの運動を批判した。しかし，運動が組織したパブリック・ミーティングについては，ていねいに報道し，参加した人びとの演説の中

身も『シドニー・モーニング・ヘラルド』紙を読めば，詳しくわかるようになっている。主要な日刊紙は，たとえ特定の運動の主張に賛同できなくても，運動の主張を広く伝える媒体になったのである。日刊紙のこうした機能は，恒久的な組織を持たない運動が，植民地全体に影響力を及ぼすうえで，重要な下支えになった[102]。

　自発的な市民運動としてもっとも興味深いのは，1895 年のジョージ・ディーンの赦免を求める運動である。ディーンは，妻を毒殺した嫌疑で有罪となり，死刑を宣告されたが，赦免運動の結果，恩赦によって釈放された。赦免運動に参加した人びとは，ディーンの潔白を信じたが，実は本当に妻を毒殺した可能性が高いと言われている。赦免運動には，いかなる団体の関与もなかったが，ニューサウスウェールズ植民地史上有数の運動に発展した。その規模は，1886 年の解散運動をはるかに凌駕していたと思われる。

　1895 年 4 月 18 日，ディーンが住んでいたノースシドニーでパブリック・ミーティングが開催され，罪状の事実確認と情報収集のための委員会が設置され，費用を賄うための募金活動が同時に始まった。これが運動の本格的始まりである。ただし，すでにアーマデイルとヒルグローヴという地方都市でパブリック・ミーティングが開催済みであり，地域の自発的な動きがすでに始まっていた。翌日，金曜日，シドニーのシティで会合が開かれ，郊外のパブリック・ミーティングとシドニーのタウンホールにおける巨大パブリック・ミーティングを準備するために防衛委員会が設置された。この後，ノースシドニーの委員会は事件の調査，シティは運動の展開を担当する中央委員会として機能することになる[103]。

　1895 年 4 月 23 日（火曜日）には，パブリック・ミーティングがシドニー郊外のウォータールーで開催された。タウンホールに収容できないほどの市民が集まり，ホールの外でも別の集会が開かれた。翌 24 日にはベルメイン，レッドファーン，パディントン，マンリー，モスマン，アシュフィールドの 6 か所でパブリック・ミーティングが同時開催された。週内

52 第2章 構造としてのパブリック・ミーティング

にはさらにライカート，ウララ，グリーブ，アレクサンドリア，ピアモント，グランヴィル，マリックヴィル，ウェイヴァリー，ボタニーなどでもパブリック・ミーティングが開催され，多数の熱狂的な参加者が集まった。シドニー北方の鉱工業都市ニューカスルでもパブリック・ミーティングが招集され，数年間で最大の集会になった。また，複数の集会で女性の参加が言及されている。『トゥルース』紙は，多くのプロの扇動家が各地の地方の委員会に紛れ込んでいると警告し，寄付集めを止めることで，こうした人びとを排除するように助言している[104]。

　4月29日に開催されたシドニーのタウンホールにおけるパブリック・ミーティングは，植民地史上最大の集会だと言われ，7,000〜8,000人がホールの内部に，外にも5,000人が集まったとされる。ホールから溢れた5,000人のために，ホールの外でも内部と同様のパブリック・ミーティングが行われた。1週間のうちにシドニー郊外全域でパブリック・ミーティングを集中的に開催し，翌週の月曜日に最大のクライマックスであるシティのタウンホールでの集会につなげるという戦略は見事に成功した。ジョージ・ディーンに関するキャンペーンは，市民たちの運動の力が十全に発揮された例だと言えよう。中央の委員会は極めて効果的に各地の運動を統率したが，複数の郊外の委員会は，中央委員会の要請を待たずに集会を招集しており，中央委員会の役割は，地域の運動に統一性を与え，要求を一つにまとめ上げることだったと思われる。成果はたちまち現れた。政府は5月1日，集会が要求した事件に関する王立調査委員会の設置を認め，後にディーンは恩赦によって放免された[105]。

安全弁

　パブリック・ミーティングは，世論形成の効果的な手段であり，強力なプロパガンダの手段であった。ジョージ・ディーンの場合には，死刑判決を受けた人間を世論の圧力によって自由の身にすることに成功した。解散運動は，成功しなかったけれども，当時，下野していた元首相ヘンリー・

パークスの政治生命を蘇らせ，彼が後の総選挙で自由貿易派のリーダーとして復活し，再び首相に返り咲くきっかけを与えた。ある意味で，隠された目的を達成するためのプロパガンダとしては，成功を収めたと言えるだろう。

しかしながら，パブリック・ミーティングが掲げた明示的な目的が達成されず，プロパガンダとしても失敗したとしても，社会的には有用な機能，安全弁の役割を果たしていたのかもしれない。『シドニー・モーニング・ヘラルド』紙は連邦結成の年，1901 年に次のように述べている。

> 矯正すべき害悪があった場合，市民のパブリック・ミーティングが招集され，模範的な決議が採択されると，異常な状態に対して注意を喚起するという義務を果たし，それを非難する決議を記録に残したという達成感に満ち足りて，集会は解散する。まさしくこれはイギリスに[106]特有の制度であり，貴重な国民的財産である言論の自由に根差す制度でもある[107]。

パブリック・ミーティングは，市民の不満の安全弁として機能し，暴動の発生を抑える役割を果たした。パブリック・ミーティングは，言論の自由の象徴であり，人びとは，パブリック・ミーティングを通じて，世論の支持を集め，自分たちの望む改革をいつかは実現できると信じていた。ただし「言論の自由」には，様ざまな解釈があり，もう少し掘り下げる必要があるが，それはデジタルの遊びが終わってからにしたい。

世論

ところで厄介な問題が一つ残っている。世論とは何かという問題である。日常的に私たちは，この言葉を勝手気ままに使うけれども，内容をわかって使っている場合は少ない。比較的明確なのは，世論調査の結果に対してこの言葉を使う場合である。研究者のなかにも世論調査の結果こそが

世論だと考える人もいる。このきわめて限定的な用法は，対象となる集団，例えば有権者の意見の傾向を把握するには適しているかもしれないが，歴史的存在としての世論を考えるには，十分ではない。世論調査がなかった時代にも世論は存在したし，世論調査自体は世論そのものでもないからだ。世論とは何かを問う議論は長く続いており，とうてい決着がついたとは思えない。本書ではそうした論争には立ち入らないで，この研究における世論の意味を示すだけにとどめたい。

　英語で世論を意味する言葉は，パブリック・オピニオン public opinion，つまりパブリックの意見ということになる。意見とは，広い意味での社会の問題や関連する事物や人物などに対する，考え，信念，判断，嗜好などと考えたい。この点については異論を持つ人は少ないだろう。論議の的になるのは，パブリックとは何かという問題である。世論を担っている主体であるパブリックとは，いかなるものだと考えればよいのだろうか。

　本書におけるパブリックは，「経済・社会・文化にも関わる広い意味での政治的な重要性を持つ問題に関心を寄せる相当数の人びと」と定義する。この定義は，私が独自に考えたものではなくて，ジョン・デューイ，F. H. オールポート，B. C. ヘネシーなどの見解に基づいている。ヘネシーは次のように述べている。

　　　多くのパブリックが存在する。特定の行動や考えにいっしょに影響を受けた個人の集団が個々のパブリックを形成している。つまり，それぞれの問題が，その問題に関するパブリックを生み出すのである。これらのパブリックは通常，他の特定のパブリックを形成する個人と同じ人間によって構成されているわけではない。しかしながら，どの個人も，ある時点において，同時に多くのパブリックの一員である場合はありえる[(108)]。

多くのパブリックが多くのパブリック・オピニオンを生み出すのであっ

て，唯一のパブリックが唯一の世論を形成するのではない。本書では，多数のパブリックの存在を前提として，それぞれのパブリックがパブリック・オピニオンを形成するとの立場を取る。近年，日本でも注目を浴びるようになったパブリック・ヒストリーの分野でも，こうした立場を取る論者が多い[109]。

　複数のパブリックを想定する立場に対し，パブリックは一つの社会（あるいはコミュニティー）のすべての成員だという考え方もある。この意味でのパブリックは，一つの社会に対し一つしかない。例えば，ニューサウスウェールズを一つの社会だと考えると，そこの住人全部が単一のニューサウスウェールズのパブリックを構成していることになる。小規模で階層分化の進んでいない社会では，この想定が現実に近いこともあるだろうが，近代社会においては，この用語と用語が指示対象とする現実のパブリックのギャップは甚だしく大きくなる。実際には，社会の全成員としてのパブリック概念が，社会の一部の成員に対して適用される。それは，オールポートが指摘した世論の擬人化という弊害を招くことにもつながるのである[110]。

　しかしながら，パブリック・オピニオンを社会成員全体の意見と同一視する，あるいはそれが社会成員全体の意見を代表するという考え方に，歴史的な意味がないわけではない。多くの人はこうした考え方を持っており，社会運動を推進しようとする人たちは，これを積極的に利用し，運動の正当化に努めた。とりわけ規模が小さい地域社会（市や郡など）の場合，例えば市長にパブリック・ミーティングの招集を要請するだけでなく，議長を務めるように要請したり，有力な政治家や市民の出席を要請したりすることで，パブリックな性質，つまり全コミュニティーを代表しているという形を，そのパブリック・ミーティングに付与しようとする活動が活発に行われた。それゆえ，こうした考え方は，社会的な影響力を持ち，社会を動かす力を持ったという意味では重要である。また，ルソーやロックのような啓蒙期の思想家から，ハーバーマスに至るまで，パブリック・オピ

ニオンの思想家たちの議論にも，この考え方は浸透していた。

パブリック・オピニオンのパブリックを構成するのが，社会の成員の一部でしかないとしても，特定の利害集団だけが意見を表明しただけでは，それをパブリック・オピニオンとみなすことはできない。本書では，少なくともある社会の成員すべてに開かれた場で，討論が行われ，表明された意見をパブリック・オピニオンだとみなす。その意見が，元は特定の組織，特定の利害集団の意見であったとしても，原則として社会の他の成員にも開かれた場で議論されることで，パブリックな性質を獲得するとみなす。もちろん，パブリックな性格，パブリック性はデジタル的に黒か白かを判断できるわけではないので，後の章でさらに詳しく検討していく。

以上のことをふまえて，パブリック・オピニオン（世論）の定義を行うと，次のようになる。パブリック・オピニオンとは，経済・社会・文化にも関わる広い意味での政治的な重要性を持つ問題に関心を寄せる相当数の人びとが，開かれた場でその問題を議論した後に表明する考え，信念，判断，嗜好である。

公共圏

公共圏も定義しておく。本書においては，公共圏を，公式の公的機関，政府や議会，裁判所などとは独立して存在する社会もしくはコミュニティーの成員が，経済・社会・文化にも関わる広い意味での政治的な重要性を持つ問題について，意見を表明したり，議論を行ったりする，広く成員に開かれている場だと考えたい。

デジタル・ヒストリーとは何か？

次の章でふんだんに使われるデジタル・ヒストリーとは何だろうか。簡単に言うと，コンピューターやワールド・ワイド・ウェブなどの情報技術を用いて，過去を研究したり，表象したりする方法である。歴史的知を創造し，共有するために，デジタル・ヒストリーでは，データベースやネッ

トワーク，ハイパーテキストの作成など，様ざまなデジタル技術が用いられる[111]。かつて，経済史を中心に，コンピューターを利用した歴史研究が，20世紀後半に一時流行したが，歴史学自体が言語論的転換やカルチュラル・ターンに巻き込まれ，それは後退せざるをえなかった。デジタル・ヒストリーの急激な拡大は，ここ20年くらいの現象で，その背景にはPCの普及と扱える情報量の爆発的増加，ウェブの普及による情報共有の容易化があった。

　この分野を先導してきたロイ・ローゼンツワイグとダン・コーエンの説明を下敷きにして，デジタル・ヒストリーを支える，デジタル・メディアとネットワークの特徴を挙げると，次のようになろう[112]。

　　情報の容量：例えば500GBのハードディスクは，3×10^8ページのテキストを保存できるという具合に，膨大な量の情報を狭い空間に蓄積できる。

　　利用の容易さ：インターネットの発達により，歴史家は，他の歴史家，学生，一般の人びとに簡単に接触できるだけでなく，初期投資を除けば，歴史的成果をほぼ費用をかけずに配布できるようになった。

　　柔軟性：デジタル・メディアは，テキスト，音声，画像，動画など各種の媒体で過去を表象することを可能にし，その保存も容易になった。

　　多様性：歴史家も歴史の読者も，いかなるメディアよりもインターネットにアクセスするのは容易であり，ブログやSNS，電子出版などによって，費用をかけずに情報を発信できるようになった。

　　操作性：膨大な量のテキストデータについて，一瞬に用語検索をすることが可能になった。さらに各種の高度な検索や分析も行えるようになった。また，音声，画像，映像についても同様なことができるようになりつつある。個人が，合理的な時間内に処理することがで

きないようなビッグデータを利用できるようになったのである[113]。

双方向性：歴史家，教師，学生，一般の人びとが，歴史に関して容易に対話をすることが可能になった。歴史家と読者というような一方向的なコミュニケーションとは異なる新たな可能性が生まれた。

ハイパーテキスト性：文書と文書を相互に結び付け，参照可能にするハイパーテキスト性はウェブの基本原則であり，ジャンルを越えて様ざまな情報に出会うことを可能にしている。

　以上のような利点がある一方で，根拠のない言説や薄弱な資料に基づく主張があたかも歴史的事実であるかのように拡散し，差別や偏見を助長する現象が広く見られるようになり，大きな問題となっている。また，検索エンジン自体の偏向性への無自覚，デジタルで利用できるデータへの極度な依存は，歴史家の研究自体にも影響を与えている。新型コロナの流行下でよりはっきりしたと思われるが，デジタル・ディバイドと呼ばれるインターネット環境の格差などのマイナス面も露になりつつある。しかし，こうしたマイナス面を抱えつつも，歴史家は高性能のPCとインターネットの時代に対応した新しい歴史学を構築していく必要がある。

第3章

デジタル・ヒストリーを用いた分析

秋はあけぼの

オーストラリアでパブリック・ミーティングに関する修士論文の初校を脱稿したのは留学2年目の10月初め，12月12日の提出日に向けていいペースだった。家内とのニュージーランドへの新婚旅行出発の数日前，ドンに原稿を手渡し，旅行に出かけた。飛行機が3時間ほど遅れ，到着したのが夜の0時過ぎ，翌朝は早出で，あけぼのの頃にホテルを出て，歩いて2キロを移動。若かった。ニュージーランドで遊んでいる間に，ドンに論文の問題点をチェックしてもらい，リフレッシュして一気に論文の完成という手はずは，完璧である。ちなみにこの頃の私の口癖は「完璧」だった。後輩が報告の準備はどうですかと聞いて来ると，答えは当然のごとく「完璧」だった。現在，好きなテレビ番組が「ドクターX」なのは，こういうところから来ているのかもしれない。現在は，「間違いだらけです」と答えるようにしている。本書は「間違いだらけです」。本書の基本構想は，この時のものである。

この古すぎる未完のテーマに，再び命を吹き込み，復活させてくれたのが，大阪大学データビリティフロンティア機構との出会いだった。その協力のおかげで，パブリック・ミーティングを，自然言語処理を利用した大量のデータを用いた方法によって，長期に渡って存続した歴史的構造として分析することが可能になった。しかし，その前提として，パブリック・ミーティングとは何か。研究対象をさらに詳しく定義しよう。

60　第3章　デジタル・ヒストリーを用いた分析

第1節　対象の把握 ──────────────────────

パブリック・ミーティングとは何か

　チャールズ・ティリーが「対立的集まり」に対して行ったように，私は前述の修士論文においてパブリック・ミーティングのデータを体系的に集めようとした。集めるのにあたって問題となったのは，第1にどういう資料から，どのようにパブリック・ミーティングのデータを集めるのか。第2に何をパブリック・ミーティングと規定して集めるのか，つまり定義の問題に直面した。

　第1の問題に関しては，シドニーを代表する新聞『シドニー・モーニング・ヘラルド』紙の広告欄[114] から1871年から1901年まで2年ごとに，パブリック・ミーティングのデータを集めるという手法を採用した（ティリーよりは体系的である）。これによって対象地域は，主にシドニーとその周辺地域に限定されるが，この地域の主要なパブリック・ミーティングは必ず新聞で告知されるので，パブリック・ミーティングの全体的な特徴を捉えるのには，効果的な方法だと思われた。また，新聞での広告は，パブリック・ミーティングを招集する人びとの活動の一環であり，新聞の活動である報道記事よりも，パブリック・ミーティング自体の活動をより忠実に反映していると考えた。新聞による報道は，この広告の情報を補完するために用いた。パブリック・ミーティングがパブリックなものであるためには，広く住民に開かれている必要があり，実際に住民が参加できるようにするには，その開催を周知する必要があった。そのための方法としては，ポスターの掲示や街中の行進による告知，案内状の送付などもあったが，新聞広告がもっとも重要であったのは間違いない[115]。

　新聞広告によるデータの収集は良いアイデアではあるのだが，いくつかの問題が残る。一つは，新聞広告などの費用に関わる問題で，失業者の運動など十分な資金を持たない社会運動を十分に把握できない懸念があった。ただし，新聞広告だけの費用は高額ではなかった。1854年の『シド

ニー・モーニング・ヘラルド』紙の２行広告（最小単位）は１シリングであり，1877年に労働組合評議会は，同紙で２回にわたり７行広告を行い，10シリングを支払っているが，一般的な給仕の日給が衣食付きで４〜６シリング（1878年メルボルン[116]）だったので，新聞広告だけであれば，複数人が集まったとすれば支出が困難な額だとは言えなかったであろう。しかし，多くの場合，これに様ざまな費用がさらに必要になる。例えば，ベルメインのジェームズ・ミルンが起こした一地域の運動では，友愛協会が所有する民営のオッドフェロウズ・ホールが集会の会場として使用されたが，開催費用の総額が８〜10ポンドに達したという。パブリック・ミーティングの開催には，公会堂側が割引を適用することも多かったとしても，資金的に豊かではない人びとにとって，この額をすぐに用意するのは難しかったかもしれない。こうした人びとの動きは，第４章で検討する[117]。

　新聞広告から，パブリック・ミーティングのデータを集めることが決まっても，それで問題がすべて処理できるわけではない。何をパブリック・ミーティングとするのかという問題がまだ残っている。典型的なパブリック・ミーティングを選び，事例として集めるのは容易である。地域の行政の責任者やそれに準じる人物が招集した典型的なパブリック・ミーティングは，特定の共同体の世論を代表するようなパブリック・ミーティングとして，簡単に特定できる。しかし，多くのパブリック・ミーティングは，そうした条件を満たしておらず，実際には典型的ではない集会が多数を占める[118]。

　パブリック・ミーティングと銘打った広告をすべて集めるというのは，一つの方法ではあるが，名前はパブリック・ミーティングでも，実体は明らかに特定の団体の集会という事例もかなり含まれるし，パブリック・ミーティングという名称を冠していなくても，パブリック・ミーティングの実体を持つものもある。修士論文の時には，こうした点を考慮して，世論を表明するための集会であり，利害関係者であれば誰でも参加できると

いう集会をすべてパブリック・ミーティングとみなしたが，以下のような集会は除外した。選挙集会などの政治制度の一部として存在するもの，政治家や個人の意見表明や講演，宗教団体や各種団体が行う儀式の一部として行われるもの，参加者がほぼ特定の団体に限られるものなどである。その判断には，新聞広告だけではなく，新聞の報道記事も利用した。さらに特定の集会に関する情報が少ない場合には，同種の集会に関する情報から類推した。最後に，政党のパブリック・ミーティングは，別のカテゴリーのパブリック・ミーティングの事例として，データを集めた[119]。

このようにして集めたデータは，当時の大多数の人びとにとってのパブリック・ミーティングの観念を多くの点で反映していたと思うが，それを逐一証明することはできない。より良い方法があるとすれば，提案し，実行していただければよいだろう。

新聞広告から体系的に集める対象になったのは，以下のようなデータである。広告の時点ではわからない（7）以下のデータについては，新聞報道からそれを補完した。

（1）集会の開催数
（2）開催曜日，時間，季節
（3）集会の開かれた場所
（4）集会の目的
（5）集会開催の要求者
（6）集会の招集者
（7）参加者数（新聞報道から）
（8）集会の議長（新聞報道から）
（9）女性の参加（新聞報道から）

以上のような方法で，マイクロフィルムになった新聞を隔年ごとに16年間分閲覧し，パブリック・ミーティングのデータを集めたのであるが，集会として集めた総数は約3,000件，そのうちパブリック・ミーティングだと判別した事例は1,805件であった。午前・午後・夕食後と図書館でマ

イクロフィルムリーダーを回し続けた成果である。しかし，シドニー周辺の31年間だけの研究を，時間においても地理的範囲においてもさらに拡大する希望を抱いていたが，眼はすごく丈夫ではあったが酷使のために乱視となり，パブリック・ミーティングの判別は一種の職人技のようなところがあるので，協力者を手当てすることもできずに，研究の継続をあきらめることになった。

　ところが，デジタル・ヒストリーと自然言語処理，この新たに登場した技術によって，30年近くにわたって，再開しようとしては諦めてきた研究の再出発が可能になった。もう一度挑戦する可能性が拓かれた。他方，この間に，オーストラリア国立図書館では，史料のデジタル化が着実に前進しており，Trove と呼ばれるポータルサイトが多数の関係機関との協力によって立ち上げられていた。とりわけ新聞の検索機能は圧巻である。植民地で創刊された最初の新聞から1954年末（著作権の制限が切れた時期）まで，シドニーやメルボルン，アデレイドなどの大都市だけでなく，植民地首府郊外の新聞や地方都市や小さな町の新聞まで，例えば，南オーストラリアのゴーラという町にある伝説の妖獣から誌名をとった『バニヤップ』という新聞なども，網羅的に収集し，そのデータを無償で提供している。さらに API（Application Programming Interface，API の説明は，少しだけお待ちください）を用いれば，研究のための大規模なデータを一挙にダウンロードすることもできる。世界最大級の無償の新聞データベース，Trove の存在無くしては，本研究は成立しなかった[120]。

　Trove では様々なデジタル・データの利用が可能であるが，現在の新聞のデータベースについて言えば（本書では断りなく Trove と使う場合，新聞の部門をさす），2022年時点で，1,000を超える新聞の約2,580万ページがPDF化され，利用可能になっている。世界最大の新聞のデータベースではないが，一国の歴史的新聞を大きな偏りなく網羅的に収集したデータベースとしては，最大と言っても過言ではない。掲載新聞数は常に増加しているので，今後もこのデータベースは拡大していくと思われる。

Trove を用いれば，マイクロフィルムリーダーによる骨身を削る長時間労働に替えて，一瞬でパブリック・ミーティングのデータを大量に集めることが可能になった。もちろん，パブリック・ミーティングとそうではない集会を判別する手作業は，そのまま機械的に代替することはできないので，別の方法を用いることになる。ところで，API を用いない一般的な検索では，1ページに20記事，これが99ページ表示されるだけで，最大の総記事数は1,980件となっている。しかし，これでは，それを上回る多数の記事がヒットする場合，上回る分を見ることができない。例えば，私の好きな妖獣バニヤップ bunyip を例にとると，検索総数146,569件の1.4%が表示されるに過ぎない。パブリック・ミーティングというフレーズ検索では，1,799,243件の0.1%程度を利用できるだけある[121]。こうしたビッグデータの処理こそ，今後の近現代史研究が常に直面する課題である。

ところで API というのは，Trove でいうと新聞のデータベースを外部のソフトウェアでも利用できるようにする入り口のようなものである。この API を利用してデータを取得するには，API のキーが必要であり，その利用にはデジタル・ヒストリーを少しかじったほうがよい。さらに API によって大量に取得したデータを活用する，つまり，新聞の文字情報を処理するためには，自然言語処理という，さらに高度な技術が必要となる。ボケ防止のデジタル・ヒストリーの学習効果で，苦労しながら，私でも単純なデータ収集の段階まではできるとしても，高度な自然言語処理は，専門家の力を借りなければ，とうてい太刀打ちできるものではない。ここで最大の助っ人，大阪大学データビリティフロンティア機構（以下 IDS と略記）が登場する。IDS がこの研究をサポートするグループを立ち上げてくれたおかげで，素人でも大量のデータを収集・整理・分析することが可能になった。以下では，自然言語処理を利用した Trove のデータの収集および収集したデータの提示及び分析を，順を追って示すが，自然言語処理に関連する解説は，正確を期すために，というかさっぱりわからない所も多いので，チョ・シンキ Chu Chenhui さんを中心とする専門家からの受け売りで

ある。

研究の見取り図

研究には大まかに分けて6つの過程がある。

第1に，パブリック・ミーティングの事例を Trove の新聞データベース[122]から収集するという作業がある。収集対象となる期間は1803 ～ 1954年。1803年はオーストラリアで最初の新聞が創刊された年であり，1954年は著作権の関係でオーストラリア各地を代表する新聞がすべてデータベースにある最後の年である。著作権の制約から，研究のためにデータを収集した期間は，制限されていることになる。このデータがカバーする地理的範囲はオーストラリア全土であり，修士論文で扱った範囲を大きく超えるだけでなく，時間的にも4倍以上になっている。また，すでに行った研究と同じように，まず新聞記事のうちの新聞広告に対象を絞り，パブリック・ミーティングの事例を集める。ただし手作業で，集会からパブリック・ミーティングを分別するのではなく，機械的に public meeting という語句が現れるすべての広告を収集する。これにより恣意性を完全に排除した 407,756件[123]のデータが集まるが，同時に実際にはパブリック・ミーティングを対象としない広告も多く含まれている。例えば，パブリック・ミーティングとは分類できない集会の告知や，パブリック・ミーティング用に公会堂の貸出しを宣伝する広告も，この対象に含まれる。そのため分析する際には，関係のないデータを篩にかける作業も必要になる。

第2に，集めたデータから情報を抽出する作業が待っている。しかしその前に，人間の眼であれば，広告欄にある多数の広告のうち，パブリック・ミーティングの広告を判別するのは容易であるが，機械的にこれを行うのは簡単ではない。パブリック・ミーティングが告知されている広告記事の範囲を特定する処理，これが次の作業である。こうした作業を経て，パブリック・ミーティングの広告記事だけからなるデータが揃うのである。

第3に，これが終わると次の段階，データから情報を抽出する作業が始

まる。q1：開催時刻，曜日，季節，q2：開催場所，q3：目的，q4：開催
要求者，q5：招集者，q6：招集された人，以上が情報の抽出対象になる。
さらに抽出した情報を分析するには，カテゴリーに分ける作業が追加され
る場合がある。とくに招集目的をカテゴリーに分けるのは，かなり困難な
作業である。

第4に，広告で抽出したパブリック・ミーティングを報道している新聞
記事を特定する作業がある。広告のパブリック・ミーティングには言及し
ているが，残りの大部分は違うことを記載している記事の場合，そこから
抽出した情報は対象のパブリック・ミーティングのものではない可能性が
高い，こうした報道記事は除去しなければならない。

第5に，報道記事から，q7：参加者数，q8：女性の参加，q9：主要な
参加者，q10：議長，q11：賛否の状況，q12：入場券，q13：混乱状況，
のような情報を抽出する作業がある。

第6に，最後の作業，表やグラフ，図などで提示し，分析し，解釈する
作業がある。

以下では，この6段階をさらに詳しく説明していきたいが，その前にボ
ケ防止について語りたい（なんでやねん！べたやな）。

Google Books Ngram Viewer とパブリック・ミーティング

パブリック・ミーティングという言葉をキーワードとして，ビッグデー
タの収集を始める前に，その歴史的変遷を他国との比較も含めて概観して
みた。それには，私のゼミの学生たちも使う一般的な検索装置を利用し
た。このフレーズと深い関係にある，世論という言葉，パブリック・オピ
ニオンの使用例の歴史的変遷も併せて，検討した。こうした作業は，研究
対象が位置する歴史的コンテクストを見定め，作業仮説を篩にかけて，妥
当ではないものを弾き飛ばすのに有用である。それを経ずに，とんでも仮
説にこだわり続けるような老人的醜態は避けたいものだ。まずは，Google
Books Ngram Viewer から始めよう。

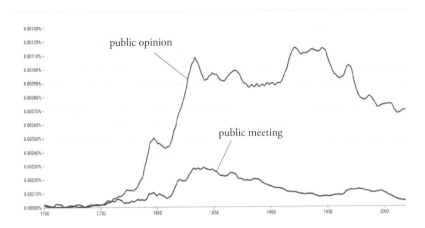

グラフ-1　Google Books に占める，"public opinion"，"public meeting" の出現頻度の歴史的推移（Google Books Ngram Viewer, 10/06/2022）

　グラフ-1 は，Google Books の英語文献に占める，public opinion と public meeting の出現頻度の歴史的変化を表している。パブリック・オピニオンのほうが全時代を通じて多いことは明白であるが，18 世紀の第 4 四半期から 19 世紀全般にかけて，両方のグラフの上下動が近似していることがわかる（おおざっぱ）。とりわけ 19 世紀の前半はその相関性が高い。これは英語圏における世論形成の装置として，あるいは世論そのものとしてのパブリック・ミーティングの重要性を示唆している。これと対比する形で，グラフ-2 を参照してほしい。Google Books の仏語文献に占める，opinion publique と assemblée publique と réunion publique の出現頻度の歴史的変化を表している。フランスでは，おおよそ公開集会が世論形成と関連していたように見えないが，ハーバーマスによって重要とされるサロン salon で調べてみても，はっきりとした相関は見られない。また，英語圏について，コーヒーハウス coffee house で検索しても，ほとんど関係がないように見える。
　こうした検索からは，英仏をまとめて西欧と一括りにする理解の欠陥

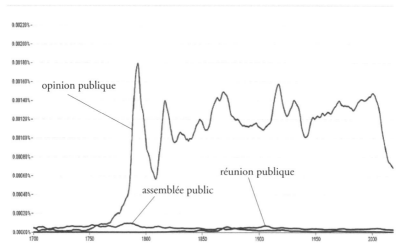

グラフ-2　Google Books に占める，"opinion publique"，"assemblée publique"，"réunion publique" の出現頻度の歴史的推移（Google Books Ngram Viewer, 10/06/2022）

（アメリカとイギリスも当然同じではない），サロンやコーヒーハウスが世論形成に果たした役割への疑問，パブリック・ミーティングと世論の勃興との深い関係などが，大まかに見て取れる。

British Newspaper Archive [124]

このサイトは，中身を見るには有料であるが，検索だけであれば無料で利用可能である。1900 年以前の著作権の切れた新聞を中心に，1,000 以上の新聞を 5,000 万ページ以上集録している巨大な新聞データベースで，Trove の新聞データベースの倍くらいの規模である。ただし，Trove ほどは網羅的でもなく，データの偏りも大きい。それを踏まえた上で，検索を行ってみる。Advanced Search を利用し，すべての記事を対象にして，public opinion と public meeting の数を 10 年ごとに調べて，それをグラフ-3[125] として示した。参考までに coffee house も検索語に加えておいた。

少し驚くべきことだが，public opinion（2,266,019 件）よりも，public meet-

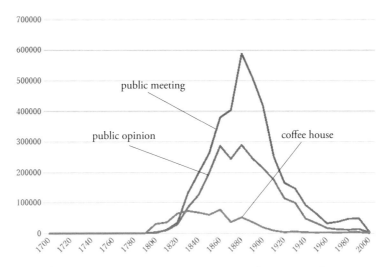

グラフ-3 British Newspaper Archive における"public meeting"と"public opinion"と"coffee house"の出現数の歴史的変化

ing（3,835,980 件）の出現数の方が多く，世論自体よりも言及される頻度が19 世紀以降はすべての時期を通じて高かったことがわかる。また，この二つのグラフの形状は非常に似ており，両者の密接な関係を示唆している。参考に示した coffee house（598,575 件）のほうは，グラフからは public opinion と密接な関係があるとは言い難い。Advanced Search の機能をさらに利用して，より詳しく調べると，public opinion への言及がある新聞の記事の 7% で public meeting が言及されているのに対し，coffee house が言及されているのは 0.5% にすぎない。とりわけ public meeting への言及は，1830 年代に 11.9%，40 年代には 12.2% とピークに達している。

次にオーストラリアのお隣，ニュージーランドの Papers Past の新聞検索を試してみよう。新聞のページ数では 700 万ページを超える量を持つ，Trove と同じく無償の公営データベースである。public meeting をフレーズで検索すると[126]，429,598 件の記事があることがわかる。データベースの収集の範囲は 1839 年から 1971 年までの間である。public opinion は，

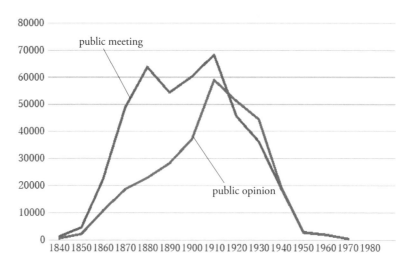

グラフ-4　Papers Past における"public meeting"と"public opinion"の出現数の歴史的変化

299,689 件で，イギリスと同じく，ここでも public meeting のほうが，記事数が多い。

　グラフ-4 を見てもらいたい。特徴的なのは，public meeting と public opinion の増加の仕方には，ずれがある点である。public meeting のほうが，増加の仕方が早く，19 世紀には，記事数が倍以上になる時期もあるのに対し，第 1 次世界大戦を契機に public opinion の記事数が少し上回るようになる。ニュージーランドの入植が始まったのが遅かったのが，影響しているのかもしれない。

　ここで public opinion に関して，一言付け加えておきたい。public opinion は，この研究をするための概念として，すでに定義し，それを変更するつもりはないが，歴史的に public opinion の使用例を調べる際に，その TPO に応じた意味のバリエーションに加えて，時代とともに，使われ方に一つの方向への変化が見られる。私は，パブリック・ヒストリー public history にも関心があり，その言葉の使われ方を調べたことがある。Google Books

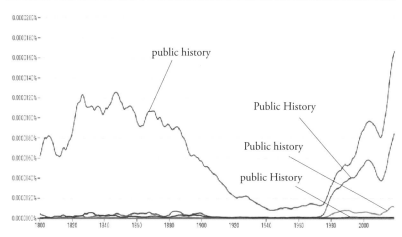

グラフ-5 Google Books に占める，"public history" の出現頻度の歴史的推移（Google Books Ngram Viewer, 11/06/2022）

Ngram Viewer を用いて，大文字・小文字の区別をして，その使用頻度を経年的に調べると，以下のようになる。

19世紀に一つ目の大きな山があり，20世紀前半にはほとんど言及されなくなり，1970年代から急速に使用例が拡大しただけでなく，大文字のパブリック・ヒストリーが登場したことがわかる。大文字のパブリック・ヒストリーの拡大は，学問分野や教育機関としてのパブリック・ヒストリーが影響力を拡大したことを示している。1970年代以降のパブリック・ヒストリーの意味は，住民や市民に開かれた，あるいは住民や市民とともに行う，住民や市民が共有するような歴史を意味する。そういう意味では，本書のパブリック・オピニオンにおけるパブリック定義と多くの共通点があるが，第1の山におけるパブリックの意味は異なっている。ここにおけるパブリックは，行政と関わるような公的な活動，政治，政府の活動を意味する。したがって，パブリック・ヒストリーとして想定されるのは，端的に言うと外交史，公職における活動を記録した歴史などであり，

個人としての私的な活動と区別されるところで展開される活動の歴史を意味する。パブリック・オピニオンに関して言えば，パブリックの意味は，前者の意味が常に優勢であるが，時代を遡れば，遡るほど，後者の意味が含意される傾向が強くなると言えよう。

Trove：Newspapers & Gazettes

ここから本筋に進むことにする。対象は，すでに紹介した Trove の Newspapers & Gazettes のデータベースである。Advanced Search で，public meeting と public opinion を検索し，その経年変化を確認する。期間は 1803 ～ 2022 年である[127]。すでに述べたように，1955 年以降のデータは偏っているだけでなく，量も大幅に少ない点は注意すべきである。public meeting については，広告欄に現れる記事数も示しておいた。

public meeting の総数は 1,799,340 件，public opinion の総数は 661,291 件。1954 年末までに期間を限ると，それぞれ 1,775,936 件，648,875 件である。ここでも public meeting が public opinion の件数を上回っている点では，イギリスやニュージーランドと同じであるが，public meeting が public opinion の 3 倍近くになり，相対的に public meeting に言及する記事が多い。記事数の歴史的推移を見ると，19 世紀を通じて増加し，1910 年代に頂点を迎えて，その後減少に転じる。

グラフ-6 の形状から，パブリック・ミーティングが 19 世紀を通じて盛んとなり，1910 年代にピークを迎え，その後衰退したと考えるのは早計である。Trove おける記事数の推移は一つの指標にすぎない。例えば，public opinion が現れる記事に public meeting という語も同時に現れる頻度を計算すると，1820 年代の 9.3％に始まり，30 年代に 15.3％，50 年代に 16.3％の最大値に達し，初めて 10％以下になるのは 1890 年代の 7.1％で，続く 1900 年代に 4.8％に低下すると，10 年代に 3.2％，以降は 3％に達することはなかった。この指標からは，パブリック・ミーティングの世論の形成装置としての機能が，1890 年代から低下しているという推論も成り

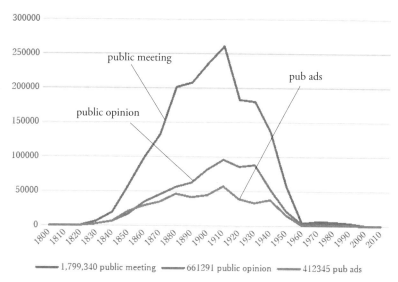

グラフ-6　Trove における"public meeting"と"public opinion", "public meeting"の広告の出現数の歴史的変化

立つ。

　Trove などの新聞のサイトでは，これまで記事数の歴史的推移を見てきたが，Google Books Ngram Viewer では，コーパスに対する出現頻度の推移を見た。どちらが良い指標かを決めることはできないが，Trove についても，単なる記事数の増減だけでなく，それぞれの時代に発行された新聞全体の量との関係も考慮しなければならない。残ながら Trove ではその点がわからない。そこで次に登場するのが新たなサイト，オーストラリアのデジタル・ヒストリーを先導するティム・シェラット Tim Sherratt が構築している GLAM Workbench である[128]。

GLAM Workbench

　GLAM とは，美術館 galleries, 図書館 libraries, 文書館 archives, 博物館

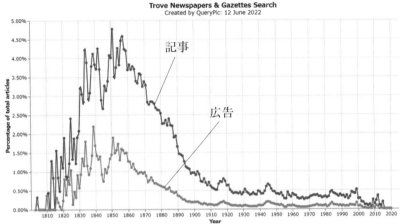

グラフ7　"public meeting"（記事と広告の両方）のあらゆる記事に対する出現頻度の推移

museums のことで，これらの機関が公開しているデジタル・データの利用が容易になるように，ティム・シェラットが構築したサイトである。対象は，オーストラリアとニュージーランドが中心である。巨大な英文サイトなので，慣れない人にとって，とりわけデジタル・ヒストリーをまったく知らない人にとっては，どこから始めていいかもわからないかもしれないが，少しサイト内を探ると，新聞検索の時にとても有用な道具が一つある。それが QueryPic である。

　QueryPic を使うには，オーストラリア国立図書館の API キーを取得する必要があるが，私のデジタル・ヒストリーの授業に出ていた 20 人近くの学生すべてに，各自取得させていたほどで，簡単に入手できる。これを用いて，1 年ごとに public meeting というフレーズが現れるすべての記事と，本研究で利用する public meeting が現れるすべての広告が，記事全体に対してどれくらいの割合で現れるかを示したものが，グラフ7である[129]。

　傾向は明白である。件数を示したグラフとは違い，グラフの中心は 19 世紀にある。1830 年代の第 1 のピークに向けて増加を続け，その後少し

減少するが，50年代に第2のピークが来る。パブリック・ミーティングが現れる全記事は50年代のピークが，広告では40年代のピークが頂点になっており，少し違うところもあるが，全体の傾向は両方のグラフで大きく異なる点はない。その後19世紀末に向けて減少を続け，20世紀には非常に低い頻度で停滞を続ける。グラフ-7は，20世紀よりも19世紀におけるパブリック・ミーティングの重要性を示唆している。参考までに，グラフ-8を示しておく。これはTroveで公開されている全記事数の経年的変化のグラフである。グラフ-6で，20世紀に入ってピークが来るのは，基本的にこの全記事数の変化を反映したと言って差し支えないだろう。

　ニュージーランドのPapers Pastについても，同じようなことをしてみよう。ただし対象は，public meetingが現れる記事とpublic opinionが現れる記事の，全記事に対する出現頻度とした。利用したのは，GLAM Workbench の QueryPic DigitalNZ である[130]。グラフ-9を見ると，19世紀に重心があるのは変わらないが，特徴的なのは，グラフが最初から出現頻度が高く，時代が下るにつれて，それが減少している点。もう一つは，出現頻度が10%を超す時期もあり，オーストラリアを大きく凌駕している点である。第1の点については，ニュージーランドのグラフが事実上1840年代から始まることを考えると，つまり1840年以降のオーストラリアのグラフと比較すれば，形状にあまり差異がないことがわかる（グラフ-7参照）。第2の点については，中産階級を中心とする組織的植民によって設立されたニュージーランドのほうが，パブリック・ミーティングや世論の影響力が強かったという推論の根拠になる。同じく組織的植民によって入植が行われた南オーストラリアについて，QueryPicでpublic meetingを調べてみると，ニュージーランドほど極端ではないが，1840年代を除けば19世紀全般を通じて，オーストラリア全土と較べると，全記事に対するその出現頻度が高くなっている[131]。

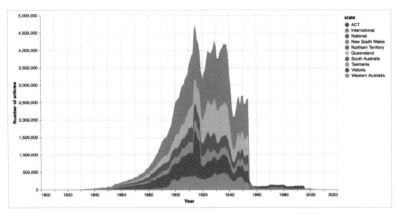

グラフ-8　Trove のすべての記事数の経年的変化[132]

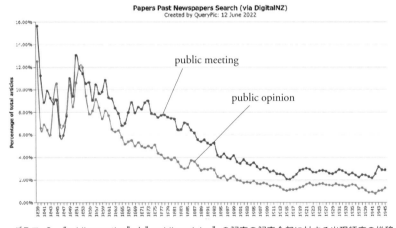

グラフ-9　"public meeting" と "public opinion" の記事の記事全部に対する出現頻度の推移

第2節　データの抽出

コーパスの構築

　おおざっぱにパブリック・ミーティングとその新聞データのあり様を見たところで，秋だから丁度ということもあり，この研究におけるデータの収穫の話に移りたい。ようやく研究の出発点に到達した。出発前に息切れしているが，心配ご無用。ここからしばらくは，自然言語処理の猛者たちの出番である（関心のない方は「開催数」までジャンプ，82頁）。

　コーパスというのは，分析のために使われる文書の集合体のことである。本研究でもまずパブリック・ミーティングの広告のコーパスを作る必要がある。

　歴史学の研究では，すでにテキストデータとなっているものを分析するのではなく，PDFファイルのような画像ファイルを用いて，研究することが多い。こうした画像ファイルをデジタル・ヒストリーで利用するには，OCR（Optical Character Recognition）と呼ばれる技術を用いて，画像データから，そこに記載された文字情報をテキストデータとして取り出す必要がある。テキストデータを入手して初めて，各種の分析ができるのである。ただし，OCRにも問題がある。古い新聞のように画像自体が鮮明でなかったり，裏の印刷が表にも写ったりしていた場合，うまく文字を読み取れない場合がある。このような場合には，OCRの誤りを自動的に修正する技術を用いて，読み取りの精度を向上させる。OCRを用いる利点もあって，現物を肉眼で見てもわからない文字が把握できる場合もある。

　データを入手する場所は，すでにおなじみのTroveである。Trove自体がPDFファイルだけでなく，OCRによって生成したテキストデータも提供してくれているのは少し便利である。これを利用すれば，すぐに「コーパスの出来上がり」，という具合には問屋が卸さない。Troveのテキストデータには，一つ一つの広告を分けている罫線の情報がないという欠陥がある。パブリック・ミーティングの広告も野菜の広告も使用人を求め

78　第3章　デジタル・ヒストリーを用いた分析

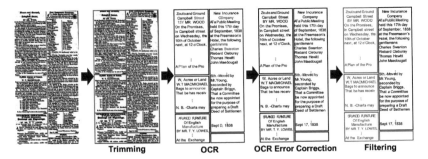

図-1　コーパス構築の方法の概観
　Trimming において，広告記事を一つ一つ分割する。OCR を単にかけただけでは誤りが残る。これを OCR Error Correction にかけて，綴りなどを修正し，最後にフィルタリングによって，パブリック・ミーティングの広告だけを残す

る広告も，広告欄にあるデータはすべて一つのデータの塊として提供されている。そこからパブリック・ミーティングの広告だけを抜き出すという作業が必要になる。単なる用語検索では直面することのない課題である。人間が処理する場合，罫線は一目瞭然で，子供でもパブリック・ミーティングの広告を瞬時に判別できるが，コンピューターには，それをコンピューターが理解できる言語で教えなければ，判別することはできない。

　この問題を克服するために，私たちは（ここに私はほぼ含まれていないが），画像処理，OCR，OCR 誤り訂正，フィルタリング[133] というパイプライン（複数の処理を順番に適用する）に基づいて，コーパスを構築することにした。最初に広告欄を囲む線を把握し，パブリック・ミーティングの広告の画像だけを取り出す。次に OCR を用いて，画像からテキストデータを取り出す。しかし，OCR だけでは不十分なので，OCR 誤り訂正モデルを適用することで，精度をあげる。

　上記のプロセスについて，もう少し詳しく述べたい。まず画像処理に OpenCV[134] を使うことにした。輪郭追跡アルゴリズムを利用して，画像の中のテキストの境界を見つけ出し，輪郭を抽出する。特定の閾値から上の高さと特定の閾値から下の幅を持つものをコラムとし，特定の閾値

から上の幅と特定の閾値から下の高さを持つものを広告とした。さらに広告中の罫線も特定する。次に Google Drive の OCR が他の方法よりも有効であったので，その OCR 機能を用いて，広告の画像からテキストを抽出した。続いて，図−1に見られるように，誤りが散見される抽出したテキストに，OCR 誤り訂正モデルを適用した。これには統計的機械翻訳 Statistical Machine Translation をベースにしたモデルを用いた。改行の時にハイフンで2行に分割された単語も，このモデルを使えば修正することができる。OCR 誤り訂正モデルのために，パブリック・ミーティングの新聞広告に焦点を合わせたデータセットを用意した。それは OCR をかけたテキストと人が修正した正解テキストの二つである。私たちの方法は，高い F 値（正解率）と再現率を示した。すなわち，パブリック・ミーティングに関連する広告記事の大部分を正確に特定し，抽出できなかった広告は比較的少なかった。最後に，フィルターにかけて，研究に関連するパブリック・ミーティングの広告のテキストだけを抽出した。このようにして，研究目的に堪えうる質の高いコーパスが誕生した。

情報抽出

　パブリック・ミーティングの広告を集め終わったら，そこから必要な情報を取り出す段階に入る。情報をテキストから抽出することは，情報抽出と呼ばれる。構造化されていないテキストデータ，すなわち自然言語で書かれた新聞やブログなどの文章を分析する時に，これが役に立つ。ここではパブリック・ミーティングの広告からの情報抽出を，機械読解タスクとして設定する。その目標は，テキストに関する質問に答えるために，機械学習モデルがテキストを理解し，分析できるようにすることである。このモデルによって，テキストの中で分析に必要な語句や文を見つけ出すことで，質問に答えるのに必要な情報を抽出できる。私たちが用いた方法は，教師あり学習 supervised learning approach と呼ばれる方法である。大量のパブリック・ミーティングの広告データ，それに関連する質問とそれに対す

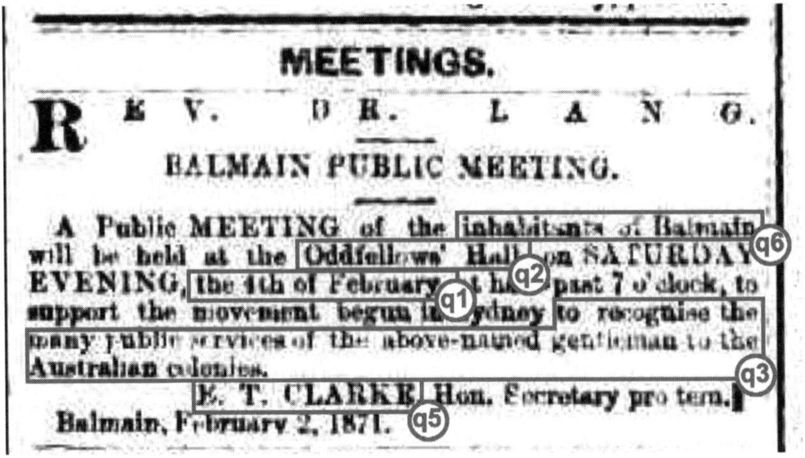

80　第3章　デジタル・ヒストリーを用いた分析

図-2　パブリック・ミーティングの広告の例
囲った部分が q1 ～ q6 に対する解答に相当する。ただし，ここには q4 に関する情報はない

る正解について，モデルに対し訓練を行う方法である。

　私たちの場合には，まず私が統括する文系チームが処理したパブリック・ミーティングの広告に含まれる情報に基づいて，パブリック・ミーティングのドメインにある情報を抽出すためのデータセットを構築する。総数1,258 件のパブリック・ミーティングの広告から，抽出する 6 項目の事項（開催時刻・曜日・季節，開催場所，目的，開催要求者，招集者，招集された人）を文系チームが 1 件ずつ，くまなく選ぶという作業を行った。機械読解タスクとして設定しているので，6 項目はそれぞれ q1 ～ q6 という名称が付与される。すなわち q1：開催時刻・曜日・季節，q2：開催場所，q3：目的，q4：開催要求者，q5：招集者，q6：招集された人となる。パブリック・ミーティングの広告の一例を図-2に示し，q1 ～ q6 の質問に対する解答を図示しておいた。

　自動的に抽出されたテキストに対する解答（q1 ～ q6 への）を作成したのは，文系のグループである。全体で 1,258 件の広告を処理し，q1：開催時刻・曜日・季節 = 819，q2：開催場所 = 744，q3：目的 = 531，q4：開催

要求者 = 43，q5：招集者 = 105，q6：招集された人 = 429 の解答が得られた。

　機械読解タスクのためには，ALBERT[135] と呼ばれるモデルを使った。ALBERT はこのタスクに対する最先端のモデルであり，SQuAD[136] と呼ばれるベンチマークのデータセットに対して，とりわけ良好な結果を残している。ALBERT をこのタスクのために訓練するのには，ファインチューニング（再訓練）と呼ばれる技法を用いる。SQuAD のデータセットと私たちが構築したデータセットの両方を使用し，ALBERT を再訓練して，パブリック・ミーティングの広告から情報を抽出できるようにした。さらに，このモデルを使えば，全体として広告から 74.98％の正確さで，必要な情報を入手できることを検証している[137]。ただし，q4，q5 では，正確さは低下する。解答がある割合が少ないのが一つの原因と考えられるが，固有名詞の多さも解答の正解率に影響しているかもしれない。

新聞の報道記事の抽出

　新聞広告で告知されたパブリック・ミーティングは，ベルメインのパイン・パークの事例のように，広告が掲載された新聞で内容を報道されることが多い。そこからの情報収集も試みたのであるが，成功とは言えない結果に終わった。

　新聞報道に関しては，Trove は記事ごとに分割して OCR で読み取ったテキストデータを提供している。したがって，新聞広告で用いた方法は使わずに，Trove の提供するテキストデータを使用した。ただし，public meeting の開催後に掲載された記事であっても，広告された集会と関連がない場合も多いので，集会開催後 1 週間以上経過したもの，記事の最初の 50 語に public meeting という言葉が現れない記事など，関連性が低いと推定できるデータはあらかじめ除外した。

　これによって約 7,000 件のデータが得られた（少なすぎると感じているが，原因はわからない）。広告の場合と同じように，人間の眼で 1,000 件の正解

データを q7 〜 q13 まで，q7：参加者数，q8：女性の参加，q9：演題上の人物，演説者，q10：議長，q11：投票結果，q12：入場券，q13：混乱具合，について与えた。

　情報抽出には ALBERT モデルを用いた。情報は抽出されたが，それを一般化できるほどには十分な量がないと判断し，本書の叙述では本章の最後の辺りで，参加者数などについて簡単に述べるに留めた[138]。

開催数（広告分析の始まり）

　この研究に参加している情報技術の研究者から，開催時刻・曜日・季節や場所とかを調べて，何がわかるのかという声が強くあがり，研究参加者だけのために報告用のスライドを作成したことがある。それで納得してもらえたように思うが，集めた各種のデータから何が読み取れるのかを，少し検討してから，データを順次示していきたい。

　パブリック・ミーティングという語が，記事や広告に現れる数や頻度についてはすでに確認した。今回示すのは，パブリック・ミーティングを告知する広告数の推移である。この数値は何を示すのだろうか。広告による開催告知は，パブリック・ミーティングのもっとも重要な活動の一つである。小さな共同体を除けば，集会がパブリック・ミーティングとして認知される，つまり地域住民の世論の表明だと認知されるためには，新聞による広報が必要条件だったと言っても過言ではない。告知数の推移は，少なくともパブリック・ミーティングによる世論形成の活発さを示す主要な基準になるだろう。また，ある程度の規模のパブリック・ミーティングはすべて新聞で告知されるので，開催数の増減の代替データともなるだろう。ただし，記事数の大幅な変化もこれに影響を与える点については，すでに述べた通りである。

　データを示す前に，ここでさらにフィルタリングを行ってデータを絞り込む。

　（1）開催日時と場所の両方のデータが揃っていない集会を取り除く。

第2節　データの抽出　83

（2）開催日時と場所が一致する複数の集会を1件としてまとめる。

　これらの作業によって，これまでの作業で抽出した305,821件のデータが，166,526件に絞り込まれる。

（3）ルールに基づくアプローチによって，種々の日時の記載を数値に置き換える。

　すなわち，いろいろな形で記述されている日時を，設定した規則に基づいて，1953-11-19 & 8 p.m. のような統一した形にするのである。OCRの誤りなどで，この変換がうまくいかないこともあり，166,526件のデータがさらに144,864件に絞り込まれる。

（4）同じ日時を持つ集会で，よく似た名前を持つ集会を併せて1件とする。

　プログラミング言語，Pythonにあらかじめ用意されたプログラム diff-lib（libraryと呼ばれる）から，Sequence Matcher（moduleと呼ばれる）を呼び出して，場所の名称の類似性を検証し，70%以上類似するものを同じ場所とみなす。この操作によって，144,864件のデータが116,361件に絞り込まれた。このデータを基に分析を始めよう。

　グラフ-10は，新聞で告知されたパブリック・ミーティング数の10年を単位とする推移を示している。1845年以降，急激に増加し，ピークは第1次世界大戦を含む10年間となっている。最初の急増期を除けば，大きな変化が起こったというよりも，その後の約1世紀間，開催数は比較的安定して推移している。グラフ-8のグラフの記事数の推移（集録新聞数も時代を下るにつれて増える）を考えると，実際に開催された集会数は，19世紀には時代を遡るほどもっと多かったと思われる。さらにグラフ-7の全記事に対する出現頻度も併せて考えると，パブリック・ミーティングの世論に対する影響力は，19世紀の半ば過ぎくらいにピークを迎えたのではないだろうか。決定的なことは言えないが，パブリック・ミーティングを用いた社会運動の長期的な推移はある程度把握できるように思う。

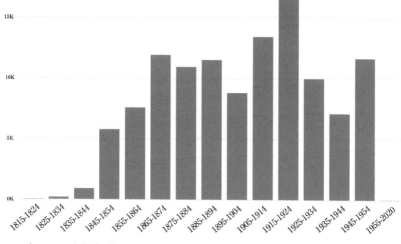

グラフ-10　新聞で開催が告知されたパブリック・ミーティング数の推移

第3節　分析①——日時

聖月曜日

　グラフ-11 はオーストラリアで開催されたパブリック・ミーティングの各曜日別の開催数の変化を表したグラフである。集会が開かれる曜日や時間にどのような意味があるのだろうか。データに加えて蛇足的な説明をしていこう。

　オーストラリア労働史の研究者カーネルとアーヴィングは，日本では喜安朗『パリの聖月曜日』で有名な，聖月曜日という習慣に関して，1850年代のオーストラリアを対象に次のように述べている[139]。

　「シドニーの日雇い労働者は，怠惰で，酒飲みで，放蕩なことで悪名を轟かせている。4日働いては，飲んで，大暴れする」。必然的に労働者が組織化される場合，その政治活動は周辺部では粗暴で，自然発生的であった。こうした労働のパターンの結果は明らかである。「月曜日は，その日を半ドンにするから，労働者階級が冗談混じりに聖月曜日と呼んでいる

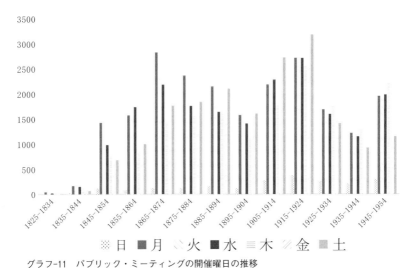

グラフ-11　パブリック・ミーティングの開催曜日の推移

が」，パブリック・ミーティングの開催日として好まれた。

　労働者の生活に関わるこうした主張は，本のタイトルを飾るほど，労働者のイメージ，あるいは本質的な特徴に関わっているので，きわめて重要である。この主張の通りかどうか，パブリック・ミーティングの開催曜日を確認してみよう。各曜日の集会の数を示したグラフ-11を見ると，確かに19世紀には月曜日に開催される件数が多い傾向が見られる。聖月曜日のことを考えて，労働者を参加させようとした集会が月曜日に多く開かれた結果かもしれない。しかし，イギリスのチャーチスト運動では，労働者たちが仕事の終わった後で，篝火の下で開かれる集会に多数参加し，それを恐れた政府がこの種の集会を禁じたことを見てきた。そうした事例と聖月曜日の集会は整合的ではない，つまり何かあまりしっくりこないように感じる。

　そこでグラフ-12を見てもらいたい。このグラフは市長が招集したパブリック・ミーティングの招集曜日の経年変化をグラフにしたものである。市長は労働者の雇用者の1人であり，飲んだくれた労働者が参加しやすい

86　第3章　デジタル・ヒストリーを用いた分析

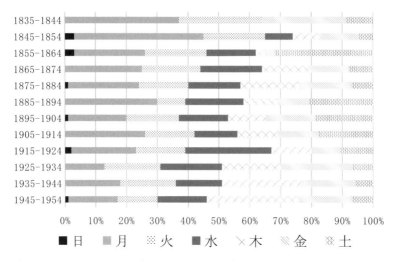

グラフ-12　市長が招集したパブリック・ミーティングの開催曜日の推移

ように，わざわざ月曜日に集会を招集したとは考えられない。しかし，1845年に始まる10年間の41.53%を最大として，19世紀のあらゆる時期において，市長は他の週日よりも月曜日に多くのパブリック・ミーティングを招集している。断片的証言に基づいて，近代的な労働規範に従わない労働者とパブリック・ミーティングを結びつける主張には，否定的な証拠と言える。

　実際，カーネルとアーヴィングの引用は，月曜日に開催されたパブリック・ミーティングの正当性を揶揄するために行われた発言であり，一般的に言っても，オーストラリアで聖月曜日が言及されるのは，アイルランド系の労働者や囚人などを非難する文脈や，節酒運動の唱道者が批判的な文脈で用いる場合がほとんどである。史料の解釈にも難点があると言わざるをえない。

　逆にパブリック・ミーティングの月曜日開催と聖月曜日との関係を否定するような証言もある。例えば，1849年6月11日開催の流刑反対運動の集会は，流刑囚輸送船の到着に合わせて，港で午前11時に開催された。

屋外集会にとっては最悪の，冷たい晩秋の雨が降りしきるなか，4,000〜5,000人が議長の到着を半時間近く待った。シドニー市の指導的な商人や商店主の大部分が店を閉め，集会場に多くの人びとがつめかけたのである。労働者たちというよりもむしろ，パブリック・ミーティングの招集に尽力していた中・上流層の市民たちのほうが，重要な政治的課題のためには，近代的な時間的規範を多少曲げることを厭わなかったのである。また，保守的な新聞の『アーガス』紙は，メルボルンにおける流刑反対運動のパブリック・ミーティングが，夜に設定されたことに関して，この問題に少なくとも他の誰にも劣らない関心を抱いている労働者階級の参加を促すために選ばれたと，明確に述べている[140]。労働者を集めやすい時間は，労働時間が終わった平日の夜であった。

　以上のように述べてきたとしても，月曜日に集会の開催が多かった事実，聖月曜日とそれを結び付けようとした同時代人がいた事実は残る。その点について，さらに検討を加えたい。修士論文で1871年から1901年までのデータを手作業で収集したデータを詳しく見ると，市長が招集した集会のうち月曜日のものが30.0％を占め，他の週日の倍近くある。そのうち労働規律に抵触するような集会，つまり昼間に開かれた集会が45あるが，直接労働者階級と関係するような集会は見当たらない。他方，市長が招集した45件のうち，レディ（中流の女性に相当する）たちが圧倒的多数を占める集会が19件あり，それに加えて女性が多数参加したと思われる慈善のための集会が6件あった。月曜日に開かれた労働規律の外側にある集会の主な担い手は，中流層の女性であった[141]。

　市長が招集者ではないパブリック・ミーティングでも，月曜日の集会がもっとも多く，24.7％を占める。このグループでは昼間に開かれた60件の集会のうち23件が，直接的・間接的に労働者の利害に関わっているとみなせるが，そのうち17件は失業者の集会であった。日雇い労働者が職を求めて，政府に仕事を要求する集会は，聖月曜日と結びつきそうにもない。仕事にあぶれた日雇い労働者は，最初の週日の月曜日に集会を開き，

政府に失業対策を要求したのである。彼らが火曜日まで悠長に待って集会を開く理由はどこにもない[142]。

聖日曜日

　私は，キャンベラからメルボルンに向かう時，ビーチワースという保養地で一泊する。昼食は高速道路を外れて，途中でガンダガイという町に立ち寄る。典型的な田舎の町。日曜日にはすべての商店がしまり，土曜日も食事ができるのは午後２時まで，かつてのオーストラリアの時間が今でも支配している。シドニーやメルボルンなどから日帰り圏にある町は，土日営業をしているが，その他の町では，パブリック・ミーティングの時代の時間が生きられている。

　グラフ-11 において月曜日の集会の多さよりもはるかに特徴的な点は，日曜日の集会の少なさである。他の曜日と較べて，桁外れに少ない。労働という点だけから考えれば，聖月曜日よりも，休日の日曜日のほうが，労働者のみならず，はるかに多くの参加者を得られたであろう。しかし，この日にパブリック・ミーティングはわずかしか招集されなかった。

　その理由は，日曜日は，紛うこと方なき聖なる日だったからである。パブリック・ミーティングが大きな影響力を持った時代，教育政策とアイルランド問題を巡って，英国教会とプロテスタント諸派は，アイルランド系のカトリックと激しく対立していた。しかし，どちらの勢力に属していたとしても，パブリック・ミーティングの開催を主導していた中流層の人びとは，日曜日を教会に参集する日として，飲酒やギャンブルだけでなく，スポーツや様ざまな娯楽，労働自体も避けるべき日として，尊重していた。宗教的な活動や慈善活動，時代が下ると労働者たちの娯楽に関連するような活動など，わずかな例外を除けば，日曜日には，パブリック・ミーティングは開催されなかった。それは，労働者階級に属する人びとにとっては，政治活動への参加に対する大きな障壁であった。日曜日は，労働者が賃金を失うことなく１日じゅう社会運動に参加できる唯一の曜日だった

からである。日曜日に集会を開くことができないために，月曜日に持越しになっている集会があるのが，月曜日の集会の多さの要因の一つだと思われる。

　土曜日の午後は，宗教的な規制もなく，多くの労働者が労働から解放される時間帯で，集会を開催するのに適していた。実際，労働者が買い物に多く集まる都市の市場，シドニーのヘイマーケットやメルボルンのイースタンマーケットの付近では，パブリック・ミーティングがよく開催された。しかし，この時間帯には，公会堂などの集会に適した場所を確保するのが難しかったと思われる。土曜日には，演劇やコンサートなどのエンターテイメントが多く予定されており，公会堂などの会場の確保で，パブリック・ミーティングと競合したに違いない。1885 年 8 月 8 日（土曜日）に，ベルメインのテンペランス・ホールなどで，地域的な酒場の廃止（ローカル・オプション）をテーマとするパブリック・ミーティングの開催が予定されていたが，主催者は，土曜の夜にいつもそこで行われている娯楽を妨げる意図はないとわざわざ一言断っている[143]。

　この他に季節の問題もある。グラフとしては示さないが，スポーツを中心とする屋外の活動が盛んになる夏場には，他の季節と較べて，パブリック・ミーティングの開催数は減少する傾向がある。

開催時間帯

　この項目（q1）の最後に，開催時間を見ておこう。グラフ-13 は，パブリック・ミーティングの開催予定時間でもっと多かった，午後 2 時，3 時，7 時，7 時半，8 時に開催された集会数の経年的変化を示している。

　1864 年までは午後 7 時開会の集会がもっとも多く，午後 2 時と 3 時に開会の集会を合わせると，午後 7 時半と 8 時開会の集会を合わせたよりも多かった。この時期まで，パブリック・ミーティングは昼間に活発に開催されていた。続く 10 年間に午後 7 時半以降に開かれる集会の数がその他の集会を上回るようになり，1875 年から 84 年の間に午後 8 時に開会さ

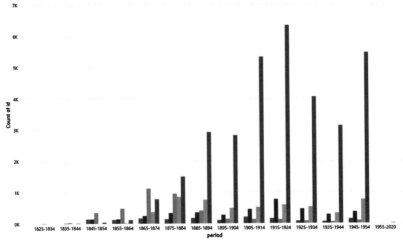

グラフ-13　パブリック・ミーティングの開催時間の推移

れる集会の数がもっとも多くなり，85年以降は大部分の集会が8時に始まるようになった。その背景には，照明の普及があるように思われる。オーストラリアでガス灯による町の本格的照明が始まるのは1850年代であり，公会堂のガスによる照明もこの時代に始まる。しかし，その本格的な普及は60年代後半を待つ必要があった[144]。公的施設の電気による照明は，1878年のシドニーの中央郵便局に始まるが，1880年には先に述べたメルボルンのイースタンマーケットでも電灯が導入され，普及していった。ガスや電気による照明の普及が，労働時間に抵触せずに，多数の人びとがパブリック・ミーティングに参加することを可能にし，その時間帯，とりわけ午後8時に，ほとんどのパブリック・ミーティングが招集されるようになった。

　パブリック・ミーティングに見られるように，大部分の人びとにとっての労働時間と，他の生活時間，すなわち社会運動や政治活動や娯楽などの活動時間が分離していったことは，大きな意味を持っているのかもしれない。20世紀に入ると，競合する娯楽との競争，例えば映画やスポーツへ

の参加は，相対的にパブリック・ミーティングへの参加を減少させていったのではなかろうか。パブリック・ミーティングへの参加が絶対的な時間数では大きく落ち込むことはなかったとしても，人びとは他の娯楽への関心をいっそう高めていき，相対的にパブリック・ミーティングに対する関心が小さくなっていったように思われる。政治的なものと娯楽の間には，明確な境界はなく，この点は今後の検討課題である。

第4節　分析②──場所

会場

　データから生成できるグラフは，枝分かれし文字通り無数にあるが，本という限られた範囲でもあるで，一本道を直進して先を急ぎたい。次にパブリック・ミーティングが開催された場所には，どのような意味があるかを考えたい。まず集会の開催場所を概ね以下のように分類した[145]。

1．タウンホール，シティホール，市議会議場（カウンシル・チェンバー）
2．学校，学校のホール，技術学校（スクール・オヴ・アーツ，インスティチュート），裁判所
3．教会，教会のホール，チャペル
4．テンペランス，マソニック，プロテスタント，オッドフェロウズ，フォレスターズ，リカバイトなど民営のホール
5．ホテル，イン，パブリック・ハウス，パブ
6．劇場，ミュージックホール
7．公園，市場，共有地，道路，広場，ドメイン，列柱前，フラッグスタッフなどの屋外
8．その他

92　第3章　デジタル・ヒストリーを用いた分析

　それぞれを簡単に説明すると，1は，市民と市民の代表の集会場として
町の政治の中心であり，世論を表明する場所としてもっともふさわしいと
考えられていた施設を列挙した。2は1と同じく公営の施設であるが，集
会場としての使用が，施設の本来の使用目的に対し，副次的なものを列挙
した。3は宗教施設。4は民営のホールで，設備的にはタウンホールと似
ており，パブリック・ミーティングの開催にしばしば用いられた。5はこ
れも4と同じく民営の施設であるが，主に宿泊や酒場が本来の業務である
場所で，その他の目的に主に使われた施設を集めた。ホテルやパブは労働
者を有力な顧客とし，酒類の提供が重要な収入源であった。ただし，酒類
を提供しないコーヒーハウスなどの施設も含まれている。6は帝国主義的
な愛国精神の主要な拡散の場であったとされるミュージカルや演劇，コン
サートなどのための民営施設である。7は屋外の集会場を集めたカテゴ
リーである。8はその他の場所であるが，1〜7に含まれないものだけで
なく，本来1〜7に含まれるはずのものであるが，OCRの誤り等で分類
できなかったものも含まれている。

　グラフ-14はパブリック・ミーティングの開催場所の割合の推移を10
年ごとに経年的に示したものである。時間の経過とともに，開催場所には
比較的はっきりとした変化が読み取れる。その前に先ほどのグラフ-10を
見てもらいたい。そこからは1844年まではパブリック・ミーティングの
開催件数が少ないことが読み取れる。絶対数が少ないので，1844年以前
については，各開催場所が占める割合について，はっきりした結論は得ら
れない。それを前提にして，グラフ-14を見ると，1844年までは，裁判所
や学校，教会など，本来パブリック・ミーティングの開催場所ではない公
的な施設がもっとも多く利用されている。これに続くのが，ホテルやパブ
やコーヒーハウスなど，多くの人が集まる民営の施設である。オーストラ
リアでは，タウンホールのような市民の集会場がまだほとんど建設されて
おらず，その代替施設が利用されていたことがわかる。コーヒーハウスも
その一つであったが，重要ではなかった。

第4節　分析②—場所　93

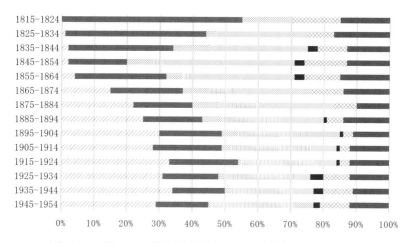

グラフ-14　パブリック・ミーティングの開催場所の推移

　再びグラフ-10から1845年以降にパブリック・ミーティングの開催数が激増していることがわかる。植民地社会が成熟し、東部植民地への流刑も停止され、民主的な政治を求める動きが始まるとともに、オーストラリアも本格的なパブリック・ミーティングの時代に入ったと言えるだろう。グラフ-14を見ると、激増する集会の開催場所としては、裁判所や学校、教会などの公的施設も重要であったが、その割合は4分の1程度へと大きく低下している。それに代わって重要性を増したのが、私的な代替施設であるパブやホテルであった。また、屋外での集会も急増している。民営のホールも登場し、ミュージックホールや劇場でも一定数が開催されている。分類できなかった集会には、公的施設よりも民営の施設が多かったと考えられるので、19世紀半ばのパブリック・ミーティングの増加には、民営の施設の貢献が大きかったと言えるだろう。同様の状況が1860年代の初めくらいまで続く。

　グラフ-14に次の大きな変化が見て取れるのは、1865年以降のことであ

る。最大の変化は，タウンホールなどの自治体の公的な会議場におけるパブリック・ミーティングが急増し，もっとも重要な開催場所となった点である。市民の世論を正式に表明するための独立した空間が確立していったのである。これと並行して激増しているのが，民営のホールである。この目的のための会社の設立や友愛協会などの公益団体が建てた公会堂の増加とともに，大規模な公会堂も，市民が正式に議論する場として，その地位を確立した。

　公有及び民営の公会堂の増加の原因としては，どのようなことが考えられるだろうか。第1の原因としては，公会堂への全般的な需要の高まりが挙げられよう。大きな都市やその郊外だけでなく，例えば，地方都市ニューカッスル郊外の小さな町グレタ Greta でも，「日曜日には礼拝を，週日にはパブリック・ミーティングを開催できる場所」，「パブリック・ミーティングが開催可能なホール，現在のように納屋や個人の家を使う代わりに，講義やコンサートや他の娯楽目的に適切な場所，日曜日に礼拝を行うのに適切な場所」への要求が強まっていた[146]。とりわけ都市やその郊外では，演劇，コンサート，舞踏会など夜の娯楽への要望が大きくなるとともに，既存のホールの経営方針や高い使用料に対する不満が強くなっていたことも，要因として指摘できよう[147]。1885年，メルボルンの『ヘラルド』紙は，メルボルンのシティのタウンホールが十分に活用されていない理由として，「郊外の市議会と関係する類似のホールと比較して，あまりにも使用料が高すぎる」ことを挙げ，公的な娯楽を提供している人びとが利益を上げることを期待できる程度の使用料にすることを提案している[148]。

　第2の原因としては，有利な経済状況が挙げられる。1850年代のゴールドラッシュが落ち着くと，オーストラリアは1890年代初めに金融恐慌が襲うまで，長期の経済発展の時代を迎える。ロンドンから供給される低利の莫大な資金によって，鉄道や路面電車網，道路や橋などが建設された。さらにタウンホール，郵便局，学校，教会などの，各種の公共建築物

も争うかのように陸続と誕生する。公会堂を建設するための起債や会社設立も容易で，必要な資金が比較的簡単に入手できる環境があった。また，町の中心部に，多くの自治体が公共の用地を所有しており，それが無償で提供されたことも，公会堂の建設には有利であった。

　第3の原因としては，エイザ・ブリッグズが著した『ヴィクトリア朝の都市』でつとに知られた理由，共同体意識，つまり住んでいる町に対するプライドが，町と町との間の競争によって煽られて，町のシンボルとなるような施設の建設が促進されたことがあげられよう。例えば，1882年，ブリスベンはすでにタウンホールを所有していたが，新たにタウンホールを建設するために，「数千ポンドくらいの費用を惜しむべきではなく，植民地の首府にふさわしい模範となるようなタウンホールを確保するよう努めるべき」だと，ブリスベンの有力紙『ブリスベン・クリア』は主張している。1878年，南オーストラリアのアデレイドの西の郊外，ウエスト・トレンズでも，「もっと重要性が低い他の地域でさえ，コンサートや講演，パブリック・ミーティングに利用できる公会堂があるにもかかわらず」，その地域には事務所しかないなどの理由をあげて，公会堂建設が必要だという決議が，パブリック・ミーティングにおいて全会一致で可決されている。同じく南オーストラリアのヨーク岬半島の付け根にあるムーンタ Moonta の町では，同じ年，次のような主張が行われていた。「パブリックな集会や娯楽のために，ジョージ・ストリートのインスティチュート[149]のホール以外に適切な建物がないのは，ムーンタにとっての恥辱である」，「ムーンタはこの点で植民地のあらゆる町に遅れをとっている」，「十分な収容力のある新しい建物が絶対に必要である」。この地域の新聞『ヨーク・ペニンシュラ・アドヴァタイザー』紙は，市当局が市の役所も併せた建物を建設することを推奨し，総額3,000ポンドを比較的低い利率で調達するのも容易であると述べている[150]。

　主要な理由ではないかもしれないが，例えば，ニューサウスウェールズのゴールバーンでは，カトリック系の学校と，聖パトリック・ホールの委

員会が共同で公会堂の建設を目指していることを報道している。複数の節酒協会やプロテスタント系組織も，こうした動きを見せていたので，友愛協会などの団体の動きも一つの要因であったと言えよう[151]。

　公会堂が増加した結果として，少なくとも一部のホールの使用料が低下したように思われる。南オーストラリアのワラルー Wallaroo やハインドマーシュなど，各地のインスティチュートでは，ホールの使用料が引き下げられており，ニューサウスウェールズのスクール・オヴ・アーツでも同じことが見られた[152]。1886年には，シドニーの北部郊外のセント・レナーズ St. Leonards のマソニックホールの役員会が，新しいホールがセント・レナーズに建設され，競争が激化したという理由で，全般的な使用料の引き下げを決定した。また，1889年には，ベルメインのタウンホールの使用料が，3ポンド3シリングから2ポンドに引き下げられている[153]。こうした使用料の低下の結果，金銭的に余裕のない人びとが運動を起こし，公会堂でパブリック・ミーティングを開催するのが，少しは容易になったかもしれない。他方で，タウンホールなどの公会堂の使用規制の強化は，逆方向に作用したように思われる。

　公会堂が急増したのに対し，減少に転じたのは，市民集会の場を他の機能に加えて提供してきた裁判所や学校，教会などの公的施設である。ただし，タウンホールのような市民集会のための公営・準公営の施設とこれらの施設を合わせた割合は，1924年までじょじょに増加しており，全体として公営の場所で開催される集会や，使用規制などによって公的な管理下にある集会が増加していることが見て取れる。他の減少した項目としては，パブやホテル，カフェなどの代替的娯楽施設の急落が顕著である。施設の機能分化が進んでいると考えられる。

　教会の利用は19世紀中には維持されているが，20世紀になると急減している。また，公園や共有地，市場などの屋外は，当初は重要であったが，19世紀後半に利用頻度が低下する。その理由の一つは，第4章で扱う屋外の公共空間の使用規制の高まりであり，もう一つの理由は，利用で

きる大規模な公会堂の増加であったと思われる。ただし，20年代後半から再び屋外の集会が増加している理由については，さらに検討する必要があろう。全時代を通じて，劇場やミュージックホールは，利用される頻度が低いことがわかる。これらの施設は大衆の帝国主義的な意識の形成に重要な役割を果たしたとされている。しかし，このグラフから見る限り，政治的な世論形成という面で考えると，意外にもその重要性は低いと言わざるをえない。ただし，全時代を通じて，地方自治体等の管理下にないホテルや私有の公会堂が，30％程度を占めており，空間的多様性は一定程度確保されていたと言えるだろう。

開催場所の諸問題

　パブリック・ミーティングの開催場所について，もう少し関連する問題を考えたうえで，第5節に移りたい。集会の場所と集会の目的や参加者の間には密接な関係がある。参加者についての言及がなくとも，集会の開催場所を確認できれば，さらに時間や目的がわかればいっそうよいが，参加者について，だいたいの想像はつく。少し例を挙げてみよう。

　例えば，1885年1月31日のベルメインのパブリック・ミーティングの広告欄を見てみる[(154)]。テンペランス・ホールにおけるパブリック・ミーティングは市長が司会し，多数の聖職者が演説をする集会で，テーマは酒類の販売規制である。プレスビタリアンの教会では，若き男女に向けて聖職者が演説をするティー・アンド・パブリック・ミーティングが開催予定。バプティスト教会でも同種のパブリック・ミーティングが告知されている。いずれも節酒運動の活動を反映している。対照的に，ベルメイン市会議員選挙の候補者たちは，もっぱらホテルに支持者を集めて集会を開く予定を公表している。候補者の演説は30分から1時間程度と短く，ホールを借り上げる必要がなかっただけでなく，節酒のための集会とは対照的に，選挙民に酒を振舞うのにも好都合な場所であった。

もちろん誰一人として，選挙期間中に乗合馬車を借り上げたり，パブを開放して，自由で中立の人びとに無料で酒を振舞ったりはしない。こうしたことはすべて，純粋に愛国的な理由から，「お金も代価もなしに」提供した個人がしたことだ。もちろん候補者は誰一人として，こうしたことが行われているのを知らない[155]。

『ベルメイン・インディペンデント』紙は皮肉を交えて，パブと選挙との関係を描写している。

タウンホールを筆頭として，大きな公会堂は，市民の世論を正式に表明する場とみなされる一方，屋外の集会は，とりわけ大規模で有力な政治家が多数参加している集会を除けば，世論を代表するとはみなされず，しばしば日刊紙の批判や嘲りの対象となった。シドニーではハイドパークやドメインやヘイマーケットなど，メルボルンではイースタンマーケットやフラッグスタッフ・ヒルなどにおいて，主に労働者の人びとが参加する集会が断続的に開催され，政府に対する抗議や要求が行われていた。1871〜1901年のシドニーを対象とした研究では，16年間にこうした場所で117件の集会が開かれ，そのうちの105件は労働者や失業者などの従属的なグループの利害に深く関係する集会であった。該当する開催目的を列挙すれば，失業，補助移民，中国人移民，ドメインの閉鎖などである[156]。

十分な金銭的余裕のない労働者や失業者などの従属的なグループが，屋外で集会を開催したのには，いくつか理由がある。第1の理由としては，タウンホールや民営の公会堂を借りる費用を捻出するのが難しかったことが挙げられる。1899年にシドニーのタウンホールを借りる費用は，労働者の数か月分の給与に相当する11ポンド[157]必要であった。また，約1,000人が着席できるベルメインのタウンホールの場合は，1889年に3ポンド3シリングから2ポンドに値下げされたことはすでに述べた。同じくベルメインのスクール・オヴ・アーツのホールは，1886年に2晩5ポンドであった。また，第2の理由としては，市長がしばしば認めるタウンホールの無

償提供も，有力な市民の支援がない集団に対しては，ほとんど行われなかったことが挙げられよう[158]。第3の理由としては，労働者が定期的に集まる屋外で開く集会は，プラカードによる掲示だけで多くの参加者を集めることが可能であり，新聞での宣伝費用を節約することができた点も挙げられるだろう。この種の屋外集会は，広告欄を見るだけでは，抽出することが難しい。第4章では，別の角度からこの問題にアプローチすることにするが，ここではタウンホールの利用の問題をもう少し掘り下げておきたい。

タウンホールは誰のものか？

失業者や政府への反対勢力は，たとえタウンホールの使用料を払う意向があっても，ホールの使用を認められない場合があった。言論自体を規制するというよりも，言論が発せられる空間の使用に対する規制が行われたのである。

1897年7月5日，シドニー市長のアイザック・アイヴスのもとに，下院議員や市会議員，他市の市長や有力市民からなる代表団が訪れ，鉄道問題に関連したパブリック・ミーティングの開催のために，タウンホールの使用許可を願い出た。これに対して市長は，「市議会はいかなる政治的集会に対してもタウンホールを使用させることに反対している」と前置きをしてから，「この集会が政治と関係せずに招集できるなどとはほとんど思えない」と述べながらも，集会の開催を許可し，議長となることを受諾した[159]。

しかし，こうした例外は失業問題や政府に批判的な集会には適用されなかった。失業者たちは，パブリック・ミーティングの開催のために，タウンホールの使用許可を繰り返し求めたが，各地の市議会が政治的な集会にタウンホールの使用を認めないと決定しているという口実によって，しばしば，その使用を認められなかった。タウンホールの使用を拒否される例は，失業者だけではなく，反政府的な集会やアイルランド自治を求める運

100　第3章　デジタル・ヒストリーを用いた分析

動などに関連しても見られる。

　1878年，メルボルン市長は，植民地議会議員を含む多くの政治家の要請があったにもかかわらず，国民改革連盟 National Reform League と呼ばれる組織に対して，タウンホールの使用の許可を与えなかった[160]。1883年には，イギリス本国下院議員ジョン・レドモンドとウィリアムの兄弟が，アイルランド国民連盟 Irish National League への支持を獲得し，その資金を集めるために，10か月にわたってオーストラリア各地を巡回した時，各地で強い抵抗が見られた。『デイリー・テレグラフ』紙によると，シドニーにおいて，レドモンド氏は，

　　　自分の国に対する不当な処遇について述べるための，公会堂を確保するのに苦労している。……今晩マソニックホールで講演をする予定であったが，ホールの役員たちは，彼が建物を使用することを拒否した。レドモンドの業務代理人で，企業家精神に満ちた実業家が，ホールの事務官からその場所を借りたのであるが，あの不器用で謎めいた訳の分からない，血に飢えた性癖の人びとから成る役員会が，この決定を握りつぶした。……その日遅くなって，レドモンド氏，もしくは代理人が，ゲイエティ劇場のタワーズ氏と偶然に出会い，その娯楽施設を今日のために法外な値段で借り受けたので，土地連盟（ママ）の講演者は，結局話すことができるようだ[161]。

　しかし，翌日になると，劇場も講演に利用できなくなり，最後にようやくアカデミー・オヴ・ミュージック（旧ヴィクトリアホール）を確保することができた。この件に関して，保守的な『シドニー・モーニング・ヘラルド』紙は，「オーストラリアにいるイングランドとアイルランドからの入植者の間に悪意を醸成する」演説を行うレドモンドに，不満を言う権利はないと述べている[162]。

　メルボルン市郊外のホサム市でも，65人の納税者がレドモンド兄弟に

対してタウンホールの使用を拒否するよう要請し，市議会は全会一致でこの要請を承認した。ただし全会一致になったのは，この要求に批判的な複数の議員が棄権に回った結果である。納税者たちは，アイルランド国民連盟が忠誠心に欠け，イギリス帝国に敵対的な組織であることを使用拒否の理由として挙げていた。1896 年のメルボルン市でも，アイルランド自治に関する講演に対してタウンホールの使用が認められなかった事例が見られる[163]。

　1886 年，本書ではしばしば参照する場所，シドニー郊外のベルメインでも，アイルランド国民連盟にタウンホールの使用を認めるかどうかを巡って，市議会で激しい論争が行われた。アイルランド国民連盟は，グラッドストンのアイルランド自治政策に賛意を表明する集会を開催するために，タウンホールの使用を願い出たのであった。議会では，一方では，ニューサウスウェールズと関係がない，見解が激しく対立する帝国の問題を取り上げ，党派的対立を市に持ち込むことに対する反対意見があり，他方では，立派な規律正しい市民には，集会を開催する権利があり，ホールの使用を認めない理由がないとの意見があった。最終的に，市長の議長決済により，この場合は，タウンホールの使用が許可された[164]。

　次に失業者の運動の事例を簡単に見てみよう。1886 年，メルボルン市長に対し，失業者たちがタウンホールの使用許可を求めたが，市長はこれを拒否している。1890 年には，メルボルンのラトローブ・ストリートで集会を開いていた失業者たちが，パブリック・ミーティングの開催を決定し，議員，聖職者，市民などに演説を要請する一方で，25 人の商店主の署名を集めて，タウンホールの使用許可を願い出た。しかし，メルボルン市長はタウンホールの使用を認めなかった。1892 年には，ブリスベンの市長に対し，失業者たちが，タウンホールの使用許可を願い出たが，拒否されている。市長は納税者たちの要請であれば前向きに検討する姿勢を示した。翌年には，言葉通り，タウンホールの使用許可を与えている。同じく 1892 年，シドニーの市議会は，18 対 4 で労働組合評議会からのタウン

102   第3章　デジタル・ヒストリーを用いた分析

ホールの使用願いを拒否している[165]。

　タウンホールの使用拒否の詳しい経緯がわかる事例は少ないが，何が問題となっていたかを概ね把握することはできる。もう少し他の事例も見て，検討してみよう。1894年，シドニーの市長は，労働組合評議会，労働者選挙連盟などが，失業者のためのパブリック・ミーティングの開催を求めたのに対して，議案をあらかじめ見せること，また政治的ではないとの保証を条件に，タウンホールの使用を許可している。一方，メルボルン郊外のプラーン prahran の市長は，失業者のタウンホール使用を拒否した。タウンホールの使用を求めた158人中80人しか納税者がいなかったことが，その理由とされた[166]。

　1895年の事例からは，もっと詳しい内容がわかる。ベルメインの市長が，シドニーの失業者を代表してフィリップ・モーゼスという人物から，タウンホールの無償提供の要請を受けたが，これを拒否している。市議会では，市長の立場を大多数の議員が支持し，タウンホールの無償提供には，ベルメイン市の多くの納税者からの要請が必要だとの立場が示された。もう一つの事例はシドニーのシティに関するものである。シドニー市長に対しても，失業問題をテーマに，パブリック・ミーティング開催のために，タウンホールを無償で提供するよう要請が行われた。市長は，政治的・個人的問題を論じないこと，決議案を前もって市長に示し，市長の承認を受けることを条件に，タウンホールの無償提供を許可した。しかし，数日後，決議案を見た市長の態度は豹変する。決議案が極めて政治的だとして，タウンホールの使用を認めなかった。決議案は3項目から成り，内容は，1公共事業を即時開始する。2資本や金融機関に課税し，それを担保に中期国債を発行し，原資とする。3政府への請願を労働党の議員が行う，であった。市長は，これらの決議が政府への攻撃に相当し，政治的だと見なした。失業者側は，失業者の救済だけを求める決議に変更したが，市長はこれも事実上政治的だと見なして，決定を変更しなかった。この市長の決定は市議会でも議論されている。タウンホールは納税者の利益のた

めに建てられたのであって，階級目的のために貸し出されるべきではない。チャリティーであればよいが，政治的・宗教的集会は許されない，などの意見が表明され，市長自身も政治的，階級的，個人的な問題のためにタウンホールの使用を認めることはできないと述べ，市長の決断を支持する決議が全会一致で可決された[167]。

　タウンホールの無料使用許可には，いくつかの条件が示されている。第1に，それがその町の多くの納税者からの要請であること。第2に，政治的な目的を持つ集会であってはならないこと。政治的とは，政府を批判するものや階級的な利害を持つものであるという意味である。また，慈善に限定されるものは問題ないが，宗教的・個人的なものも併せて批判されている。第3に，上記の前提を満たすために，市長が議案や演説者を確認するという手続きも要求される。

　こうした条件を満たすために，1896年のシドニーの失業者たちは，納税者を回って署名を集めた。そして，216人分の署名を携えて，失業者救済ファンドの設立を求めて，シドニー市長と面会する。市長は財務責任者を明確にすること，議案の提案者とそれを支持する演説を行う者のリストの提示を求め，これを確認した。さらに，追加の演説者を認めないことを条件に，タウンホールの無償提供を認めると同時に，失業者の申し出を受けて，自身がファンドの財務責任者となった。1897年，メルボルン市長は，失業者のタウンホールの無償使用の要請に対し，演説者と決議のリストを示すことを要求。これに対し，失業者側で決議の準備ができていなかったために，使用許可は保留された。数日後，市長がこれを確認したが，結局タウンホールの使用を認めなかった。政府に直接要求するほうがよいという理由が述べられている。1889年にも，メルボルン市長は，同様の理由から，タウンホールの使用を認めなかった[168]。失業者たちは，しばしばパブリック・ミーティング開催のためのタウンホールの使用を認められなかっただけでなく，認められた場合でも，しばしば集会の内容を市長などの管理に委ねる必要が生じたのである。

104　第3章　デジタル・ヒストリーを用いた分析

第5節　分析③——招集者

集会の招集要請者

　質問番号の順番に検討すればわかりやすいかもしれないが，抽出やカテゴリー分けの課題の克服のための作業，例えば機械学習のための正解データの作成，目的のカテゴリー分けの作業などのために，最終的なデータが得られた順番は，質問の番号とは異なっている。次に扱うのは，質問のq4：開催要求者である。

　パブリック・ミーティングは，何らかの目的のために集会を開催したいと思う人間が，自ら招集する場合も多い。しかし，すでに述べたように，19世紀の初めころには，地域の代表者が招集しない場合には，違法な集会とみなされる危険性があり，後の時代でも市長やシェリフなどが招集する集会を，地域の世論を代表する集会とみなす傾向が強かった。したがって，多くのパブリック・ミーティングでは，市長などの地方の行政単位の長に，集会の招集を要請した。しかし，広告欄に集会の招集を要請した人びとが記載される例は，広告費用の問題も影響していると思われるが，それほど多くない。実際，q1とq2で利用したデータ116,361件のうちq4を抽出できたのは，2,344件，すなわち約2％にすぎない。以上のような点を考慮に入れても，この数値は予想以上に少なかった。この少ないデータから，あまり確実性の高い結果は得られないだろう。それでも，グラフ-15を見てほしい。集会の開催を要請した人びとを分類している。分類のカテゴリーは以下の通りである。

　A：住民，B：人民，入植者，C：市民，町民，D：納税者，不動産所有者，E：選挙権所持者，F：紳士・淑女，G：小作人，庶民，H：ロータリー・クラブ，委員会，商業会議所，I：連邦政府，連邦財務大臣，J：地方自治体，戦時国債委員会，K：下記署名者，要請者

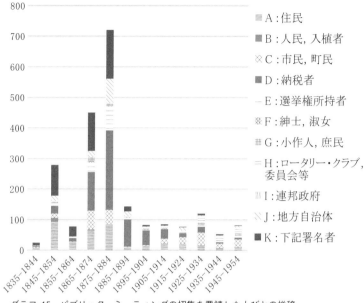

グラフ-15　パブリック・ミーティングの招集を要請した人びとの推移

　集会の招集を市長などに要請する場合，要請文書の末尾に要請文に賛同する人間の氏名を記載する，つまり署名するのが一般的であった。同時に署名者がどういう人びとかについても記載されているのが普通だ。単に以下に署名した者と記載することも多い。カテゴリーのKはそれを表している。Kが多いのは当然だと言える。ただし，その内容を精査するには，個々の人名を確認し，その人物がどのような人間かを調べていく必要があるが，対象になる広告には要請者の氏名はわずかしか記載されていなかった（約7%）。

　Kと並んで，いやそれ以上に多いのが，Dの納税者である。納税者を具体的にいうとratepayerが多い。rateとは地方税のことであり，不動産に課される地方税の納税者ということになる。不動産の所有者もほぼ同じ意味だと言ってよい。19世紀，地域の首長に，その地域の納税者たちがパブリック・ミーティングの開催を要請するという，典型的なパブリック・ミー

106 第3章 デジタル・ヒストリーを用いた分析

ティングの開催パターンが浮かびあがる。その他には，Aの住民やCの
市民や町民という事例も一定数現れる。これらは納税者よりも少し広い概
念である。両者を個別に取り上げると，投票権は納税と結びついていた時
期もあり，Cは納税者に近い概念であり，Aはより広く地域住民全体から
の要請というニュアンスがある。この質問には収集できた事例が少ないの
で，個別に詳しくは検討しない。集会に関わった人びととの詳しい分析は，
招集した人及び招集された人の項目でさらに追究したい。

集会の招集者

　集会の招集者を明示している例は，必ずしも多いとは言えないが，集会
の招集を要請した人びとよりは対象が個別具体的で，ある程度の一般化が
可能な事例を収集できたと思う。ただし，何らかの結論を断定的に示す資
料とすることはできない。パブリック・ミーティングの広告に招集者の
情報が記載されている例は4,851件。これを12のカテゴリーに分けて分
類した。そのうち1,274の事例は，12のカテゴリーのために作成したキー
ワード・リストに当てはまらなかったので，グラフのデータから除外して
ある。12のカテゴリーは左から次の通りである。A：地域の市民，B：友
愛協会，C：地域の首長・行政官の長，D：大きな政治団体，E：ナショ
ナリズム・帝国主義関連団体，F：公的組織・団体，G：宗教団体，H：
小規模生産者団体，I：スポーツ団体，J：慈善・節酒団体，K：女性団体，
L：労働者団体。

　一例として，もっとも多いCの地域の首長・行政官の長に関連するキー
ワードを示すと，次のようになる。Mayor, Deputy Mayor, Mayoress, Warden,
Alderman, Resident Magistrate. Government Resident, Police Magistrate, Shire Pres-
ident, Shire Council, District Council, Municipal Council, Municipality, Councilor,
Municipal Council, City Council, Town Council, Town Clerk, District Clerk。同様に
他の11項目もキーワード・リストを作成し，そのキーワードが招集者に
含まれるパブリック・ミーティングの事例を集めた結果をグラフ-16に示

第5節　分析③—招集者　107

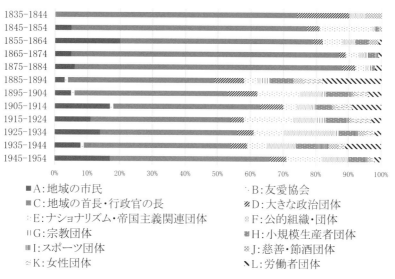

グラフ-16　パブリック・ミーティング招集者の割合の経年的推移

した。グラフは10年ごとの割合の変化を示している。もし，このグラフを時代順に件数で示した棒グラフにすると，ほぼ形状がグラフ-15と同じになる。1865〜1884年の事例がとりわけ多いが，1845〜1854年はそれほど多くはなく，1885年以降とほぼ同じで，グラフの凹凸が小さくなっており，より時期的に満遍なく分布していることがわかる。印象を述べさせてもらえば，1865〜1884年に特に多くの事例が集まっているのは，この時期のパブリック・ミーティングを招集するかなりの数の広告が，開催要請者と招集者を記載する一定の形式に当てはまるように作成されていたからだと思われる。それ以降には，必要不可欠な情報だけを記載した，もっと単純な広告が幅を利かせるようになる。

　グラフ-16の一番大きな特徴は，地域の首長・行政官の長が全時代を通じて，パブリック・ミーティングの招集者として，もっとも大きな割合を占めていることである。多い時には80％を超え，少ないときでも40％を下回ることはない。すでに何度も述べたように，元来パブリック・ミー

ティングは，地域の代表者が招集するものとされており，そうすること
で，その地域の世論を代表する場としての権威を高めることもできた。こ
のグラフは，地域の人びとの多くが，パブリック・ミーティングを開催す
るときに，市長などの地域の代表者に招集を要請し，市長たちもそれに応
えた結果を示している。ただしこの点に関して，1885年に一つの大きな
変化が起こっていることも，グラフ-16からわかる。地域の首長・行政官
の長が招集者となる割合は，1884年までの50年間は59〜81％の間であっ
たが，1885年以降は42〜48％の間の低い値でほぼ変化がなかった。

　1885年を境にして大きな変化が起こった原因は，集会の招集者の多様
化，つまり首長にパブリック・ミーティングの開催を要請せずに，自ら集
会を招集しようとする組織や団体，個人が増えた結果であったと思われ
る。

　増加したのは，まずDの大きな政治団体によるパブリック・ミーティ
ングである。1880年代末から，オーストラリアは政党政治の時代に入
り，自由貿易主義者，保護貿易主義者，労働党などが政党として組織され
ていくなかで，こうした団体が招集するパブリック・ミーティングが増加
したと考えられる。しかし，特定の綱領を持つ政党が招集したパブリッ
ク・ミーティングは，世論を代表するという正統性に疑問符がつくだけで
なく，その集会の閉鎖性，例えば，入場券を持たない者の参加拒否は，
しばしば強く批判された。また，意見を異にする者が政党のパブリック・
ミーティングに参加し，議事に反対した場合には，「教会が公衆に開かれ
ているという意味で，公衆の参加が許されているのであり，特定の信条を
持つ人びとの利益を優先するように意図されている」という理由で，この
党派を支持する新聞による批判を受けた。招集者の変化は，パブリック・
ミーティングがすべての参加者に開かれており，少なくとも修正案の提案
などによって，反対意見の表明ができるという原則に抵触するような集会
の増加も伴っていた。単に招集者が多様化したことだけでは，民主的なプ
ロセスが前進したとは到底言うことができない[169]。

第5節　分析③—招集者　109

　同様に大きく増えているのは，E のナショナリズムや帝国に関連する諸団体が組織したパブリック・ミーティングである。団体には，戦争と戦争被害者への慈善活動に関連した諸団体や連邦運動の団体，オーストラリア出生者協会 ANA など多くの団体が含まれる。オーストラリア連邦を結成するための連邦運動が行われた 1895 〜 1904 年の時期，第 1 次世界大戦を含む 1915 〜 1924 年の時期に，これらの団体によるパブリック・ミーティングの招集が多く見られる。それらに加えて，商業会議所，消防，赤十字や病院関係，各種の学術・教育団体，道路や公共施設の評議会など，F の公的な性格を持った組織・団体も独自にパブリック・ミーティングを招集するようになった。その数は両大戦間期にとりわけ増加している。さらに，H の小規模生産者の諸団体，各種農民団体，商店主や小規模事業者の団体なども，特に集中する時期はないが，1885 年以降その数が増加し，一定数のパブリック・ミーティングを恒常的に招集するようになった。これらのパブリック・ミーティングのなかには，政党が関係するような党派的なものは少ないけれども，特定の集団が抱える問題を解決するために招集されたパブリック・ミーティングがあった。1885 年以降の変化からは，招集者の多様化にもかかわらず，パブリック・ミーティングが民主的な議論を行う場としてよりも，プロパガンダのためや特定の目的実現のために招集されることが多くなったことが見て取れる。各種の節酒団体が招集するパブリック・ミーティングは，この種のパブリック・ミーティングとして典型的と言えるが，研究対象のほぼ全時代を通じて存在し，招集者の変化にはあまり影響を与えていない。

　1885 年以降に変化をもたらした残る二つの項目は，K の女性の団体と L の労働者の団体である。女性の団体には，女性の権利拡大を求める団体から，右翼的な団体，宗教に関連する団体，主に女性会員によって構成され，地方の女性の福利向上を図る CWA のような団体などが含まれている。この項目の顕著な特徴は，1884 年までは，女性の団体がパブリック・ミーティングを招集する例がほぼ皆無であったことである[170]。女性の参

加の問題は，当時の集会の性質を知るうえで非常に重要な問題なので，別に項目を立てて扱うことにする。

その前にLの労働者の団体について検討しておきたい。この項目には，日本の連合のようなA.W.U.という労働組合の連合体から，船員組合や鉱山労働者の組合など職業別の組合，労働者が組織した各種団体と失業者が含まれている。1884年に至る時代にも，失業者を中心にパブリック・ミーティングを招集する例が散見される。しかし，労働者たちが招集するパブリック・ミーティングが急増するのは，1885年以降のことである。1890年から1891年にかけて，オーストラリアの船員組合とそれに関連する諸組合，羊毛刈り職人の組合が，東部オーストラリアの広大な地域で大規模なストライキを行い，雇用者の組織と全面対決するに至った。組合は，世論の支持を拡大するために，各地でパブリック・ミーティングを招集したが，これが労働団体による招集割合が1885～1894年に大幅に増えた一因であったと思われる。ストライキは組合側の敗北に終わったが，強制仲裁裁判制度の導入もあって，労働組合の組織化は進み，労働組合は社会を構成する主要な組織として公認されることになった。これ以降，パブリック・ミーティングの招集にも，労働組合が一定の役割を果たし続けた。

労働組合や女性団体によるパブリック・ミーティング招集の増加も，招集者を多様化し，様ざまな観点が人びとに提示される機会を生み出したという点では，世論形成の民主化に貢献したと言える。しかし他方で，プロパガンダや特定の目的実現のためのパブリック・ミーティングを増加させ，民主的な討議が行われる機会を減少させたという面もあったと思われる。

第6節　分析④ ── 参加者

女性とパブリック・ミーティング

　19 世紀のパブリック・ミーティングの広告や記事で，女性が言及されることは珍しい。修士論文でパブリック・ミーティングだと見なした 1805 件のなかで，女性が参加していたことが確認できるのは 160 件，約 8.9％の集会だけである。1880 年代の末に至るまで，極めて例外的な女性，例えば，女性のオーストラリアへの移民を推進し，その保護に活躍したカロライン・チザム Caroline Chisholm などを除くと，女性が政治的なパブリック・ミーティングで発言することだけでなく，参加することも認められていなかった。女性の参加が許される集会は，教育，介護，慈善など，女性が本来いるべき領域とされた問題が議論される場合だけであった。

　こうした規範があまりに徹底していたために，1883 年，シドニーのプロテスタント・ホールで開かれた，閉店時間繰り上げ運動 early closing movement のパブリック・ミーティングには，多数の参加者がいたけれども，議長のジョージ・ディブス（後の反連邦運動の指導者でもある）は，次のように述べている。

　　演説を始めるに当たって，「紳士・淑女のみなさん」と言えるかどうか，周りを見わたしてみたが，とても残念なことに，淑女は 1 人もいなかった。この運動は彼女たちに大いに関わっているので，この立派な運動を手助けするために女性がいれば，非常に喜ばしかったことだろう。この運動は，男性の利益だけでなく，女性の利益を高めることも意図したものである[171]。

　パブリック・ミーティングの主催者は，女性の参加を願っていたにもかかわらず，普段から集会に参加する習慣がなかった女性たちは，関連が深

112 第3章 デジタル・ヒストリーを用いた分析

いとされる目的を掲げたパブリック・ミーティングにさえ，姿を現さな
かったのである。

　1871年には，政治的な宴会に女性が参加することさえ目新しい光景で
あった。女性の参加を認めるこの取り計らいについては，メルボルン南東
に位置する都市ジロングの市長による，「強い性別の人びとの荒々しい闘
争に，優しい性別の人びとを参加させようとする現代の傾向に対する譲
歩」だという発言を，『シドニー・モーニング・ヘラルド』紙が，皮肉を
交えて報道している[172]。

　1889年には，シドニー北方のウェスト・メイトランドで2人の下院議
員が演説をする巨大な集会が開催された。議長は開会に当たって，女性の
参加者に言及し，「男性と同様に政治的な問題に大いに関心を寄せている
けれども，社会的障害が女性の活発な政治的活動を妨げている」と，1880
年代末でも，パブリック・ミーティングなどへの女性の政治参加が進んで
いないことを示している。

　それでも1880年代末から，パブリック・ミーティングに参加する女性
が散見されるようになる。また，女性が自ら女性参政権獲得のためにパブ
リック・ミーティングを招集するようになった。南オーストラリアでは，
1894年に女性も参政権を獲得し，1902年には連邦レベルでも女性の参政
権が認められた[173]。こうして，女性の一般的な政治参加とその一部とし
てのパブリック・ミーティングへの参加が，社会的に広く認められるよう
になったのである。もちろん，こうした変化は一夜にして起きたわけでは
なかった。1893年，自由貿易派の政治家，ブルース・スミスは，こども
病院にジフテリア棟を新設する問題に関して，自分の率いる請願のグルー
プと，女性から成るこれと対抗する請願のグループが，首相と同時に面会
するという形になった時，このやり方に激怒し，「多くの女性たちとの討
論協会に参加するとは思ってもいなかった。……ここにいる女性たちは
おそらく男性のように社会問題を真剣に考えることができない」[174]と言い
放った。また，シドニーの『フリーマンズ・ジャーナル』紙は，1898年，

表-1　女性が参加したパブリック・ミーティングの主なテーマごとの割合　（単位：％）

扱われた問題	女性が参加	集会一般
ローカルな問題	7.2	42.5
帝国主義など	32.7	12.5
慈善	10.5	4.8
女性参政権	11.1	1.2
教育・節酒	7.8	5.8

選挙の候補者たちが，男性だけでなく女性も集会に招待するようになり，集会の多くで，女性のほうが多数を占めるようになった状況を述べる一方で，「政治的集会の（女性）参加者の多くが，恥じらいながら，気乗りのしない様子であるのは，彼女たちが完全に道に迷ったのではなく，一時的に道を外れているだけだということを示している」[175] と述べ，現実の変化に直面しても，女性は家庭にいるべきだという女性観の根強さを垣間見せている。

　先に述べた女性が参加した 1871 ～ 1901 年のパブリック・ミーティング 160 件のうち，目的がわかる 153 件を整理してみると，一般的なパブリック・ミーティングと較べて，いくつか顕著な特徴が現れる[176]。表-1 を見てもらいたい。

　一般的なパブリック・ミーティングで扱われる問題では，鉄道や道路，橋，その他の公共建築に関係するものや，地域で顕著な業績を上げた人を顕彰するものなど，ローカルなテーマを扱ったものが 40％以上を占めるが，女性の参加したパブリック・ミーティングにおいて扱われた問題を見ると，ローカルな問題は 7.2％に過ぎず，極端に少ない。女性の政治参加は，地域の身近な問題から始まったのではないように思われる。地域で納税者だけを集めるパブリック・ミーティングでは，長年，事実上女性がここで言う納税者に含まれないと見なされてきた（南オーストラリアは除く）。ローカルなテーマを扱うパブリック・ミーティングは，納税者を招集する

114 第3章 デジタル・ヒストリーを用いた分析

ことが多く，女性を排除するこのようなシステムが，地域のレベルで，より根強く残り続けたのではないだろうか。

　女性参政権に関連する目的で開かれた集会は，女性が参加していた集会の11.1％であるのに対し，集会一般では1.2％を占めるに過ぎず，10倍近い落差がある。この大きな違いは，女性のパブリック・ミーティングへの参加に貢献した要素として，女性参政権が極めて重要であったことを物語っている。

　この他，慈善・教育・節酒など，公的領域での活動が女性に対して社会的に認められていた分野でも，女性はより頻繁にパブリック・ミーティングに参加していることがわかる。女性は，とくに中・上流層の女性は，「神の警察」God's police として，社会の道徳的な向上や経済的・社会的な困難を緩和する役割を期待されており，それに沿った行動であった。ただし，以上のような点は，意外な結果とは言えない。

　ところで，帝国主義など，つまり帝国主義・ナショナリズム・人種主義と関連するパブリック・ミーティングの全パブリック・ミーティングに占める割合が，12.5％であるのに対して，女性の参加したパブリック・ミーティングのなかで，これらの問題に関連したものが32.7％と，非常に大きな割合を占めているのは，少し意外に思われるかもしれない。女性と帝国主義の結びつきは，まず太平洋諸島への進出に大きな役割を果たした宣教活動が媒介になっている。未開の先住民をキリスト教化・文明化する役割を果たすミッショナリーを支援することは，人道主義に基づく慈善活動であり，宗教活動でもあった。神の警察の役割が大いに期待される分野であった。さらに帝国主義的戦争や両世界大戦でも，女性は宗教的，人道主義的な面から，慈善活動を通じて重要な役割を果たし続けるのである。女性の公的領域での活動や政治的権利の獲得は，少なくともオーストラリアにおいては，帝国主義やナショナリズムと不可分であったように思われる。この点については，別の観点から後ほどもう少し検討したい。

　ここで対象になっている153件のパブリック・ミーティングを，1870

年代と1880年代を合わせた時代と，1890年代と1901年を合せた時代で，どのように変化したかを目的別に見ると，一番大きな変化は，女性問題が0件から17件，政治的問題が0件から13件に増加した点に見られる。ローカルな問題についても3件から8件に，女性が参加する集会が増えている。1880年代末まで，女性が政治的なパブリック・ミーティングで発言したり，参加したりすることを認めない社会規範があったことはすでに述べたが，この数字はそれを物語っている。労働・社会問題や慈善・教育・節酒などにも変化があるが，それは全体の傾向と同じである。

集会に招集された人びと

　この項目に関するデータも，1825年から1954年にかけて10年ごとに，12のカテゴリーに分類した。総件数は40,161件である。1825年から1844年までは，件数が大幅に少なく，データに偏りが大きいと思われる。カテゴリーの12項目は，A：納税者・世帯主・土地所有者，B：市民，C：有権者・選挙人，D：住民・入植者，E：人民・オーストラリア人・パブリック・コミュニティー，F：すべての人，G：特定の問題に関心のある人，H-1：女性，H-2：男性，I：債権者，J：特定のカテゴリーの人びと，K：他の人びと，とした。別のカテゴリーに分けることも当然可能であったが，このような分類を採用した根拠を簡単に述べておきたい。

　集会の招集要請者のところで，少し述べたが，Aの納税者・世帯主・土地所有者は，19世紀には，地域に不動産を所有し，選挙権の基盤である納税義務を果たしている男性で，義務に対応する権利として，パブリック・ミーティングで世論形成の主体となった人びとである。19世紀的な概念から言えば，能動的市民という範疇に当てはまるような人びとのカテゴリーである。

　Bの市民は，日本語で普通に含意される，例えば，東大阪市民とか，横浜市民という意味での市の住民という意味ももちろん存在するが，日本語では，国民という意味に相当する，ある国の住民として，国に対して権利

と義務を負う人びとという意味も濃厚に含意されている。とりわけ，市や町，郡などの地域の能動的市民という意味として，Aの概念がより優勢なものとしてあった時に，市民概念が使われる場合には，後者のニュアンスをより強く帯びると考えてよいだろう。

Cの有権者や選挙人は，文字通り選挙権を持つ人びとで，Aの概念に近いが，納税という義務を明示していない点で，異なっている。他方，ここでの選挙権は，植民地や連邦・州レベルの選挙権を含意しており，Bの市民という概念をより明示的に，ニューサウスウェールズやヴィクトリアなどの植民地・州のような政治単位と，20世紀には連邦という政治単位とも結び付けた概念である。

Dの住民・入植者は，地域に住んでいる一般的な住民を指す言葉で，幅広くすべての住民を包括する言葉である。入植者は，19世紀にヨーロッパ系のオーストラリアの人びとが自分自身を指して用いた言葉であり，住民という言葉とほとんどの場合，大差はない。ただし入植者には先住民は含まれないので，この点は注意が必要である。

Eの人民，オーストラリア人・パブリック・コミュニティーなども，Dと含意している対象は同じで，地域に住んでいる住民を包括的に指す言葉である。ただし，Dの概念が個人に呼びかけているのに対し，地域のコミュニティー全体に呼びかけているというニュアンスの差がある。このうちで「オーストラリア人」は連邦結成後に使われる頻度が増加した。

Fのすべての人に関しては，特定のパブリック・ミーティングに参加できる人は，事実上，その地域の人に限られるので，すべての人と表現しても，その地域のすべての人という意味になるので，実際のところ，DやEの概念と参加を呼びかけている対象は同じである。ただし，言葉の上では，旅行者であれ，周辺地域の人であれ，参加するのは自由という意味で，まさにすべての人に開放された集会である。

Gのカテゴリーは，これまでのカテゴリーが，特定の属性を持つ集団を対象に参加を呼び掛けているのに対して，参加の対象が「特定の問題」に

関係する人びとになっている集会である。例えば，教会の建設に興味を持つ人，消防団に関心がある人に参加が呼びかけるような場合で，ある面で，Jのカテゴリーに近い範疇だと考えられる。

H-1 は，主婦，母親，女性などと，女性を示す言葉を特に用いて，女性に参加を促したパブリック・ミーティングのカテゴリーで，その他のカテゴリーと重複する場合もある。H-2 は H-1 と対になるカテゴリーで，男性であることをはっきりと示す言葉を用いて，男性に参加を促したパブリック・ミーティングのカテゴリーである。これも同じく，その他のカテゴリーと重複する場合がある。

Iの債権者は，主にヴィクトリア植民地で見られた裁判所が開いた債権者集会を主に指している。特定の集団という意味では，Jの特定のカテゴリーの人びとと同じであるが，1850 年代から 70 年代だけに存在した，一定の特殊な形式のパブリック・ミーティングとして，独立した範疇を設けた。ウエストガースが言うように，「あらゆること，憲法を作ることから，銀行やガス会社を作ることまで，パブリック・ミーティングで決めなければならない」ことを反映している。

Jの特定のカテゴリーの人びとは，農民，大工，カトリック，クリケット競技者，愛国主義者，グラスゴー出身者など，約 200 の特定の集団が参加を呼びかけられた集会である。K は，OCR の誤りや原文自体の誤り，その他様ざまな理由で，こうした分類に当てはまらなかった残余の集会を示している。

グラフ-17 は，パブリック・ミーティングに招集された人びとの 12 のカテゴリーごとに，集会の件数の経年的変化を示したものである。1845 ～ 1954 年の間，110 年間に関しては，10 年ごとのスパンで見ると，最大 5,903 件，最小 1,983 件となっており，極端な件数の偏りは見られず，それぞれの時代に関する数値もある程度大きい。グラフ-15：パブリック・ミーティングの招集を要請した人びとの推移と較べれば，経年的変化について，はるかに信頼性の高いデータと考えてよいだろう。グラフ-18 で

118　第3章　デジタル・ヒストリーを用いた分析

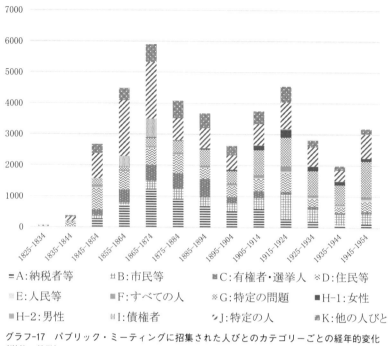

グラフ-17　パブリック・ミーティングに招集された人びとのカテゴリーごとの経年的変化
（単位：件数）

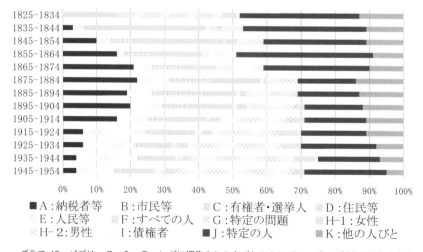

グラフ-18　パブリック・ミーティングに招集された人びとのカテゴリーごとの割合の経年的変化

第6節 分析④—参加者 119

は，12 のカテゴリーが，10 年ごとのスパンに示されたパブリック・ミーティングの件数に占める割合を％で示した。このグラフによって，パブリック・ミーティングへの参加を求められた人びとの割合の経年的変化を見ることで，招集された人びとの移り変わりの意味を考えたいと思う。

　グラフ-17 に示される件数を見ると，1834 年以前は極端に少ないので，今回の検討の対象から外したい。また，1835 ～ 1844 年の件数も他の年代の件数とは桁が違うので，偏りが大きく出ている可能性を考慮する必要があるだろう。

　グラフ-18 の 1835 ～ 1844 年の特徴を見ると，D の住民・入植者と J の特定のカテゴリーの人びとが圧倒的多数を占めている。これに対して A，B，C は少なく，地方税を払っている納税者や市民，有権者などの政治的コミュニティーとの結びつきを，パブリック・ミーティングへの参加資格とする考え方が，定着していなかったことがわかる。この背景にはニューサウスウェールズとタスマニア植民地の特殊な事情がある。両植民地では 1842 年に，地域の自治体がイギリスの議会法によって設立されて初めて，地方自治が始まったので，こうした考え方がほとんどなかったのは当然である。逆にこうした事実がデータに正確に反映されているのは，データの信頼性の傍証にもなるだろう。

　この時期には，パブリック・ミーティングを開催しようとした人びとは，その周辺に住む人びとを何の制限も設けずに広く集めるか，特定の職業，宗派，特定の問題に関わる人びとだけを集めるという，2 種類の方法のいずれかを選んでいた。

　1845 ～ 1855 年にかけて，この傾向に一つの変化が現れる。地方自治の導入に続いて，1843 年にニューサウスウェールズ植民地評議会は，その 3 分の 2 を選挙で選ばれた議員が占めるようになっていた。さらに 1850 年にオーストラリア植民地政府法がイギリス議会で可決されると，オーストラリアの各植民地はそれぞれの憲法を作成し，責任政府を有する自治植民地へと変貌を遂げた。また，イギリスからはチャーチスト運動や各種の改

革運動に慣れ親しんだ人びとが多数，ゴールドラッシュによってオースト
ラリア植民地に移住し，政治意識も高まった。

　そのような状況なかで，納税者や市民，有権者など，義務と権利を有す
る政治的主体と見なされる人びとを招集するパブリック・ミーティングが
増加する。A，B，C を合わせた割合が 1845 〜 1855 年にかけて 20％を超
え，その後も着実に増加し，1875 年から 10 年間には 42.56％，分類不能
なその他を除いたパブリック・ミーティングの総数のほぼ半数を占めるよ
うになる。

　それとは対照的に，D の住民・入植者は，1855 〜 1865 年に 13.9％と
10％台の前半に低下すると，2 度と 10％台の後半に達することはなかっ
た。招集する対象を一般住民として，はっきりと限定しないパブリック・
ミーティングの告知のやり方は，大きく後退したのである。J の特定の
カテゴリーの人びとは，19 世紀前半には最大のカテゴリーであり，1874
年まで 30％台を維持して，大きな割合を占める状態が続いた。しかし，
1875 年に 17.01％と 20％を切ると，1925 〜 1934 年と 1945 〜 1954 年を除
くと，20％を超えることはもはやなかった。職人や農民，フットボール選
手，メソジスト，軍人など，特定の集団を招集する J のパブリック・ミー
ティングの割合は明確に低下した。おそらく，こうした集会をパブリッ
ク・ミーティングとして招集する意義が小さくなったのではないだろう
か。ウエストガースの時代には，「人目を忍んでこっそり始めたという烙
印を押され」ないために，特定の集団のための集会をパブリック・ミーティ
ングとして開催する必要があった。しかし，そうした手続きを行わなくて
も，非難されないようになったのだろう。もちろん特定の集団が，政党の
ような政治団体が典型的だが，仲間を中心とする集会での決議に世論とし
ての権威づけを行おうとして，パブリック・ミーティングとして招集する
例はなくならなかったと思われる。

　地域の自治体や政府との関係を含意するカテゴリー，A，B，C を合わ
せた割合は，1875 〜 1894 年に頂点に達する。それまでは増加傾向にあっ

たのだが，その後は減少に転じる。ただし，A，B，Cを個別に見ると，その傾向には明らかな違いがある。1895 〜 1905 年，オーストラリア連邦が成立した時期に，Cの有権者や選挙人の割合は減少に転じる。また，Aの納税者・土地所有者も 1905 〜 1914 年には，減少に転じている。地域で義務と権利を有する納税者を参加者とするパブリック・ミーティングを，地域の世論を正式に代表しているとみなす意識が薄れてきたのだと推定できる。さらに第 1 次世界大戦の大部分を含む 1915 〜 1924 年の時期に，A，Cともに激減した。全国民を総力戦に動員しようとする時代には，納税をしていることや選挙権を持つ人だけが地域の世論を代表するという考え方が，受け入れられなくなったのだろう。これに対して，1914 年までの 40 年間，ほぼ同じ割合を占めてきたBの市民は，この時期に倍増して 18％に達し，その後もその水準からあまり減らなかった。現在でもシチズンシップ教育のような表現で含意される市民，日本語では国民という表現に近い市民が，地域のパブリック・ミーティングに招集される人としてふさわしいと見なされるようになった。その契機は，第 1 次世界大戦にあった。第 1 次世界大戦がオーストラリア人としてのアイデンティティを構築・強化するのに大きく貢献したというのは定説であり，国民としての意識が高揚したこと自体は驚くべきことではない。しかし，それがパブリック・ミーティングに招集される人びとも変えてしまうほど，ローカルなレベルまで浸透していたことを確認できたのは，新たな発見であった。

　1875 年くらいから増加を開始し（1875 〜 1884 年：9.35％），その後も着実に増加を続け，1905 年以降には最大のカテゴリーになったのがGである。このカテゴリーは，特定の問題に関心のあるすべての人びとを招集したパブリック・ミーティングである。A，B，Cのように特定の権利を持つ者だけに限定して制限するのでもなく，Jのように特定の属性を持つ集団に限定して招集したのでもない点，つまり潜在的により広いパブリックに開放されている点で，これまでもっとも有力であったカテゴリーとは異なっている。他方，D，E，Fのように何の制限もなく，あらゆる人びと

を招集したパブリック・ミーティングとは，集会の目的に関心を持つ人び
とに参加者を限定している点，すなわち少なくとも形式的には制限をかけ
ている点で，これらの集会とも異なっている。

　さてここでB. C. ヘネシーの言葉を想起してほしい。「多くのパブリッ
クが存在する。特定の行動や考えにいっしょに影響を受けた個人の集団が
個々のパブリックを形成している。つまり，それぞれの問題が，その問題
に関するパブリックを生み出すのである」。ヘネシーのパブリックとは，
まさしく1905年以降に最大となったGのパブリック・ミーティングが招
集した人びとそのものであった。実は，世論研究において優勢なパブリッ
クの定義は，演繹的に生み出されたというよりも，現実に支配的になった
パブリックの事例から，帰納的に生み出されたのかもしれない。パブリッ
ク・ミーティングに招集された人びとの推移は，各時代の人びとが想定す
るパブリックの中身の変化を反映していると言えるのではないだろうか。

　最後にH-1の女性とH-2の男性を見ておきたい。H-2の男性の事例は，
いろいろな時期に分散しているが，男性という性別を特定して招集する事
例はきわめてわずかしかない。ほとんどのパブリック・ミーティングの広
告では，招集対象となっているカテゴリーに男性が含まれているか，ある
いは男性という性別を明記していないが，男性であることが自明の前提で
あるカテゴリーの人びとを招集していたので，男性を明示する言葉は不必
要だったと思われる。

　H-1の女性は，男性とは異なり，19世紀の末まで，AやCのカテゴリー
からは一般的に除外されており，政治的な集会への参加も不適切だという
暗黙の前提があるなど，パブリック・ミーティングへの参加が明示的に許
可される，つまり女性を特筆して招集対象に加えなければ，女性たちがパ
ブリック・ミーティングに参加しにくい状況があった。パブリック・ミー
ティングの主催者は，男女平等を求める世論が強まるなかで，女性にも参
加してもらいたい場合には，とくに女性に参加を求めた。また，女性が招
集する女性だけのパブリック・ミーティングの増加も，女性の参加を求め

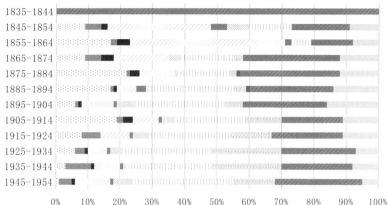

グラフ-19 パブリック・ミーティング（午後2時と3時）に招集された人びとのカテゴリーごとの経年的変化

　るパブリック・ミーティングの増加につながった。1885年以降，女性参政権運動が活発化するのと並行して，H-1は増加を開始し，第1次世界大戦まで急速に増加し，その後1944年まで高い水準を維持している。興味深い点は，女性の参政権が政治問題化した時期ではなく，両大戦とその戦間期の30年間にH-1がピークを迎えている点である。グラフ-19を見てもらいたい。このグラフは，午後2時と3時に開催されたパブリック・ミーティングに限って，招集された人の割合の経年変化を示したものである。一般的なパブリック・ミーティングを示したグラフ-18と較べると，女性を招集したものが非常に多くなっていることがわかる。この時期の女性のパブリック・ミーティングへの招集の増加は，会社などで勤務をしていない中流女性を招集していた結果である。しかもそれは，両大戦と深く関係していたことが想定できる。

124　第3章　デジタル・ヒストリーを用いた分析

第7節　分析⑤——目的と規模

集会の目的の抽出方法

　集会の目的に関して抽出できた事例は，55,722件である。これらの事例を，集会目的を掲げる文章に含まれる単語や語句を使って，3つの項目を立てて分類した。その3つの項目とは，A：その集会が関係する規模・スケール，B：本来の目的別分類，C：全州的・全国的組織によるものかどうかである。こうした分類は，分類を行った藤川の恣意的な判断も影響しており，厳密であるとは到底言えないが，その結果がグラフ上で，長期にわたって一定の方向性を示していることは，分類にある程度の一貫性があったことを示唆している。

　分類のために使った単語と語句は3,000以上に達した。どのように単語と語句を使って分類を行ったかの例として，表-2を示しておく。表-2にはvictim（犠牲者）を含む単語と語句を網羅してある。左端のコラムが単語・語句，その右のコラムは集会が関係する規模，さらにその右に続く3コラムが集会本来の目的分類，一番右端のコラムはそれが全州的・全国的組織によるものかを示している。例では，この最後のコラムには該当するものがなかった。victimに関連する単語と語句の選択は次のような手順で行った。まずvictimという単語が目的に現れるパブリック・ミーティングの例をすべて抽出し，そのうちの一定程度の事例に目を通して，victimが多くの場合，規模としてはローカルで，慈善のために開催されていることを確認する。次にvictimという語を含むけれども，ローカルで慈善という性質に完全に当てはまらない事例のすべてに対して，victimと他の単語によって構成される語句，例えば，Raid Victimsを新たに割り当てる。Raid Victimsは9例あり，そのすべてが，規模が帝国的で，慈善，戦争，災害という目的，組織的ではないという点で共通していたので，この項目の作業は終わった。しかし，例えば，帝国的ではないものが含まれていれば，Raid Victimsに新たな単語を足して，新しい項目を立てるという作業を繰り返

第7節　分析⑤—目的と規模　125

表-2　目的の分類のための文字列の例

文字列・文字	スケール	目的1	目的2	目的3	組織
Victims Relief	international	charity, fundraising			
Relief of Victim im c	imperial	charity, fundraising			
War Victims　　im　wa c	imperial	charity, fundraising	war		
victims of the fits	international	charity, fundraising	health		
Kempsey Fit Victim	local	charity, fundraising	health		
Raid Victims	imperial	charity, fundraising	war	disaster	
victims in England	imperial	charity, fundraising	war	disaster	
Victims of Nazi	imperial	charity, fundraising	war		
victims of the Air Raid	imperial	charity, fundraising	war	disaster	
French: victims, French victim	international	charity, fundraising	war		
victim	local	charity, fundraising			

した。表-2には victims of が3種類あるが，いずれも A，B，C の3項目のいずれかが相違しており，これだけでは特定できないので，the fits，Nazi，the Air Raid を付け足すことで，新しい語句を作った。同じような手順で victim に関連する語句を順次作成していった。表-2では，上から10の事例と最後の事例では，少し意味が違う。上から10の事例では，victim を含む語句が決まれば，スケール，目的，組織が自動的に決定するが，最後の事例，単独の単語 victim だけの事例は，上記の10例を除いて残った victim を含む事例を示しており，ローカルで慈善という性質が割り当てられる。

　上記のような作業によって，55,742件のうち45,567件について，つまり80％を超えるデータについて，分類を行うことができた。これを基にして，検討を始めることにする。分類できなかったデータの多くは，OCR の誤りで該当する単語を読み取れないものや，目的のデータとされたものに読み取るべき内容がなかった場合，あまりに特殊な集会で，関連する単語と全く関連がないものなど，各種存在している。

スケール

　最初に A の集会が関係する規模，スケールについて検討したい。ある

地域の人びとが招集され，その地域の人びとが関心を抱くテーマについて開かれるという意味で，すべてのパブリック・ミーティングはローカルなものである。しかしながら，パブリック・ミーティングの目的が及ぶ範囲は，ローカルな領域を越えて広がっている場合もある。また，目的を実現するためには，州や連邦の法律制定が必要であったり，あるいは本国の政策変化が必要であったりする場合には，集会が影響を直接及ぼしたり，及ぼそうとする範囲は，ローカルなレベルに留まらなくなる。このような観点から，パブリック・ミーティングが関係する空間を区別したのが，スケールの項目である。集会の目的が達成された場合に，州（植民地時代も含む），連邦（連邦結成以前のオーストラリア全体も含む），本国やイギリス帝国（コモンウェルス時代も含む）の他の地域の住民に，不利益になる場合であれ，その人たちにとって有益な場合であれ，何らかの影響が及ぶと思われる場合や，州，連邦，本国やイギリス帝国の政治に働きかけようとしていた場合に，それぞれを州，国，帝国のスケールとして分類した。オーストラリアの複数の植民地や複数の州に及ぶ場合は連邦に，帝国やコモンウェルスの他の地域と連動した運動の場合には帝国に分類した。パブリック・ミーティングが国際的なテーマや組織と関係している場合，イギリス帝国（コモンウェルス）以外の地域と関係するテーマで開かれる場合などを，国際的なスケールとした。関係のある領域の広さという意味では，帝国のスケールのほうが国際的よりも広い場合もあるが，オーストラリアの地域を基準とすると，より遠い世界と言ってよいだろう。以上のような項目に当てはまらなかった場合は，すべてローカルとした。

　すでに何度も登場している，チャールズ・ティリーは，パブリック・ミーティングが「対立的集まり」の支配的な形態になるにつれて，全国的な問題が地方の要求よりも重要になったとも主張している。ただし彼は，集会の目的の変化を数値によって示すのではなく，重要な全国的問題を列挙し，その重要性を強調した。ティリーの議論には説得力があるが，地方の要求がその後どうなったのか。どの程度ローカルな問題が重要性を保持

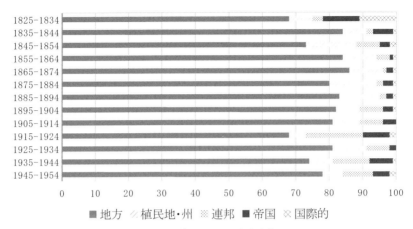

グラフ-20　パブリック・ミーティングのスケールの経年変化

したのかについては，知る由もない．こうした点に答えてくれるのが，スケールの経年変化を示したグラフ-20 である．

　グラフ-20 に示された結果を見ると，ローカルな問題が，すなわち当該の地域を対象とした，地域で解決できる問題が，すべての時代において，圧倒的多数を占めているのがわかる．ほとんどの時期において 70％代から 80％代の割合を占めており，例外は，28 例しか事例がなく，参考にならない 1825 ～ 1834 年と，第 1 次世界大戦の時期の 68％だけである．全国的な問題がパブリック・ミーティングの世論形成装置としての勃興に大きく貢献したことは事実だと思われるが，地域の問題は地域の人びとの重要な関心事項であり続けたことも明白であり，そのために開催されるパブリック・ミーティングのほうが明らかに多かった．以下，グラフ-20 からわかることを箇条書きにしたい．ただし，グラフのうち 1844 年までは事例が多くはなく，以下の検討対象から外している．

1．もっとも明らかな特徴は，ローカルな問題が常にパブリック・ミーティングでは支配的なテーマであったこと．典型的なパブリック・

128 第3章 デジタル・ヒストリーを用いた分析

ミーティングは地域の問題を解決するために開かれていたのである。ティリーの結論にもかかわらず，全国的な問題（オーストラリアでは州や連邦のレベル）が，けっして支配的になることはなかったのである。たとえ帝国のレベルを検討に加えても，この結論は変わらない。

2．残るスケールのうち，次に大きなカテゴリーは，植民地・州である。ただし，最大でも 15％にしかならないが，最大になったのは，植民地時代の 1845 ～ 1854 年で，ちょうどオーストラリアで各地の植民地が自治植民地となろうとしていた時代であった。この時期以降，19 世紀末の 1894 年までは，比較的高い水準を維持している。しかし，1895 年以降の時代，20 世紀には割合がかなり低下した。1901 年に連邦が成立したので，連邦の主権に属するような問題については，連邦に訴えるようになったことが影響しているのであろう。

3．植民地・州には少し劣るが，同じように件数が多いのが連邦のスケールである。オーストラリア連邦が 1901 年に結成されたので，20 世紀に入ってその割合は増加し，第 1 次世界大戦を契機として，1915 年以降，州に代わってローカルに次ぐ大きなカテゴリーとなった。19 世紀には，オーストラリアという政治単位が存在していなかったけれども，すでに述べたように，1850 年代はオーストラリアにあるすべての植民地と本国政府の関係が見直される時期であった。流刑に反対するオーストラリア連盟なども結成され，人びとはオーストラリア全体を意識することが多くなり，連邦が存在していなくても，オーストラリア全体に関わるパブリック・ミーティングが，1845 ～ 1864 年の時期に多くなっている。また，第 1 次世界大戦を含む 1915 ～ 1924 年には，連邦の割合が約 17％と突出して多くなった。地方も巻き込んだ総力戦の影響が色濃く出ていると言えるだろう。

4．州と連邦を合わせた割合は，あまり大きな変化を見せずに一定の水準をだいたい維持している。例外は 1845 ～ 1854 年と第 1 次世界大戦を含む 1915 ～ 1924 年である。政治変革とゴールドラッシュという社

会・経済的変動期と，両大戦の時期に，地方で開かれるパブリック・ミーティングも，より大きな政治単位と連動する問題を扱うことが多くなったのである。ただし，第2次世界大戦の影響は第1次世界大戦ほど大きくはない。グラフ-20は，第1次世界大戦がアンザック神話とともにオーストラリアのアイデンティティ形成にもっとも重要であったという主張を，裏書きしていると言えるだろう。

5．帝国のスケールに関連するパブリック・ミーティングの割合は，19世紀よりも20世紀のほうが大きく，件数も20世紀の方に集中している。1845 ～ 1854 年の時期の割合は少し大きいが，すぐに約1%に低下し，その後第1次世界大戦まで，なだらかな増加傾向を示す。帝国や本国に対する関心は，パブリック・ミーティングについては，極めて低調であった。その割合が急激に変化したのは 1915 ～ 1924 年である。また，再度割合が低下した後，第2次世界大戦を含む時期に，つまり 1935 ～ 1944 年の間に大きく増加するが，第1次世界大戦期のピークには及ばなかった。帝国，とりわけ本国への関心を呼び起こしたのは，両大戦であったと言えるだろう。

6．すべての時期を通じて，国際的なスケールに分類したパブリック・ミーティングの数はきわめて少なく，割合も多くて2%程度と低かった。少し多くなった時期は，ゴールドラッシュの時代と第1次世界大戦以降の時期である。ただし，大恐慌が発生した 1925 ～ 1934 年の時期には，帝国と同じく国際的なスケールのパブリック・ミーティングも大きく減少した。

パブリック・ミーティングの目的

本研究は，長期にわたって一国のパブリック・ミーティングの目的を調べた唯一の研究であり，それぞれの時代にオーストラリアの人びとが，どのような問題に関心を抱いていたかを知る，あるいは世論調査とは別の形で世論を知るためのデータを提供する，現在のところ唯一無二の研究であ

130　第3章　デジタル・ヒストリーを用いた分析

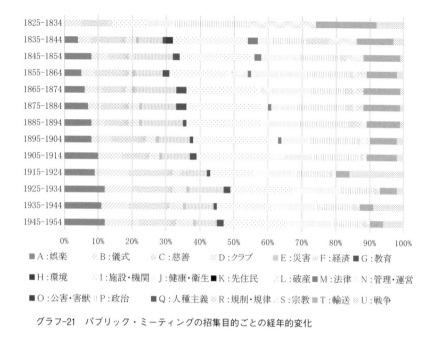

グラフ-21　パブリック・ミーティングの招集目的ごとの経年的変化

る。ティリーは，18世紀末から19世紀初頭に，イギリスでパブリック・ミーティングが勃興し，暴力的な抗議の集まりに取って代わったことを明らかにした。しかし，具体的に開催目的の変化が示されることが重要であるにもかかわらず，どのような目的のためにパブリック・ミーティングが開かれたかについては，ティリーはデータを示していない。

　目的に関しては，一つのパブリック・ミーティングで複数の目的を持つものがある。というよりも，例えば，第1次世界大戦の負傷者への基金のような場合，戦争という目的にも慈善にも分類できるので，この一つの集会を二重にカウントした。その結果，スケールと較べて総件数が2倍弱に膨張しているが，単なる件数と，2倍弱に膨張した件数のデータの両方を10年ごとの件数で棒グラフとして表してみても，形状はほぼ変わらないので，結果に大きな偏向をもたらしているとは言えないと思われる。また，今回のグラフ-21でも，1844年までは事例が極端に少なく，以下での

検討からは外している。

　目的として分類した主要な項目を列挙すると，次のようになる。Ａ：娯楽，Ｂ：儀式，Ｃ：慈善・募金活動，Ｄ：クラブ，Ｅ：災害，Ｆ：経済，Ｇ：教育，Ｈ：環境，Ｉ：施設・機関，Ｊ：健康・衛生，Ｋ：先住民，Ｌ：破産，Ｍ：法律，Ｎ：管理・運営，Ｏ：公害・害獣，Ｐ：政治，Ｑ：人種主義，Ｒ：規制・規律，Ｓ：宗教，Ｔ：輸送，Ｕ：戦争である。修士論文では，目的として，帝国主義・ナショナリズム・人種主義という項目を立てたが，今回はスケールという別次元で分類を行ったので，帝国主義・ナショナリズムを除外した。また，女性参政権も，他の箇所である程度まで検討しているので，独自の項目を立てないで，ここでは他の項目と組み合わせる形で分析を行うことにした。上記の分類のなかで，Ｌ：破産であれば，よほどのひねくれ者でもない限り，おそらく誰がやっても同じ分類になると思うが，そうでない項目もある。Ｆ：経済やＰ：政治は，ほとんどのパブリック・ミーティングの目的と関連していると言えば，そう言えないこともなく，何をこの項目として分類するかについては，意見が分かれるところであろう。この2項目については，限定的に使っている。Ｆ：経済は，経済理論・思想，金融，物価や賃金，失業やその対策，国の経済・産業政策や地方の経済振興策，土地や農業問題，経済・労働団体の問題など，経済に直接関係のある事例に適用している。また，Ｐ：政治は，政府の政策，政党や政治団体に関係すること，政治運動，選挙や選挙制度，州・連邦議会や地方議会，政治家，外交関係，政治思想・理論など，狭い意味での政治的事項をこの項目に含めた。その他の項目については，それぞれに言及する時に簡単に説明したい。

1．Ａ：娯楽の項目は各種の行事や展覧会，各種スポーツ大会や音楽，舞踏会，公園や文化・娯楽施設に関連する事項を広く含めている。Ｂ：儀式については，各種の記念行事，個人の顕彰行事，式典，歓送迎会などの事項を広く集めたものである。この二つの事項を併せた割合

132 第3章 デジタル・ヒストリーを用いた分析

は，ゴールドラッシュ期は例外であるが，19世紀に10％程度であったものが，じょじょに増加傾向を示し，第1次世界大戦後には20％を上回る水準に達する。パブリック・ミーティングは，政治的目的を達成するというよりも，娯楽を提供したり，生活を楽しいものにしたりする目的にシフトする傾向が一貫して見られる。またD：クラブを見ると，そこには各種スポーツクラブやYMCAなどが含まれるが，その割合も取り扱っている時代の後半にとりわけ増加しており，同じく娯楽や余暇活動へのシフトを確認できる。1925年以降になると，A，B，Dを併せた割合が全体の4分の1程度を占めている。

2．C：慈善・募金活動には，福祉，戦争や災害の被害者の救済に関連する様ざまな活動だけではなく，その他の目的，例えば記念碑の建立のための募金などが含まれている。C：慈善・募金活動は，すべての時代を通じて，パブリック・ミーティングの主要な目的の一つであった。ただし，1914年以前には，その割合が10％を超えることがなかったのに対し，1915年以降は常に10％以上に達しており，第1次世界大戦を契機にして，この種の活動が盛んになっている。戦争に関係した募金活動や基金の創設が，この増加の原因だと思われる。

3．I：施設・機関は，1914年に至るまでは平均して全体の20％を占めるもっとも重要な項目の一つである。1915年以降は20％を超えることはないが，おおむね15％以上を占めている。その内容は，市庁舎，公会堂や郵便局，公園などの公共施設，電気・水道・ガス・電話などのインフラ，消防・救急・病院などの社会的サーヴィスなど，広く公共の施設・土地・サーヴィスなどを含んでいる。これに関連する項目として，T：輸送がある。陸海空の輸送，とりわけ鉄道輸送は地域の主要な関心事項であり，公共施設の一つではあるが，とりわけ大きな割合を占めるので，独立した項目とした。

4．T：輸送は，1914年に至るまでは平均して全体の10％前後を占める重要な項目の一つである。19世紀末から少し割合が低下し始め

て，1915 年以降は半減している。19 世紀における派閥政治の時代（1855 ～ 1890 年頃）は，「道路と橋の政治」の時代とも呼ばれ，鉄道や道路，港湾施設など，交通手段を地方に提供することが政治の重要な課題となった時代であり，地方もその獲得のために活発に運動した。

Ｉ：施設・機関と Ｔ：輸送は，地域の生活を便利に，また快適にするために開かれたパブリック・ミーティングであり，両者を併せると，開催目的としては最大のカテゴリーとなる。1914 年に至るまでの時期に限れば，この両者だけで，全体の約 30％を占めている。第 1 次世界大戦の影響を受けた 1915 ～ 1924 年には，約半分に大幅に低下するが，その後は 20％を超える水準まで回復した。この 2 項目は，パブリック・ミーティングがローカルな性格を保つのに大きく影響していると言えるだろう。

5．Ｓ：宗教の問題は，予想できることであるが，時代を遡るほど頻繁に取り扱われている。宗教の項目に分類したのは，多いものを挙げると，布教・宣教活動に関するもの，各宗派に関連するもの，キリスト教やキリスト教関連，学校における宗教・世俗教育の問題，宗教行事や施設の関係，教義や宗教思想に関するものなどである。19 世紀には，全体の 3 ～ 5％程度を占めていたけれども，じょじょに割合が低下し，20 世紀になると 1％もしくはそれ以下まで下がっていく。宗教に対する社会的な関心は一貫して低下していると言えるだろう。

6．Ｇ：教育は宗教とも関係が深い。教育の項目には，生徒の学校の施設や教育内容に関する事項が多いのであるが，成人教育に関わるものも多数ある。また PTA など，教育に関連する団体に関わるものも含まれる。面白いものでは，赴任してくる教師の住宅をどうするかに関して開かれたパブリック・ミーティングもあった。教育の占める割合は，全時代を通じて低く，数パーセント程度くらいである。予想以上に教育問題に対する関心は低かった。しかし，1865 ～ 1884 年は例外で，3％前後と顕著に増加している。この時期に，無償，義務，世俗

教育の導入が政治問題化し，それを支持するプロテスタント諸宗派と反対するカトリックの対立が先鋭化していた。この問題自体に関連してパブリック・ミーティングが開催されたこともあるが，それに対する社会的な関心が教育全般に波及し，教育関連のパブリック・ミーティングが増加したのだと思われる。

7．R：規制・規律は，産業上の規制，飲酒や娯楽の規制，閉店時間や日曜営業の規制，交通規則，家畜や動物の規制などに関連する項目で，もっとも数が多いのは，飲酒の規制に関するものである。また，日曜日の娯楽，営業，労働に関連する事項がこれに続く。この項目は，教育と増減のパターンが似ており，19世紀のほうが重要で，20世紀にはその割合が半減する。また，1865〜1884年にピークが来るのも同じである。飲酒の規制を推進した節酒運動 temperance movements は，多くの聖職者を含む主にプロテスタントの団体によって行われており，宗教的な関心と深く結びついている。19世紀後半には，宗教自体に関連するパブリック・ミーティングはゆっくりと減少しているが，教育や規律・規制に関するパブリック・ミーティングはもっとも活発化しており，宗教そのものよりも，宗教が近代社会と深く関わる領域に関心が移っているように思われる。

8．F：経済やP：政治は，研究の対象になったいずれの時代でも重要な項目であった。F：経済は，時期により増減があるけれども，19世紀には全体の10％からそれを少し上回る水準にあり，20世紀に入ると10％弱の水準へと少し割合が低下する。P：政治は，F：経済よりも全時代を通じて幾分高い割合を占めている（20年間の例外がある）。1874年までは，10％からそれを少し上回る水準であったが，1875〜1884年に15％で頂点に達すると，1905〜1914年の14％まで比較的高い水準を保った。その後は，10％からそれを少し上回る水準で停滞した。I：施設・機関とT：輸送では，地域の生活の向上や利権の誘導に主眼が置かれているのに対し，本稿におけるF：経済やP：政治

は，本稿で説明したカテゴリーとしては，州や国の政策と関連が深い。ティリーのパブリック・ミーティングにおいて全国的な問題が地方の要求よりも重要になったという主張の，全国的な問題に関連しているカテゴリーである。F：経済やP：政治の両者を併せた割合の推移を見ると，1845 〜 1854 年には 24％となっており，1885 〜 1894 年に 27％とピークを迎える。1845 年以後 1914 年まで常に 20％以上の割合を占めていた。しかしながら，その後は 20％を上回ることはなく，1945 〜 1954 年には割合が 15％に低下した。19 世紀後半，オーストラリアのパブリック・ミーティングの黄金期に，この 2 項目がより重要であったのは明らかであり，ティリーがパブリック・ミーティング勃興と全国的な課題を結びつけたのには，一理あったと言えるだろう。

9．U：戦争は，ある程度予想ができるけれども，第 1 次世界大戦を含む 1915 〜 1924 年の時期に 16％と，もっとも重要なテーマとなっている。オーストラリアにとって，第 1 次世界大戦は，オーストラリア本土が日本軍の空襲を繰り返し受けたにもかかわらず，第 2 次世界大戦よりも大きな影響を与えた戦争であった。第 2 次世界大戦を含む 1935 〜 1944 年の割合は 9％で，第 1 次世界大戦期の半分強にすぎない。第 1 次世界大戦を契機として，パブリック・ミーティングに関連する多くの指標も大きな変化を見せるので，第 1 次世界大戦は，公共圏を動かすゲームチェンジャーだったのかもしれない。この他の時期について，戦争が占める割合は，1945 〜 1954 年が 6％であったのを除くと，せいぜい 2％にすぎない。戦争として取り上げた事項は，戦争に関連する慈善，募金や基金，戦時国債，戦没者慰霊関係，記念碑・行事，復員兵関連，顕彰行事，兵士の徴兵や物資や医療の提供，反戦運動，戦争に関する議論などである。

10．J：健康・衛生の項目は，各種病気の予防や感染防止，衛生対策，介護や救急医療の提供，汚染物質を出す施設の対策など多岐にわた

136 第3章 デジタル・ヒストリーを用いた分析

る。19世紀には1％台の水準が多く，あまり人びとの関心を集める
問題ではなかったが，1895〜1904年に全体の3％を超す水準に達す
ると，以後はじょじょに増加し，第1次世界大戦後の1925〜1934年
には6％になった。ただし，その後5％と若干低下した。パブリック・
ミーティングにおいて，20世紀に健康や衛生への関心が高まった要
因としては，結核予防キャンペーンや癌対策のキャンペーンなど，大
規模な啓発活動が行われたことや，食品の安全性や汚染水に対する意
識の高まりなどを挙げることができよう。

11. E：災害は，ほぼ1％の水準にあり，すべての時代を通じて重要な
テーマではなかった。海外の飢饉や自然災害に関連するものが散見
されるが，過半数は火事の関係，オーストラリアではブッシュファ
イアーと呼ばれる問題を扱ったパブリック・ミーティングである。
O：公害・害獣は，大部分が害獣や有害な雑草の駆除の問題がテーマ
となったパブリック・ミーティングである。全時代を通じて件数がさ
らに少ないが，ウサギ，イナゴ，ディンゴの駆除が議論されている
のは，オーストラリア的な感じがする。H：環境は，これよりも件数
がさらに少なく，10件を超えたのは最後の10年間だけである。主な
テーマは森林保護であり，浸食の防止や土壌の保全がこれに続く。19
世紀前半まで，環境問題がパブリック・ミーティングでの議論の対象
にほとんどならなかったことがわかる。森林保護と土壌保全がわずか
に議論されただけであった。

12. K：先住民とQ：人種主義は，極めて件数が少ない。K：先住民は
最大でも10年間で4件しかなく，主なテーマは先住民に対する宣教
活動である。1968年にW. E. H. スタナー Stanner は「大いなるオース
トラリアの沈黙」という言葉によって，オーストラリア学界の先住民
に対する態度を批判したが，パブリック・ミーティングも同じ態度を
取っていたと言えよう。Q：人種主義は，その多くが反中国人運動と
アジア人やメラネシア人労働者に関する問題で，先住民よりは件数が

多いけれども，19世紀後半に33件を一度記録しているだけで，その他の年代では先住民と大差がない。1885〜1894年の時期の件数が驚くほど少なく（8件：2番目に多い），資料の収集が上手くいっていない可能性もあるが，歴史研究でしばしば取り上げられてきた反中国人運動の重要性は，世論形成全体から見れば，あまり大きくはないのかもしれない。20世紀に入れば，白豪主義政策という全政党が一致して推進したシステムの下で，アジア系移民は徹底して排除されており，運動を起こす動機がなかった点は指摘できよう[177]。

13. L：破産は，すでに述べたように，1850年代〜1870年代にかけて，ヴィクトリア植民地だけで見られる破産者の財産処分に際して開かれたパブリック・ミーティングである。M：法律もそれほど件数は多くないが，1845〜1854年に61件を記録している以外，おおむね10件代から20件代で推移している。対象としたのは，国の制度に関わる法律の改正などに関連する事項，裁判所・裁判や警察に関連すること，治安判事などの法の執行者に関わる事項などである。破産は独立した項目を立てたので，Mから除いてある。また，飲酒規制に関わる事項は，R：規制・規律に分類した。また，法律の改正が必要な事項でも，例えば鉄道の建設など，法律の改正が付随的なものはMに含めていない。F：経済やP：政治と同じく，このカテゴリーも限定的に設定している。最大件数を記録した時期は，オーストラリア自治植民地の憲法が制定されようとしていた時期であり，その問題が件数を増やしている。

14. N：管理・運営の項目は，割合から見ると，おおむね7％を超える水準を保ち，多い時には16％に達しており，重要な項目のように見える。1845〜1874年までは10％以上の割合を占めており，パブリック・ミーティングの成長期に頻繁に開催されていた。しかし，その内容は，選挙に関連する委員，共有地や道路の管理者の選挙・任命，地域にある各種の委員会の委員の選挙・任命，委員会自体の設置，教会

の俗人委員の選出，学校に関する委員の任命，財務に関する委員の任命，決算の承認，報告書の受理，山火事やイナゴの管理など，大部分が定期的・業務的に行われる問題に関わるパブリック・ミーティングであり，世論形成や社会運動とはほとんど関係がない。ただし，毎年，定期的に開かれるこの種のパブリック・ミーティングは，地域の紐帯を確認し，それを再活性化させ，パブリック・ミーティングという制度を存続させるのには，貢献していたと言えるだろう。

　パブリック・ミーティングの19世紀におけるもっとも重要な目的は，I：施設・機関とT：輸送であり，両者を併せると，開催目的としては最大のカテゴリーであった。地域の生活と密着した目的が重要であったことがわかる。20世紀に入ると，両者の重要性は低下するが，同じく地域生活と深い関わりがある，A：娯楽，B：儀式やD：クラブなどの割合が増し，それらに匹敵する割合を占めるようになる。パブリック・ミーティングが地域の問題を扱う場であるという性格に変化はないが，地域の利便性よりも娯楽性に関心が移っているのがわかる。これらの項目と並んで重要であったのが，F：経済やP：政治である。19世紀には全体の4分の1程度，20世紀にも全体の5分の1程度を占め，州や植民地全体や国全体の問題も，重要なパブリック・ミーティングの目的であり続けたことがわかる。C：慈善・募金活動が継続的に重要性を増したこと，U：戦争が一時的ではあるが大きな関心を集めたことも忘れてはならないだろう。

組織的なパブリック・ミーティング

　ここで言う組織的なパブリック・ミーティングとは，パブリック・ミーティングが，植民地全体，州，連邦，あるいは帝国の，もしくは地域を越えた大規模な組織によって直接，もしくはその指示によって開催されるようなものを指す。一般的に，こうしたパブリック・ミーティングでは，地方の自主的な動きよりも，運動を統括する団体の影響のほうが大きいと考

第7節　分析⑤——目的と規模　139

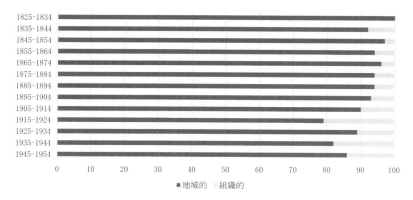

グラフ-22　パブリック・ミーティングの州・連邦的組織との関連の経年的変化

えられる。組織的だとする判定基準は，具体的な組織名が記載されていて明らかな場合は，当然として，具体的な組織名が記載されていない場合や十分な情報がない場合でも，一連の同種のパブリック・ミーティングが組織的に招集されている場合には，組織的なものであると判別した。組織的だと判別できなかった場合はすべて，非組織であると分類した。もっと多くの関連情報を入手できれば，もう少し組織的なパブリック・ミーティングが増えたかもしれないが，現在の数字が2倍になるというようなことは考えられない。こうして得られたデータを経年別にグラフにしたのが，グラフ-22である。

　グラフを見るとまず明らかなのは，大規模な組織的運動とは関係のないローカルなパブリック・ミーティングが，全時代を通じて圧倒的に多いことである。第1次世界大戦を含む時期に79％まで低下したのを除けば，19世紀には90％以上，20世紀でもほぼ80％以上を占めている。ただし全体の傾向としては，時代を下るにつれて，組織的に招集されるパブリック・ミーティングが増加傾向にあるのも明らかである。例外は，両世界大戦の時期で，割合がもっとも高くなっているだけでなく，第1次世界大戦の時期が第2次世界大戦を上回っているという特徴をここでも見ることが

できる。オーストラリアは，第2次世界大戦よりも第1次世界大戦のほう
が，戦死者が倍以上多く，徴兵制を巡って2回国民投票が行われるなど世
論も分裂しており，こうした結果につながった背景として考えられる。

出席者数

パブリック・ミーティングに参加した人数については，極めて例外的な
場合を除けば，ほとんどわからない。知る手掛かりは，新聞記者が時折
記す，大まかな参加者数の推計だけである。しかも大部分のパブリック・
ミーティングについては，大まかな推計さえ存在せず，混みあった集会，
ホールは一杯，大きな集会，出席者が多い集会，かなりの参加者，代表的
な参加者，少ない参加者などの描写があるだけである。今回の大規模な調
査でも，約7,000の新聞記事から数値が得られた数は，224件にすぎない。

この224件を対象として，参加者の単純平均を計算すると275.28人で
ある。パブリック・ミーティングには平均して約275人が参加していたこ
とになる。大規模なイベントと較べれば多くはないが，何らかの講演会
（阪大でも総長とかジェンダー関係で動員されたが）を考えると，かなりの規模
ということになる。しかし，この見かけの数値は，現実の姿を見えにくく
している。最大1万人に達する大規模な集会が単純平均を押し上げている
からである。メジアン（中央値）を見ると60人，単純平均に満たない集会
が187件ある。この数値は，オーストラリアのパブリック・ミーティング
の姿を正確にとらえているのだろうか。

このデータを検証するのに使える同種のデータは一つだけある[178]。私
の修士論文のデータである。修士論文では298件の集会の出席者数を収集
し，それは全データの16.5％に相当した。その単純平均は770人であっ
たが，最大から10％，最小から10％のデータを除いた場合には，平均は
240である。また，70％以上の集会は，参加者が250人未満であった。本
研究のデータでは，約79％が250人未満である。修論のデータではメジ
アンは110人であった。

データから見ると，修論で集められたパブリック・ミーティングのほう
が，今回集めたパブリック・ミーティングよりも参加者数が幾分多い。こ
の結果は，当然予想されるものである。修士論文が対象としたデータは，
主にシドニーとその郊外の人口が密集している地域を対象にしていたのに
対し，今回の研究は，オーストラリア全土を対象としており，人口が少な
いコミュニティーを多数含んでいるからである。シドニーでは，中規模・
大規模なパブリック・ミーティングが多数存在し，それが平均値を押し上
げている。

　おそらくもっとも典型的なパブリック・ミーティングは，参加者が50
〜100人程度であり，農牧業地域のコミュニティーではしばしば50人以
下であることが多く，シドニーやメルボルンのような都市とその郊外では
数百人から数千人規模の集会がかなり見られた。5,000人以上の集会は例
外的に大きく，1万人を超えるような集会はめったになかったと言えるだ
ろう。

女性と参加目的

　女性とパブリック・ミーティングの関係については，すでに独立した項
目を立てて論じたが，それをもう少し補いたい。女性が参加した集会の目
的に何らかの特徴があったのかを見てみたい。「女性が参加した」という
のは正確ではない。ここでは「女性が招集された」パブリック・ミーティ
ングの目的の特徴を検討する。

　グラフ-23を見てもらいたい。女性が招集された集会の目的を多い順に
並べた棒グラフである。総件数は918件である。グラフが扱う大部分の集
会が19世紀末以降に開催されている点に留意しておいてほしい。全般的
なパブリック・ミーティングの目的と比較する場合には，この時期に相当
するパブリック・ミーティングの目的分布と比較する必要がある。

　目的のなかで一番多いのがC：慈善・募金活動で，I：施設・機関，A：
娯楽がこれに続く。I：施設・機関については，一般的な集会の20％弱く

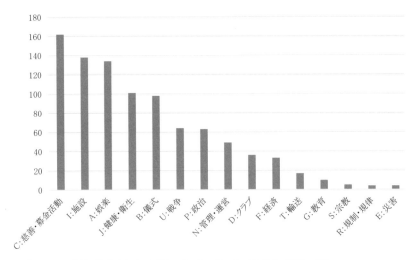

グラフ-23　女性が招集されたパブリック・ミーティングの目的（単位：件）

らいがこの目的で開催されているので，その分布を反映していると言えるが，割合が少し低くなっている。様ざまな設備や施設を要求するパブリック・ミーティングには，かつては地方税の納付者（男性）が招集されていたが，女性が選挙権を獲得するとともに，こうした領域へも女性が進出していたことがわかる。C：慈善・募金活動，A：娯楽は，いずれも一般的な集会では10％程度を占めている。女性が招集された集会では，どちらもこの割合をかなり上回っている。慈善活動や募金活動は，多数の中流女性が主体的に関わった領域であり，多くの女性のヴォランティア活動がなければ，事業の成功はおぼつかなかった。多くの娯楽に関連する行事も，協力する女性のマンパワー（パーソンパワー？）が当てにされていた。すでに19世紀の半ばにおいて，多数の女性が，慈善活動や募金活動，多くの娯楽関連の行事を実施する手助けをしていたが，その活動の決定過程，パブリック・ミーティングに参加することは少なかった。19世紀末から20世紀にかけて，ようやく女性の活躍の実態がパブリック・ミーティングに

第7節 分析⑤─目的と規模 143

反映されるようになったと言ってよいであろう。

　続いて多いのが，J：健康・衛生とB：儀式，いずれも 10％以上を占めている。J：健康・衛生は，すでに見たように，この時代，パブリック・ミーティングの目的全体のうちの 3 〜 6％の水準にあった。20 世紀に入って，とくに比重が高まった領域である。女性が招集されたパブリック・ミーティングの目的に関して，この項目は 11％を占めており，その差は大きい。女性を対象として，伝染病対策や衛生・健康増進キャンペーンが政府によって行われたことが影響している面があると思うが，女性自身も関心を抱いていた領域だったように思われる。B：儀式は，世紀転換期に，一般的なパブリック・ミーティングではその 6％に達し，1945 〜 1954 年には 10％へと，多少の増減はあったけれども，増加傾向にあった。女性が招集された集会の目的としては 11％を占めており，J：健康・衛生の場合ほどは，一般的な場合との開きは大きくないけれども，女性の参加が見られやすいタイプのパブリック・ミーティングであった。

　その次に多いのが，U：戦争とP：政治である。U：戦争は，第 1 次世界大戦を含む 1915 〜 1924 年の時期に顕著に増加したパブリック・ミーティングの開催目的である。女性と戦争を目的とするパブリック・ミーティングの関わりを見ると，重複もあるが 64 件の戦争関連のパブリック・ミーティングのうち，20 件がC：慈善・募金活動，16 件がB：儀式，13 件がA：娯楽と関連しており，従軍兵士や戦死者，戦争被害者のための活動と関連するパブリック・ミーティングに女性の協力が求められていたことがわかる。P：政治は 7％程度で，一般的な集会の 3 分の 2 程度から半分くらいであり，政治的な問題に女性が関与する割合は低かったと言えるだろう。同様の傾向は，N：管理・運営：49 件やF：経済：33 件でも見られる。とりわけ後者では，この傾向がいっそう強く見られる。さらにT：輸送：17 件は 2％に満たず，著しく少ない。

　G：教育，R：規制・規律，S：宗教については，併せて 2％程度しかないのは，少し意外な結果である。これらの項目は，確かに 20 世紀になる

と，一般的なパブリック・ミーティングの開催目的としては，ほとんど重要性を持たなくなる。それに準じていると言えるのだが，これらの3領域は，女性領域として，19世紀でも公的な場での活動が女性に開かれており，女性がもっとこの種のパブリック・ミーティングに参加していたとしても，不思議ではない。

全体として，女性が積極的な参加を求められたパブリック・ミーティングには，20世紀に入って増加した目的を持つパブリック・ミーティングに多かったと言えるだろう。女性の参加が多かったパブリック・ミーティングが成長し，女性の参加が少なかったパブリック・ミーティングが衰退していったという推論も成り立つが，さらに詳しい検討が必要である。

中国人のパブリック・ミーティング

ゴールドラッシュの時代のバックランド渓谷 Buckland やラミング・フラット Lambing Flat における反中国人暴動や，中国人移民に反対する多数のパブリック・ミーティングがあるなかで[179]，中国人自身はパブリック・ミーティングとどう関わってきたのだろうか。この章を終える前に，デジタル・ヒストリーから漏れた側面について見ておきたい。

中国人自身による最初のパブリック・ミーティング（イギリス様式の，à la mode Anglaise と描写される）は，1857年8月3日（月曜日）午後2時，ヴィクトリア植民地のキャッスルメイン Castlemaine[180] で開催された。約1,200～1,300人が参加し，集会の目的はヴィクトリアの中国人に課されようとしていた1人当たり月1ポンドの税金案に抗議することであった。午前中からすでに多くの中国人が集まり，寺院で請願書に署名しており，集会に残ったのはその一部であった。警察・治安判事 police magistrate と数人の警官，50人ほどのヨーロッパ人もいた。通訳の Chu a Luk が法案の詳細を説明し，上下両院にこの税金の不当性を訴え，それを承認しないように要請し，中国人自身がイギリスの法と慣習に従って生活するのを望んでいると伝える請願を行うという提案を行った。また，Pon Sa（Pong See）は次のよ

うな内容のことを述べた。中国人はヨーロッパ人鉱夫による鉱区への侵略に悩まされており，豊かな鉱脈があれば，そこから追い出されてしまう。金が取れる量が少ない場所で採鉱するので，生活は苦しく，さらなる税金を負担することができない。もしこの法律が成立すれば，税金を払えずに監獄に行き，死ぬしかない。中国人は妻をオーストラリアに連れてこないと批判されているが，中国人が妻をオーストラリアに連れて来たいと望んでも，纏足のために妻は植民地の道路を歩くことができない。また，ヨーロッパの女性の間で貧困が広がっているのを見ると，妻や娘を同じような境遇に置きたくないと感じる。妻たちも植民地の悪い評判を聞いては，国を離れようとはしない。中国人は，香港などで船会社のエージェントに勧誘され，イギリス人の船長に金を払った。オーストラリアに来ては，法律を遵守しており，法律を作った人間によって，厳しく，不当に扱われるべきではない。

　決議は全会一致で採択され，1人の頭目が他の地域の中国人と連絡を取り，必要であれば，募金をして，弁護士を雇うことが決まった。女王と新聞への3度の歓声で集会は幕を閉じた。続いて地方議会の議長であったチャールズ・プレンダギャスト Prendergast が，通訳を通して，集会に集まった中国人たちに，法律の要求に従う限り，法律の保護があることを保障した。集会はこれで解散した。しかし，その場にいたマクドノーがヨーロッパ人の見物人に向かって，「いかなる場所でも中国人に集会をさせるのは恥辱である」と述べ，「3年前には騎馬警官の一団が監視していなければ，10人余りのイギリス人でさえ集会を開けなかった場所で，このような集会を認めるようになった「不幸な」状況」を嘆いた[181]。1859年5月21日（土曜日）には，この課税に抗議するために4,000人のサンドハースト sandhurst の中国人がパブリック・ミーティングに集合した。サンドハーストは現在のベンディゴウのことである。請願書が作成されて，政府に提出された[182]。

　1859年12月12日（月曜日），ニューサウスウェールズのタンバローラ

146　第3章　デジタル・ヒストリーを用いた分析

Tambarooraで，少し変わったパブリック・ミーティングが開催されている。ここも金鉱である。目的は通訳を選ぶ選挙であり，3人の候補者がいるなかで投票によりW. Sengchaiが選ばれた。通訳の選出に選挙は必要なかったけれども，前例を踏襲したということである[183]。

　1867年11月19日（火曜日），中国人への移民規制がすべて解かれていた時期に，キャッスルメインの中国人地区の大きな建物において，パブリック・ミーティングが開催された。ヴィクトリア女王の子息，アルフレッド王子の訪問に際して行われる予定の祝賀行列に，どのように参加するかを討議する集会であった。110人の行列を組織することが決められたが，情勢が流動的なために，最終決定は持ち越された[184]。

　1879年1月25日（土曜日）の午後，シドニーの中心部の教会の学校で，中国人商人や雇用者たちが招集した，約300人が参加する中国人の集会が開催された。ヨーロッパ人による彼らに対する非難について議論し，参加者が悪徳に染まらないように強く警告することが目的であった。建物は無償で提供され，中国人宣教師のAh Lenが議長を務めた。数人のヨーロッパ人の聖職者が話をしたが，発言者の大半は中国人であり，ヨーロッパ人の非難を中国人たちがどう受け止めて，どのように対応しようとしたかが，ある程度理解できる。中国人にも非道徳な人間がいるが，監獄を見ればわかるように，ヨーロッパ人はもっとひどい。しかし，ヨーロッパの女性を誘惑することを慎み，清貧に生きるようにと最初の発言者は述べた。次の発言者は，イギリスの法律は中国人を不当に扱うので，売春婦を近づけてはならない。新聞が，中国人の間で悪徳が蔓延していると主張しているので，もし，そういう例が1例でも起これば，すべての中国人の破滅につながるという趣旨の発言をした。3人目の発言者は，ほとんどすべての新聞が中国人の間で売春が広まっていると述べているが，彼は自分でそういう例を見たことがないと述べる一方，売春婦を決して近づけないように助言し，数人の中国人への非難が民族全体に向けられる危険性を指摘し，少なくとも安全に暮らすために努力するよう促した。続く発言者も，中国

人にとって法律が敵対的であっても，最大限それに従う以外にはなく，悪事に対し善行で応じるように勧めた。その次の発言者も同じ趣旨であったが，それに続いた発言者 Chen Atrax は，イギリスの法律が公正であると論じ，中国人をシドニーで迫害するのは，若者の無法集団であり，中国人はそれを取り締まった政府に感謝していると述べ，アヘンの吸引や悪徳行為を止めるように説いた。さらに 3 人が続いたが，悪徳行為を避けるように説いた以外に詳しい内容はわからない[185]。

　1888 年 5 月 9 日（火曜日）には，中国人移民に対するヴィクトリア政府の対応とヨーロッパ人のパブリック・ミーティングの決議を検討するために，バララット・イーストの中国人キャンプで，パブリック・ミーティングが開催された。そこでは，イギリス政府の不当な扱いと反中国人運動の野蛮さが非難された。メルボルンの商人と連絡を取り，中国政府に協力を願い出ることが決まった。同じ月に，ブリ Bulli でもパブリック・ミーティングが開催されたが，詳細はわからない。1894 年 8 月 14 日（水曜日），シドニーのマソニックホールで，中国福建省古田教案の犠牲者追悼のために，パブリック・ミーティングが開催された。有名なシドニー商人，Quong Tart が議長を務め，中国人の他に女性も含めたヨーロッパ人も参加した[186]。

　1900 年 2 月 1 日（木曜日），シドニーのシティの南，チャイナタウン近くで中国人によって屋外でのパブリック・ミーティングが開催された。光緒帝が退位するという報道があり，これに抗議し，進歩的な運動への支持を表明するための集会であった。参加者は 100 人に満たなかったが，近くで開催されていた京劇の影響があったと新聞は報じている。集会は感情的なところはなく，平穏であったが，進歩的な運動に反対する者もおり，けっして全会一致ではなかった。「中国人は人気のない演説家に野菜を投げつけるよりも，ヨーロッパ人に売って儲けるほうを選ぶ」との言及がある。また，はっきりとした議長がいなかったのは，もう一つの特徴であった[187]。

148 第3章 デジタル・ヒストリーを用いた分析

　詳しくはわからないが，1905 年にアヘン取引に関して，シドニーで中国人のパブリック・ミーティングが開催された。1906 年には，借金がある中国人の帰国を妨げている船会社と中国人商人に抗議する，中国人労働者のパブリック・ミーティングが開催された[188]。20 世紀に入ると，中国からの外交使節の来訪や領事などの着任に合わせて，パブリック・ミーティングが開催されたようだ。1911 年には中国革命と連動して，ヤング・チャイナ・リーグの結成のために，パブリック・ミーティングが開催された。他にも中国人のパブリック・ミーティングへの言及はあるが，内容は詳しくはわからない[189]。

　19 世紀に開催された中国人を主体とするパブリック・ミーティングは，植民地政府やその住民などとの関係，イギリス的行政や法執行の状況やヨーロッパ系の人びととの関係を悪化させないために開催されている例が多い。20 世紀に入ると，中国人自身と中国本土の問題に，比重が移ったように思われる。

　新聞の記事から得られた結果について，もう少し議論してもよいのであるが，データが少ないだけでなく，その内容にも納得ができない部分も多く，中国人の屋外におけるパブリック・ミーティングという極めて珍しい事例が見られたところで，屋外で開催されるパブリック・ミーティングに焦点を移したい。

第4章

権力闘争の場としての公共圏

冬は夜

　日本の冬，この時期は卒論・修論などの審査，入学試験など多くの行事があり，あまりオーストラリアに滞在したことがない。オーストラリアの夏は身をもってあまり知らない。それでも 1986 年 12 月にオーストラリアでの修論を書き終えて，キャンベラから西オーストラリアに行った。そこでは，国際的なヨットレース，史上初めてオーストラリアでのアメリカズカップが開催されており，スポーツとナショナリズムの結合力を強く感じた。特にアメリカズカップを目指して，西オーストラリアに行ったわけではないが，オーストラリアの西部を見たことがなかったので，帰国するついでに行ってみたのである。この時買った羊皮を何枚も使って作られた敷物「メーメー」は，今でも我が家で使用中である。

　オーストラリアの夜。一部の都市を除けば，漆黒の闇が大陸のほとんどを覆う。この暗さは日本では味わったことがなかった。同時に，満天に広がる無数の星の輝きも初めて知った。天の川が英語でミルキーウェイと呼ばれる理由がわかった。まさに天上を貫くミルクの川そのものだった。乾燥した気候もおそらくこの夜空の美しさに役立っているのだろうと思う。今でも天の川を見るのがオーストラリアへ行く理由の一つである。この大小無数にある星がパブリック・ミーティングで，天の川がその構造であると夢想すると，美しく平和な世界である。しかし，現実のパブリック・ミーティングは依然として闇夜の世界であり，またも「そうは問屋が卸さない」。

権力闘争の場

　現代のインターネットに対する政府の態度は，その国の専制国家としての性格を示す重要な指標の一つである。今や専制国家はむき出しの暴力性によって姿を現すのではなく，サイバー空間の統制によって現前する[190]。サイバー空間における言論を監視し，管理・統制し，政府を批判するものを選択的に処罰するのが，現代的専制政治の特徴である。特定の個人が政府の暴力によって，長期にわたって自由を奪われることになるが，一般の国民はそれに関わりを持たない限り，自由な経済活動と消費生活を謳歌できる。また，それを外国の観察者は「専制政治」と断じることなく「専制主義的」と呼ぶことで，強権的な部分に蓋をして，正常性の刻印を押す。あらゆる人が，コストをかけずに自由な言論を発することができる場は，支配権力にとっては常に脅威であり，その管理は歴史的に支配権力の重要な課題であった。サイバー空間がそうであるように，パブリック・ミーティングの空間，その開催場所もこうした場の一つである。

　公共圏は，権力闘争の場である。住民（市民，国民）が自由に政治的な意見を述べ，しばしば政治的な影響力を行使する，あるいは行使しようとする場，時には政府の正統性に異議を唱え，その打倒さえも主張する場は，政治権力による規制，管理，統制，破壊を受ける場でもあった。政治権力の担い手と同種の人びとが，公共圏の担い手である場合には，軋轢が生じにくいが，政治権力から排除された人びとが政治に介入しようとすると同時に，そうした活動に対する管理・統制，弾圧の動きが始まる。それは私たちがここ数年，はっきりと見てきた状況でもある。

　公共圏を政治権力の外側にあると概念上規定したとしても，人びとが自由に意見を述べる場としての，現実にある空間（サイバー空間も含めて）は政治権力の支配下にあるか，管理下にある。政治権力は，文芸的公共圏や経済的公共圏を許容しても，政治的公共圏をおいそれと認めることはなかった。また，文芸的公共圏に関心を持つ人びとが相対的に少数であったのに対し，政治的公共圏に関心を持ち，そこに参加しようとした人びとの

数は膨れ上がり，多種多様な階層や集団の人びとが参加した。サロンや
コーヒーハウス(191)だけでなく，様ざまな場所が，人びとが集合する場で
あった。もっとも重要な場は，19世紀には市の象徴的建物のタウンホー
ルだったが，さらに多数の人間を収容し，文字通り万人に開かれた公園や
共有地，市場，広場，道路などの屋外のオープンスペースも重要であっ
た。公共圏の歴史は，集会の場や空間を支配しようとする政治権力とそれ
に抗する人びとの闘争の歴史を抜きにしては語れないのである。

　すでに第1章で見てきたように，イギリスでは，フランス革命の時に，
50人以上のあらゆる集会を禁止し，ピータールーの虐殺後には，治安六
法によってパブリック・ミーティングの規制が導入された。他方で，政府
は，支配層が管理する合法的なパブリック・ミーティングと，労働者など
が自由に参加できるパブリック・ミーティングや示威運動を区別してお
り，後者を統制することに主眼がおかれた。これに対抗するために，1838
年，チャーチスト運動が盛んになると，炬火集会が登場する。チャーチス
トたちは，支持者をすべて収容できるような大規模な施設を見つけるのに
苦労した。集会にもっとも適したタウンホールの使用申請を市長がしばし
ば拒否したので，チャーチストたちは，市場や公園などのオープンスペー
スで，仕事が終わった時間帯に炬火集会を開催することで，この問題を克
服しようとしたのである。しかし，炬火集会が始まると，イギリス政府は
すぐにこれを禁止した。1848年にもチャーチストの屋外集会に対する規
制は繰り返された。第2次選挙法改正をめぐってもハイドパークで流血の
衝突が起きた(192)。

　19世紀半ば以降，自由な言論が原則的に認められている体制の下で
は，集会を開く場所や時間を規制することによって，間接的に世論を管理
しようとするシステムがじょじょに導入されていく。とりわけ多くの下層
市民が自由に参加する屋外の集会は，主要なターゲットになった。以下で
は，屋外集会の伝統とその規制の始まりを，オーストラリアという舞台で
さらに詳しく見ていくことにする。

屋外集会

　公会堂や適当な大きさのホールがない場所では，自然と屋外でパブリック・ミーティングが開催された。選挙のためや，ナショナリズムの発露を誇示したい場合には，政府の関係者も屋外集会を用いたので，屋外集会というだけで規制されることはなかった。しかし，例えばシドニーでは，ドメイン，ハイドパーク，ヘイマーケット，ヴィクトリア女王の銅像前，バサースト・ストリートのオベリスク前などの，公園・広場・道路などの公共の空間で行われる集会には，状況によって多数の政治活動家が集まり，政府に圧力をかけようとした。こうした場所は，総督公邸，議会や政府施設と目と鼻の先にあり，集会の参加者が多数になり暴徒化すれば，大混乱が起こる事態もあり得た。それゆえ政府は，上記のような公共の空間を規制・管理することを目指すようになった。ゴールドラッシュによって，人口でも経済規模でもシドニーを凌駕するようになったメルボルンでも，事情は異ならなかった。

　Trove を用いて，public meeting のなかで open-air meeting の記事を検索すると（全体で9,000件ほど，workers も含むのが7,000件ほど），労働者が多数参加する集会がすぐに現れる。19世紀には失業者の集会も目に付く。時期から言えば，大規模な屋外集会の記事が本格的に現れるのは，1848年のチャーチスト運動の頃からであり，流刑反対運動が始まると，オーストラリアの屋外集会がしばしば言及されるようになった。屋外集会は，公会堂や屋内で開かれる集会と較べれば，新聞で報道される例は少なく，広告も掲載されない場合が多い。そのため，デジタル・ヒストリーの手法で収集したデータでは，十分な分析ができない。その実態に迫るために，ここでは逐一新聞記事を読み，整理していくことで，その歴史的姿を明らかにしていくことにする。

第1節　メルボルンにおける集会と行進の規制 ─────

メルボルンにおける規制

　早くも1850年代に屋外集会を規制・管理しようとする動きが政府の側に現れる。それが始まったのは，多くの面で保守的なニューサウスウェールズ植民地ではなく，ゴールドラッシュの中心地であり，8時間労働を一部の業種ですでに実現していた，革新的なヴィクトリア植民地であった。

　1858年に「治安を乱す集会及び党派の行進防止法案」が議会（立法評議会：上院）に提出される。法案は議会周辺での集会や仕事が終わってから参加できる炬火集会を規制するものであった。しかし，第2読会は通過したものの，全体委員会に入る直前に法制化は断念された。この法案に賛成した裕福な議員にとっては，平日の昼間に2～3時間を犠牲にして重要な問題を討議するのは何でもないことであったが（ベネット），請願できる人数を制限したり，一般の労働者たちが1日の賃金を犠牲にせずに，仕事が終わった後で集会に参加する権利を制限することに対する批判（ハーヴィー）などが強く，法案の成立は見送られた[193]。

　ところが2年後の1860年には，「議会の討論の自由を確保し，治安を乱す集会を防止する法律」が制定された。その内容はおおむね次のようなものである。シティの東端を走るスプリング・ストリートに面したヴィクトリア植民地議会の周辺部，つまり議事堂からだいたい500メートル四方において，議会の開会中に50人以上での屋外集会の開催を違法とし，このような集会に参加した人間は，懲役6か月以内の重労働刑に処すというものである。また，判事がこの法律が規定する集会の解散を命じてから15分経過した後も，その場に留まり続けた者は，犯罪を行ったとみなされる。ただし選挙集会は除外されている[194]。1858年の法案では，言論統制を行う意図が強かったが，1860年の法案は，地理的な範囲が極めて限定的で，その効力としては，主に議会に対する威圧的な運動を防止する法律だったと言ってよいだろう。ターゲットは，イースタンマーケットの屋外

154　第4章　権力闘争の場としての公共圏

集会に絞られていた。

　イースタンマーケットとは，メルボルンのシティ内のバーク，エクセ
ビション，リトルコリンズの三つの通りに囲まれた場所に1847年に設立
された公設市場で，青果市場として賑わっていた[195]。一方，ヴィクトリ
ア植民地は，1855年にイギリス政府によって上下両院を持つ責任政府の
設立を承認されており，1856年11月に，最初の議会が，イースタンマー
ケットから東にバークストリートを300メートルほど進んだ突き当りにあ
る議事堂で開催された。翌年以降，イースタンマーケットは，政府の補助
金を得て大幅に拡張され，土曜日の夜には多数の労働者が買い物や娯楽に
興じる場所となる。ここがメルボルンにおける労働者たちの屋外集会の中
心地となった。この議事堂と労働者の集合場所の近接が，メルボルンにお
ける屋外集会規制の動きの背景にある。

メルボルンの屋外集会の展開

　メルボルンの屋外集会については，メスナーの先行研究がある。ただ
し，その焦点はイギリスのチャーチズムのオーストラリアへの伝播にある
ので，時期と場所が絞られている[196]。それを参考にしながらも，もう少
し幅広くこの問題を考えてみたい。

　メルボルンの屋外集会は，イースタンマーケットだけではなく，裁判所
の前，旧メルボルン港の辺り，フラッグスタッフ・ヒルや，セントポー
ル教会近くでも開かれていた。1854年11月，フラッグスタッフ・ヒルに
おいて，失業者のパブリック・ミーティングが招集され，労働市場の確
立，労働者代表の議会への選出，公有地の提供，新しい進歩的新聞の設立
などが要求された。この集会おいて揶揄されるほどメルボルンの日刊紙
『アーガス』紙は労働運動に批判的であったが，メスナーも1857年の集会
について指摘するように，失業者の集会の内容を詳しく伝えている[197]。
フラッグスタッフ・ヒルは市の北部，現在のクイーンヴィクトリア・マー
ケット近くにある。1854年12月と1855年3月，セントポール教会近く

第 1 節　メルボルンにおける集会と行進の規制　155

図-3　メルボルンの屋外集会　（1857 年の版画：オーストラリア国立図書館蔵）

の空き地，現在のフェデレイション・スクエア辺りで，屋外集会が開催されている。この集会の開催はプラカードで告知され，参加者は約 1,000 人であった。「この場所は，公的な自由のために開かれるパブリック・ミーティングによって，近年，神聖な場所になっている」と演説の中で言及されている。いずれの集会も政府への抗議集会であった[198]。

　1855 年 8 月に開催された屋外集会は，広告によって，裁判所前に招集された。200 人程度の参加者で，十分に周知されていないとの理由で，改めてパブリック・ミーティングを招集することになり，時間と場所は，2 日後の水曜日正午に同じ場所と決まった。広告やプラカードの費用を支出するために募金が行われ，3 ポンド 2 シリングが集まった。この金額では，公示・宣伝費用を支出した後に，集会用の建物を借りることはできなかったであろう。8 月 9 日に予告通りにパブリック・ミーティングが開催された。集会後，約 6 ポンドの募金が集まったが，そのうちの 2 ポンドは，議長とパブの経営者による 1 ポンドずつの寄付であった。さらに次の

156 第4章 権力闘争の場としての公共圏

月曜日に同じ時刻，同じ場所で，請願への承認を得るために集会を再開することが決まったが，それに関する続報はない[199]。

　1856年末に至る時期，金鉱地帯では屋外集会が開かれているが，メルボルンでは報道されなくなる。ちょうどその頃から，土曜の夜のイースタンマーケットでは，生鮮食品だけでなく，衣類や靴，雑貨など，針から錨まであらゆる製品が販売され，多くの人間が集まりすぎて，通行さえままならなくなっていた[200]。1856年の春（年末に向かう時期であることに注意）には，ヴィクトリア植民地の最初の議会の選挙が行われており，多数の選挙集会が開かれたので，屋外集会がなかったわけではなく，イースタンマーケットでも議員の指名のためのパブリック・ミーティングが開催されている。

イースタンマーケット

　初期のヴィクトリア植民地の政治は，大まかに言うと保守的なヘインズ内閣 Haines と改革主義的なオシャナシー内閣 O'Shanassy の対立を特徴とする。政党が存在しない派閥政治の時代で，内閣は不安定な政権運営を強いられていた。1857年3月に最初の内閣，ヘインズ内閣が倒れ，オシャナシー内閣が成立すると，労働者たちの政治改革への期待は高まった。ただし第1次オシャナシー内閣は7週間と短命であった。しかし，オシャナシー内閣の成立とともに，メルボルンの屋外集会の記事が再び見られるようになる。広告とプラカードで告知され，1857年4月22日（水曜日）午後3時半，反流刑運動の集会以来，メルボルンで開催された最大のパブリック・ミーティングが，イースタンマーケットで開かれた。参加者は約5,000〜7,000人と推計されている。メルボルン市長が議長を務めたが，市長は義務として集会を招集しただけで，集会の目的には同意できないと明言した。集会は労働者が多数を占める政治的な運動で，閉会後に，市長が請願を提出すると勘違いした2,000〜3,000人が議事堂の方に進み，議事堂の入り口まで進んだが，オシャナシー内閣を支持する群衆であったために大

第1節　メルボルンにおける集会と行進の規制　157

図-4　メルボルンのイースタンマーケット　（1862年の版画：オーストラリア国立図書館蔵）

きな混乱は生じず，人びとは歓声をあげて引き揚げたと『アーガス』紙は述べるが，『エイジ』紙によれば，請願を提出した後も，議事堂の入り口から外のスペースに，多数の人びとが夜更けまで居残り続けた[201]。

　議会開会中に，群衆が議会に押し掛け，その審議に影響を与えようとすることに対して，保守的な『アーガス』紙は，「公的な良識と立憲主義的適切さを踏みにじるもっとも悲しむべき暴挙」と批判した。これに対して改革主義的な新聞『エイジ』紙は，「この国で行われたもっとも強力な世論の表明の一つだ」と，社説で評価した。興味深いのは，『アーガス』紙が，このパブリック・ミーティングが，「政治的集会には，まれにしか使われないイースタンマーケットで，……しかもなぜ午後4時に」開催されたのかに疑問を呈し，それが意図的なものであると臭わせたことである。午後4時というのは，議会の審議に合わせたと言いたいのであろう

158　第4章　権力闘争の場としての公共圏

し，イースタンマーケットは議会に押し掛けるのにもっとも近い場所ということであろう[202]。こうした動きと並行して，港と郊外のコリンウッド Collingwood では，屋外集会が禁酒運動の団体によって組織され，前者には 500 人が集まっている[203]。

　このイースタンマーケットの集会以降，メルボルンでは，イースタンマーケットが大規模な屋外集会場となり，そこから請願を提出する人物とともに何千もの群衆が近くにある議会前に向かうという状況が見られるようになる。選挙のための屋外集会では，しばしば混乱が起こり，イースタンマーケットで開かれる集会では，「合理的な議論に叫び声が取って代わり」，「メルボルン市民ではなく，地方から駆り集められた人びと」が多数を占めていると，集会を批判する声も強まっていた[204]。選挙以外にも，またイースタンマーケット以外でも，土地問題を討議するために，約 1,500 〜 3,000 人が参加する屋外のパブリック・ミーティングが，シティの中心部で開催されている。集会の招集を要請された市長が拒否したので，招集を要請した人びと自身が招集者となった集会である[205]。

　1857 年 7 月 1 日（水曜日），イースタンマーケットにおいて屋外集会が開かれた。予定されていたパブリック・ミーティングは，天候不順のために延期されたが，集まった 1,000 〜 2,000 人に対して演説が行われ，自然発生的な集会が開かれた[206]。労働者たちの運動の季節が訪れる。一般的に 7 月は，アメリカ独立宣言（7 月 4 日）やフランス革命の記念日（7 月 14 日）があるので，労働者たちが政治化しやすい時期でもあった。

　1857 年 7 月 11 日（土曜日），イースタンマーケットで炬火集会が開催され，土地問題を討議する全国会議 National Convention（Convention つまり国制について検討する会議という名称の選択と代議員の選出方法は，公式の議会に並び立つ正統性を主張）に派遣するメルボルン代表が選出された。3,000 人近くの人びとが集まった。全国会議に派遣された急進的な活動家チャールズ・ドン Charles Don が，「公有地法案に反対する運動が始まって以来，6 つの大きな屋外集会に出席したが，もっとも小さなものでも参加者は 2,000 人

を下らなかった」と述べているように，土地問題に関して多数の屋外集会が開催されていた[207]。7月23日にも，イースタンマーケットにおいて，代表を追加するための巨大な集会が開催されており，間に合わせの演壇の端には，4m以上の高さの炬火を持つ男が立ち，群衆の中にもこれよりも小さな炬火を持つ男や少年が点在していた[208]。

　1857年8月13日（木曜日）午後5時，イースタンマーケットで失業者のパブリック・ミーティングが開催された。暗くなると炬火が灯され，2,000人近くが参加した[209]。8月24日には，土地問題に関する全国会議に関連して，コリンウッドで500〜600人が参加するランプによる屋外集会が開かれた。場所は，クラークホテル Clarke's Hotel の前であった。コリンウッドは，労働者階級の多いインナーサバーブで，労働運動が活発で，この時期には定期的に失業者の集会が開催されていた。8月31日（月曜日）午後6時過ぎ，プラカードで招集されたイースタンマーケットの失業者の集会には，当初300人ほどの参加者がいたが，その後1,600〜1,700人に増加した。失業者や労働者が代わる代わる演説をしたけれども，決議は行われなかった[210]。

　1857年9月7日（月曜日），イースタンマーケットでパブリック・ミーティングが，失業問題を討議するために開催され，当初600人ほどの参加者がいた。メルボルン労働者協会 Melbourne Working Men's Association が主なオーガナイザーであった[211]。9月14日（月曜日）夜，労働者協会を核に，イースタンマーケットで今度は審議中の土地法案に反対するパブリック・ミーティングが開催された。参加者は1,000人程度。同日の午後3時に開かれた労働者協会の集会では，失業者や労働者たちの集会が，港からイースタンマーケット，コリンウッドのベルヴデーア Belvidere ホテル，シアター・ロイヤル・ホテルへと，移動していったことが示唆されている。また，イギリスでは当然とされているにもかかわらず，メルボルンの市長が貧困にあえぐ労働者のパブリック・ミーティングの議長を務めないことが批判された。集会の開催には5〜8ポンドが必要であるとの発言がある。参加者

160　第4章　権力闘争の場としての公共圏

は 600 人程度であった[212]。

　1857 年 9 月 20 日（日曜日），波止場において，これは現在の波止場ではなく，今では移民博物館が位置するヤラ川北岸の辺りで，チャーチストであったウィリアム・オズボーン Willian Osborne が演説をしている時，小競り合いが起こり，オズボーンの支持者 8 人が逮捕された。港では安息日に政治的演説をすることが認められていなかった。オズボーンは約 2,000 人の支援者とともにイースタンマーケットに移り，集会の自由の侵害に反対し，1855 年のロンドンのスミスフィールド・マーケットの集会規制になぞらえて，警察の干渉に抗議した。9 月 21 日（月曜日）には，オズボーンの要請で，多数の労働者がイースタンマーケットに集まり，警察による言論の自由の弾圧に抗議した。9 月 23 日には，多数の失業者が集まり，500 ～ 1,000 人くらいの人間が政府に失業対策を要請するために，公共事業局へと向かった。夜には再びイースタンマーケットで集会が開かれた。9 月 28 日の夜にも，イースタンマーケットで集会が開かれている。10 月には散発的にイースタンマーケットで集会が開かれているとの報道があるが，詳しくはわからない。10 月 28 日『エイジ』紙は，イースタンマーケットでの失業者の集会に関して，「新聞がこのような愚かな見世物を完全に無視する時が来たのかもしれない」と述べており，報道が抑制されているのは確かだと思われる[213]。大晦日の夜に，選挙権の登録を推進するための集会が開かれている。集会は午後 10 時くらいまで続いた[214]。

　1858 年 1 月 5 日（火曜日），全国会議の評議会が招集した，選挙登録に関するパブリック・ミーティングが，イースタンマーケットで開催された。主催者は，これが事務的な性質の集会だったこともあり，労働組合による大規模集会と重ならないように，午後 6 時ちょうどという早い時間に開催したことを謝罪している。この発言は，一般の労働者が参加しやすい時間を示唆している。午後 8 時くらいが好都合な時間であったと思われる[215]。1 月 25 日（月曜日）の夜，全国会議が選挙改革に関して，再びパブリック・ミーティングを招集し，最大 3,000 人ほどが参加した。散会し

たのは午後 11 時 15 分であった[216]。2 月 25 日（水曜日），イースタンマーケットで興味深い集会が招集されている。節酒運動の集会で午後 5 時開始と広告されていたが，数人しか人が集まらず，その後午後 6 時に始められた[217]。

1858 年 3 月 3 日（水曜日）の夜，イースタンマーケットで 1,500 人程度が参加する普通選挙に関する集会が開かれ，長時間の討議の後に次の水曜日に再開することになった[218]。3 月 8 日（月曜日）午後 7 時半，第 2 次オシャナシー内閣の登場という新しい事態を迎えて，全国会議が招集したパブリック・ミーティングが，炬火の下イースタンマーケットで約 2,500 人の参加者を集めて始まったが，人数は約 7,000 人へと急速に拡大した。散会は午後 11 時前であった[219]。3 月 22 日（月曜日）夜，新たに組織されたヴィクトリア政治社会連合 Victorian Social and Political Union が招集したパブリック・ミーティングが，イースタンマーケットで開催され，約 2,000 ～ 3,000 人が参加した。翌日，集会の代表者が，公共事業担当大臣に失業対策事業を行うように請願を提出している[220]。

1858 年 5 月 3 日（月曜日），メルボルン市による囚人労働の雇用に抗議するために，ヴィクトリア政治社会連合が招集したパブリック・ミーティングが，イースタンマーケットで開催された。新聞報道では，ランプ 4 つしか照明がなく，あまりに暗くて，参加者は多かったが人数を把握できなかったとされている。政治社会連合は，毎週月曜日の晩に組織の集会を開催しており，それを公衆に開放して，このパブリック・ミーティングが招集されたのであった[221]。5 月 6 日夜には，イースタンマーケットで，今度は議会の改革法案を支持するために集会が招集され，天候が悪かったけれども約 1,000 ～ 2,000 人が集まった[222]。5 月 13 日（木曜日）にも同種の集会がイースタンマーケットで開催され，5 月 20 日には改革法案が上院で拒否されたことに対する対応を検討するパブリック・ミーティングが開催された[223]。6 月 1 日（火曜日）にも，同種の集会が開かれ，集会後には，聴衆が楽隊を先頭に炬火を掲げて行進し，町を一周して議事堂に向かっ

た。議事堂前では，演説が行われ，政府による改革法案を支持する決議が行われた。また，この家（議会）の2階（上院）は貸出し中，との看板が議会の建物に釘で打ち付けられた[224]。

これに対して，翌日，議会下院では，議事堂周辺での取り締まりの必要性を訴える意見や，炬火行進の危険性を指摘する意見があったが，炬火行進については市当局に管理責任があるとの意見が出された。これに対して市長 J. T. スミス（下院議員を兼ねる）は，行進が「公的秩序と規律に対して，もっとも許しがたく，破壊的な傾向を持つものだと主張するのに，全く躊躇すべき点はない」と述べて，月曜日に予定されている集会を阻止すると明言した。野党は取り締まりを要求したが，政府側の議員は，こうした運動に議会が関心を向けるべきではないとの態度を示した[225]。1858 年6月7日（月曜日），約20の炬火が照らす下で，イースタンマーケットでパブリック・ミーティングが開催された。約 4,000 ～ 5,000 人の参加者がいた[226]。この集会の後に，イースタンマーケットにおける屋外集会への言及がなくなった。政府を率いるオシャナシーは，この頃からじょじょに保守的傾向を強め，労働者たちの運動とのずれが大きくなっていき，内閣は 1859 年 10 月に完全に信任を失い，より改革主義的なウィリアム・ニコルソン William Nicholson が首相となった。この間，改革法案の多くが上院によって，修正・廃案となり，労働者たちの上院に対する敵意が強まっていった。

治安を乱す集会及び党派の行進防止法案

1858 年に議会に向かった示威行動が引き起こした結果が，ヴィクトリア植民地議会上院に提出された「治安を乱す集会及び党派の行進防止法案」である。屋外を離れて，少しばかり「貸出し中」の上院の見学に行ってみることにする。

1858 年 10 月 20 日，保守的なヘインズ内閣で法務大臣であった T. H. フェロウズ Fellows によって，「治安を乱す集会及び党派の行進防止法案」の上

第1節　メルボルンにおける集会と行進の規制　163

院への提出が予告され，11月2日に議会に提出されて，第1読会が終了
した。第1読会は，形式的な審議で，本格的な内容に関する議論は，第2
読会で行われる[227]。1858年11月9日，第2読会が行われた。政治改革の
支持者ヘンリー・ミラー Henry Miller は，反対討論に立ち，この法案が「イ
ギリスの国制の精神とまったく相容れないものであり，法案の第7条は，
日没から日の出までの時間帯に15人以上の集会を禁止するように意図さ
れており，これは意見を表明する国政上の権利を人民から奪うものだ」と
主張した。続くアベケット à Beckett は，前文を除けば，「最初から最後ま
で口を封じる法案」と断じ，法案に反対した。J. P. フォークナー Fawkner
は，修正の必要性は認めつつも，政府が無秩序な集会に寛大なことを糾弾
し，議会に賃貸中の看板を打ち付ける暴挙を批判して，炬火を持つものが
放火に走る危険性を指摘した。さらに，「怠惰で無秩序な人間，つまり全
国会議に集まった男たち」が，前首相のヘインズを街中で罵倒したことを
許しがたい行為だと述べた。続いて別の反対する議員が，本当は「風刺的
茶番を意図したものだ」などと述べた後，J. B. ベネット Bennett は，法案
を擁護し，請願の権利は尊重する必要があるが，「10人や12人の代表団
だけで目的に叶うにもかかわらず，多数の人間で請願を提出するのは全く
不適切」であると論じ，さらに，日没後の集会を許可した場合，炬火から
火事が起こる危険性を指摘し，「集まるのに十分な重要性がある問題に関
して，昼の2，3時間を割いて集まれるだろう」と主張した。この後投票
が行われ，法案は11対8で通過した[228]。

　この法案は，二大新聞が沈黙するなか，地方新聞から批判を浴びること
になった。一例を挙げると『マウント・アレグザンダー・メイル』は次の
ように述べている。

　　フェロウズ氏は，考えたこともないか，あるいは全く忘れてしまっ
　　たかもしれないが，パブリック・ミーティングは，必要で価値のある
　　安全弁であり，民衆が興奮した時期に生じる不満の蒸気をそこから逃

164　第4章　権力闘争の場としての公共圏

がすのである。この弁がなければ，我われの政治的および社会的組織
の全体を崩壊させるほど暴力的で，長期にわたり厳しい災厄を生み出
すような爆発を起こすかもしれない。……集会をする権利は，基本的
で奪われることのない権利である[(229)]。

　11月16日，法案は上院の全体委員会の段階に進んだ。全体委員会では
条文が1条ずつ検討され，吟味されるのが一般的である。しかし，委員会
に入ると同時に，6か月後に委員会を再招集する，すなわち法案をこれ以
上審議しないという提案がなされ，フェロウズも同意して，法案は取り下
げられた。この法案の審議停止で1858年は幕を閉じた[(230)]。
　1859年には3月頃から，イースタンマーケットのパブリック・ミーティ
ングへの言及が再び現れる。詳しい内容はわからないが，労働運動の活動
家たちが動き始めていた[(231)]。1859年4月14日（木曜日），労働者の政治組
織，労働連盟 Labour League を結成するための集会が，イースタンマーケッ
トで，午後7時30分過ぎから開催され，500〜600人が出席した[(232)]。7
月12日（火曜日），市長が招集した植民地防衛に関するパブリック・ミー
ティングが，機械工協会において午後2時過ぎから開催されたが，会場に
入れなかった人びとが多数いた。イースタンマーケットに会場を移すとい
う動議が否決されると，会場は混乱状態に陥った。結局，多数の人員を収
容できる博覧会の建物 the Exhibition Building に会場を移して，議事が再開
された[(233)]。しかし，その後，イースタンマーケットでのパブリック・ミー
ティングへの言及はなく，1859年は平穏に過ぎた。

イースタンマーケット再び

　1860年は，すでに述べたようにイースタンマーケットにおける集会を
規制する法案が成立した年である。8月29日，首相のウィリアム・ニコ
ルソンが，議会から一定の範囲で開かれる秩序を乱す集会を規制する法案
を提出した。そこには行進を規制するような規定は含まれておらず，一定

の範囲についても，議会の裁量に委ねるものであった。この法案が突然提出された原因は，前日の事件にあった[234]。

　実はその前日の 28 日に，イースタンマーケットの集会の呼びかけで集まった群衆が，議会に押し掛け，議会の扉のガラスを破壊し，大きな混乱を引き起こすという事件が起きていた。ニコルソンは，より平等な議会の代表制度，土地法案による土地の小農民への売却などを推進しようとする改革主義的な方針を打ち出し，それに抗う上院と対立していた。しかし，急進的な改革勢力が離反し，ニコルソンの妥協的な態度に厳しい批判を行っていた。急進勢力の牙城であるイースタンマーケットの集会は，内閣の煮え切らない態度に怒りを抱いており，議会に向けてその怒りを爆発させた。保守的傾向を強めていたニコルソンは，暴力的に議会に圧力をかけようとする群衆を許容できなかったと推察できる。

　この法案を批判する議員の掲げた反対理由は，土地法案を審議するのが先決，すでに警察は群衆を取り締まる権限を有している，議会の敷地内だけの規制であればよいが，その範囲が広くなればパブリック・ミーティングと言論の統制になる，群衆の大部分はやじ馬で，1 日で法案を通そうとするのは行き過ぎであるなどであったが，群衆を扇動したという批判に対して，弁解に多くの時間を費やさなければならない議員もいた。

　法案に賛成した議員の 1 人，ヒバート・ニュートン Hibbert Newton は，「これらの危険な人たちは群衆の先導者によって自暴自棄になりえる。また，イースタンマーケットは危険な場所になろうとしており，早いうちに鎮圧するのが賢明だ」と主張した。内閣を支持する議員だけでなく，前首相のオシャナシーも法案に全面的な支持を与えた。ただし，法案の支持者の中にも，1 日で法律を可決するのではなく，通常通りに第 1 読会だけに留めるべきだという意見もあった。

　第 1 読会を通過した後，法案は第 2 読会を反対者 1 人だけで通過し，この唯一の反対者ハンターが，法案が自由の侵害であり，秘密裏の集会こそが真の危険だと主張し，法案の却下を求めた後に，全体委員会での各条文

の検討に移った。委員会での審議では，いくつかの条文が削除され，複数の修正が行われた後に，短時間で第3読会を通過し，上院に送られた。翌日，上院は1か所だけ文言を挿入しただけで法案を通過させ，下院もこれに同意して，法案が成立した。

1860年のイースタンマーケット

集会を規制する法律の制定に帰着したイースタンマーケットでの屋外集会の様子を見てみよう[235]。1860年1月17日，いつものように保守的な新聞『アーガス』は，移民政策を評論するなかで，イースタンマーケットの扇動者たちが，政府に影響力を及ぼし，移民補助政策の展開を妨げるだけでなく，植民地の経済状況の悪さを本国に宣伝し，移民がメルボルンに来る意欲を削いでいることを非難している[236]。記事からは，『アーガス』がイースタンマーケットの集会を侮蔑しながらも，その政治力を恐れていたことが見て取れる。

1860年半ば，土地法案が議会で審議されるなか，法案を骨抜きにしようとする上院と，下院で多数を握るニコルソン内閣の対立が先鋭化していた。ニコルソンの土地法案の意図は，これまで一部の牧羊業者に貸し出されていた広大な公有地を細分化し，多数の農民に売却することで，独立した自営農民層を生み出すことであった。制限選挙で選ばれていたヴィクトリア植民地の上院の多数派は，大規模な牧羊業を展開してきたスクオッターと呼ばれる牧畜業者の権益を最大限擁護しようとしていた。5月2日に下院の法案が上院に送られると，上院はこれを大幅に修正した。ニコルソンは，この修正を内閣に対する不信任だとみなして，5月30日に総督に辞表を提出した。総督のヘンリー・バークリーは，それに代わって内閣を組織できる人物を見いだせず，政治は混沌とした状態に陥った。この時点で，妥協しない姿勢をニコルソンが貫徹することを支援し，バークリーによる妥協工作に反対し，上院による土地法案の修正を徹底して妨げるためにパブリック・ミーティングを開催しようとする機運が高まり，メルボ

ルンではイースタンマーケットにおける開催の準備が進められた[237]。

1860 年 6 月 4 日（月曜日）の夕刻，5,000 ～ 6,000 人の参加者を集めて，ニコルソンの土地法案を支持する集会が市長の司会の下で開催された。参加者によると，市当局は市場とガス灯を提供することで集会を支持することを示した。集会は午後 10 時 30 分くらいまで続き，散会した。『アーガス』は正確な集会の記事と並んで，二つのコラムにまたがる記事を掲載し，「驚くほど醜悪で，意味のない呪物の崇拝」が復活したこと，つまりイースタンマーケットでのパブリック・ミーティングの再開を呪詛した。結局，ニコルソンは辞意を撤回し，土地法案をめぐる上院との交渉が続くことになった。ニコルソンは，その後，再び辞任するなど迷走し，急進的な議員や改革主義的な議員の支持を失っていった[238]。

1860 年 7 月 23 日（月曜日），イースタンマーケットでのパブリック・ミーティングにおいて，ガスの照明を使用することを，再度，市議会が許可した。同日午後 3 時ころに，イースタンマーケットでは，約 400 人の失業者による集会が開かれている。また，夜には 1,500 ～ 2,500 人が集まって，上院による土地法案の修正に対して抗議した。翌 24 日にも失業者の集会がイースタンマーケットで開催されている[239]。

7 月 30 日（月曜日）午後 7 時，約 2,000 人の集会がイースタンマーケットで開催され，上院の土地法案に対する修正に抗議し，ニコルソン政府を支持する意見が表明された。集会では，「ジョージ・ワシントン」や「オリヴァー・クロムウェル」という叫び声が上がり，流血や武力の使用を示唆する発言もあった。ウィルソン・グレイ Wilson Gray やチャールズ・ドンなどの急進的な議員は，集会後に発言をしている[240]。

8 月 20 日（月曜日）夜，約 1,500 人の集会がイースタンマーケットで開催され，土地法案を実現するいかなる内閣をも支持する決議が行われた。イースタンマーケットの集会は，ニコルソン内閣に見切りをつけて，土地法案のより改革主義的な形での通過を欲していた[241]。

8 月 27 日（月曜日）午後 8 時前に，3,000 ～ 4,000 人（『アーガス』）のパブリッ

ク・ミーティングがイースタンマーケットで開催され（後の首相グラハム・ベリー Graham Berry は 1 万 2,000 ～ 1 万 4,000 人と参加者を見積もる），土地法案の通過を支持し，もしそれが不可能な場合には，議会の解散と総選挙を要求する決議を行った。議長の下院議員ハンター Alexander Hunter によれば，集会はスクォッターの寡頭制的土地独占に対して，「人民が土地を所有する」という正義と自然の原理を貫徹することを目指していた。ただし正義や自然の原理に，その土地が少し前までは先住民のアボリジナルの人びとのものであったという考えが入り込む余地はなかった。注目すべきは，この集会で，労働者と自称する元下院議員の J. B. クルーズ Crews（後に郊外のプラーンで絶大な威信を誇り，「クルーズ王」と呼ばれる）が，翌日の午後 5 時に，集会参加者に議会の周りに集まるように呼び掛けたことである。グラハム・ベリー，後のヴィクトリア首相も，「ガリバルディがヴィクトリアにいたならば，ナポリ王国の独裁者と戦ったと同じように，人民のために抑圧者とすぐに戦おうとするであろう」と述べて，翌日に大挙して議会に押し掛け，総督にも面会するように促した。彼自身は，ニコルソンが組織するいかなる内閣も支持しないとの決議を提案した。演説をした複数の人びとが腕に赤いリボンを付けていたことも重要である。赤いリボンは，1853年にベンディゴウで起こった金鉱夫たちの抵抗運動の象徴で，政府の命令を拒絶し，採掘許可料の徴収に応じないことを示していた。集会の終わりに議長は，「翌日の夜，5 時」という言葉で集会を締めくくっている[242]。

　8 月 28 日，この呼びかけに応えて，午後 4 時くらいから議会の玄関に少し人が集まり始めたが，5 時ころまではそれほど多くはなかった。しかし，その後，人数はじょじょに増加し，1,500 ～ 2,000 人程度まで膨れ上がった。群衆は，休会した議会から出てきた議員に石を投げたり，暴力を振るったりした。急進派の議員が出てくると，彼らは群衆ともにイースタンマーケットに向かい，臨時の演壇から 3,000 ～ 4,000 人の群衆に向かって演説をした。ウィルソン・グレイやチャールズ・ドンなどは，暴力を振るわないことを求めたが，クルーズは，聴衆が自分の求めに応じて集まっ

たことに感謝し，希望がかなわない場合には，さらなる行動が必要だと訴えた。ただしクルーズは，最終的に，集会を休会し，木曜日に再度集まるという提案を行い，この提案が可決されたが，議会の方から繰り返し叫び声が上がると，集まった人びとは少しの例外を除いて議会の方に動きだした。

このころ議会では，約30人の警察官が議会の入り口を固めて，中に入ろうとする群衆を防いでいた。スクオッターであったトンプソンが閉会後の議会から出てきたころから，群衆は議員をターゲットにしようとしたが，衣服を引き裂かれたトンプソンを見た保守的な議員は議会の建物内に留まっていた。群衆は，新しいターゲットが出てこないことに苛立ち，行動をエスカレートさせた。「議会に入れ」「奴らを連れ出せ」というような叫び声が上がり，群衆の圧力が強まり，警察も本格的な取り締まりを始めて，群衆は石を投げて応戦した。その結果，議会の大窓の一つが割れた。この時，午後8時半くらいに，騎馬警官が8〜10人駆けつけて，群衆の中に突入し，群衆を四方八方に蹴散らした。9時10分くらいに群衆は議会の前庭から排除され，30人の警官は議会を後にしたが，途中で石を持った群衆と衝突し，議会へと引き返した。その後，議会の周辺で衝突が繰り返され，双方に多くの負傷者が出た。10時半ころに群衆がようやく引き上げ始めた時に，議会の敷地に入らないように警告が行われて，メルボルン市長が騒擾取締法を読み上げた。さらにその1時間後，騎馬警官が議会周辺の通りを突き進んで，群衆を散会させた。10人以上が逮捕され，警察によって連行された。11時過ぎに議会を後にした議員の中には群衆に襲われた人もいた[243]。

8月30日（木曜日），数百人が辺りをうろついていただけで，予告されていたイースタンマーケットにおける集会は開催されなかった。一方その日の午後2時，メルボルン郊外のフィッツロイのナショナル・ホテルで，市長が騒擾を非難するための納税者によるパブリック・ミーティングを招集し，約200人が参加した。しかし，あらかじめ用意された決議は否決さ

170　第4章　権力闘争の場としての公共圏

れ，騒擾の責任が警察権力を利用したニコルソン政府にあるという修正案が圧倒的多数で可決された。その後集会は，休会し，翌週再開されることになった[244]。

　9月3日（月曜日），フィッツロイのパブリック・ミーティングが場所をフィッツロイ・マーケットに移して再開された。集会は，予想通り，急進派の議員を擁護し，議会での混乱の責任は政府にあるという意見が圧倒的多数を占めて終わった。他方，メルボルンの市議会では，イースタンマーケットにおける集会を規制する提案が行われ，イースタンマーケットのアジテーターと愚かな群衆を非難する意見表明が行われた。その後，急進派を支持するパブリック・ミーティングが，他の地域でも開かれた[245]。

　9月10日（月曜日），イースタンマーケットにおいて約3,000人を集めた集会が開催され，政府の行動を非難する決議が行われた。集会は午後7時に予告されていたが，始まったのは40分経過してからであった。市当局がガス灯の使用を認めなかったので，鯨蠟のロウソクで明かりが取られた。市議会は，中央土地法案委員会からのガスの使用（1ポンド12シリングの使用料）の申し出に対して議論を重ねた結果，使用の申し出を拒否することを決めた。多くの市会議員の態度はあいまいで，議論は迷走した[246]。

その後の屋外集会

　イースタンマーケットをパブリック・ミーティングに使用すること自体は禁止されなかったが，土地法の成立とともに民主的な運動は低調になり，1864年には，『アーガス』が「イースタンマーケットの弁士，ほぼ絶滅した種族の1人」と述べるような状況になった。しかし，弁士たちは絶滅危惧種から脱することに成功する。1865年に，保護貿易主義者のイースタンマーケットの使用許可願いに対し，メルボルン市長は市議会の同意が必要だと回答した。その後，要請は市議会の投票において12対4で否決された。明確な拒否回答にもかかわらず，政府と下院を支持するヴィクトリア保護貿易連盟は，8月7日（月曜日）にイースタンマーケットでの集

会開催を決定した。集会は，特に市当局や警察から警告を受けることもなく，6,000 ～ 7,000 人の聴衆を集めて開催された。こうしたイースタンマーケットにおける集会は，約 5,000 人規模で，1866 年に入っても続いた。失業者の集会も開かれている。しかし，その後はイースタンマーケットでの集会への言及は明らかに減少する。ただし，1875 年には，大規模な集会が 2 度開かれており，少なくとも 1 回は 8,000 人以上が集まった。『アーガス』がイースタンマーケットの集会を揶揄するようになっていることからも，その重要性が増していることがわかる。しかし，1870 年にメルボルンのタウンホールが完成して，正式な市民集会の場がシティに誕生し，イースタンマーケットも新たに建て直されると，もはやイースタンマーケットは屋外集会の場としては忘れ去られることになった[247]。

　イースタンマーケットの衰退はまた，マーベラス・メルボルンと呼ばれた経済的繁栄と軌を一にしていた。その後もシティとその周辺で屋外集会が開かれているが，再び屋外集会の重要性，あるいは危険性が着目されるのは，政党政治が勃興し，金融恐慌が迫りつつあった 1880 年代からであった。その時期から，シティの南を流れるヤラ川の河畔の公園で，パブリック・ミーティングが頻繁に開かれるようになり，それはいつしかスピーカーズ・コーナーと呼ばれるようになった。このスピーカーズ・コーナーも 1986 年にシティ・スクウェアに移動し，今では，私が研究した妖獣バニヤップの像が鎮座する，シティの北にある州立図書館前がその役割を果たしているが，もはや昔日の面影はない。

　ヴィクトリア議会の建物には，暴徒が議会に乱入しようとした時に，ライフルを打つための狭間が 2 つ設けてあった。議会の建物としては特殊なこの構造物は，イースタンマーケットの事件が残した遺産である。

　さて次の舞台は，母なる植民地ニューサウスウェールズの首府シドニーである。ここには今でも続くスピーカーズ・コーナーがあり，屋外集会の伝統が継続している。

172 第4章 権力闘争の場としての公共圏

第2節 シドニーにおける自由な屋外集会の伝統 ——

スピーカーズ・コーナー

　ロンドンのハイドパークには，スピーカーズ・コーナーと呼ばれる場所があり，そこでは政府の干渉を受けることなく，いかなるテーマについても自由に演説を行うことができるということは，よく知られている。すでに見てきたように，イギリスのチャーチストたちは，政府による集会の開催場所の規制と闘ってきた。多くの屋外集会場に規制の網がかけられるなかで，19世紀後半になると，1855年に日曜営業規制法に対する大規模な抗議集会の場となったハイドパークの重要性が高まり，抗議活動の拠点となっていった。1872年には議会法によって，ハイドパークは自由な言論を行える場所として正式に認められた。メルボルンにも，これを真似てスピーカーズ・コーナーが設けられたが，シドニーにも，メルボルンに先駆けてスピーカーズ・コーナーが存在した。第2節では，シドニーのスピーカーズ・コーナーの伝統の始まりを見ることで，公共圏をめぐる権力闘争のあり様を見ていきたい[248]。

　現在のシドニーには，ドメインにスピーカーズ・コーナーがあり，日曜日の午後にはいくつもの集会が開かれており，観光客も訪れる静かな光景が見られる。しかし，大恐慌期の政治的緊張の時代や第1次世界大戦の反徴兵運動などでは，10万人規模の集会が開かれる政治闘争の場でもあった。ドメインにおける屋外集会の伝統は，多くの写真も含めて，よく知られているけれども，それ以前のシドニーおける屋外集会については，明確なことがわからない。この節では，ドメインにスピーカーズ・コーナーが生まれる以前のシドニーにおける屋外集会の発展と，ドメインの伝統が作られるきっかけとなったパブリック・ミーティングに対する規制の導入を見ていく。

　参加者を収容できる広い開催場所がない地方の町では，19世紀末までパブリック・ミーティングが屋外で開催されることも多かった。シドニー

図-5　徴兵制導入の国民投票に関するドメインのパブリック・ミーティングに集まる群衆
(*The Sydney Mail*, 25/10/1916)

のような中心都市では，大きな公会堂が増えるにしたがって，主要なパブリック・ミーティングは屋内で開催されるようになるが，とりわけ大規模な集会の場合には，屋外で開催されることもあった。第1章で言及した，1849年6月の囚人輸送船の到着に抗議する集会や，1853年9月5日の約5,000人が参加したとされる新憲法法案に抗議するための集会は[249]，そのような集会である。また，福音主義者や節酒運動の唱道者が開催する宗教的なパブリック・ミーティングも，頻繁に屋外で開催されていた。さらに労働者，とりわけ失業者が開くパブリック・ミーティングは，メルボルンと同じように屋外集会の伝統を形成していく。

　シドニーの中心部には，ハイドパークやドメインといった広い公的な屋外空間があり，しかもこれらの場所は議会や総督公邸などに近く，政府や議会に請願したり，圧力をかけたりするのに最適の場所であった。屋外集会の開催場所としては，ハイドパークやドメインの他にも，シティの北部ではサーキュラー・キーの辺り（荷揚げ労働者が集まりやすい），シティの南側ではヘイマーケットやベルモアパーク（付近に鉄道駅と港を結ぶ荷役労働者の宿泊施設が多い）などがあった。

174　第4章　権力闘争の場としての公共圏

ハイドパークの発展

　早くも1844年10月28日（月曜日）午後1時半には，ハイドパークで失業者のためのパブリック・ミーティングが招集されている。シドニーの市長は集会の招集には同意したが，議長を務めることは拒否した。1846年12月22日（火曜日）午後1時40分には，同じくハイドパークで市長が司会を務める，囚人輸送の再開に反対する職人の集会が開かれている。参加者は約1,000人であった。この時期からハイドパークは，シドニーにおける労働者層のパブリック・ミーティングの開催場所になっていたようである[250]。

　ゴールドラッシュの喧騒に紛れて，ここからしばらく情報が散発的になる。1849年には，サーキュラー・キーの辺りで，前述の囚人船の到着に抗議する屋外集会が開かれている。1853年9月5日（月曜日）午後1時から，サーキュラー・キーに隣接する空き地で，世襲制の上院設立などを含む新憲法法案に反対する，5,000人規模の集会が開催された。最大級の集会と形容されている。この時期，ハイドパークでも集会が開かれたと思われるが，慣例として確立していたわけではなかった。1855年に本国ロンドンにおけるハイドパークでの集会の禁止が，シドニーでも話題になったことから，その後シドニーでも，ハイドパークが屋外集会の場として着目されるようになり，継続的な伝統として確立されるきっかけとなったのではないだろうか。それが明確に現れるのは1857年である[251]。

　1857年7月20日（月曜日）午後1時半，ハイドパークで選挙改革連盟のパブリック・ミーティングが開催され，約1,000人が参加した。この時作られた演壇は，市会議員選挙の場所の近くに設置されており，選挙のための市民集会を模す形で，ハイドパークが一般的なパブリック・ミーティングにも使われていったことが窺える。その後もハイドパークなどにおける屋外集会が引き続き開催された[252]。

　1858年2月15日（月曜日）午後3時にハイドパークに招集されたパブリック・ミーティングには，3,000〜4,000人が集まり，政府が国民教育

委員会委員長のジョン・プランケットを解任したことに抗議した。興味深いことに，シドニーの市長は，これが入植者の集会として招集され，市民の集会ではないことから，その招集者になることを拒否した。議長になった保守政治家の重鎮ジェームズ・マッカーサーは，敢えて市長を批判せずに，入植者かつイギリス臣民として，意見を表明することを演説者に求めた。ハイドパークは，労働者だけではなく，政府に批判的な立場の人間の抗議集会の場としても使われていたことがわかる。イギリスの例から考えると，保守的な勢力もパブリック・ミーティングを利用するようになることで，その利用がいっそう定着していく。集会後，マッカーサーは，聴衆によって用意された椅子に載せられた。屈強な男たちがこの椅子を持ち上げ，マコーリー・ストリートを練り歩き，最後にはプランケットの家でマッカーサーを降ろした。マッカーサーはプランケット家のバルコニーから演説し，群衆の解散を促すと，群衆は静かに散会した。伝統的な選挙集会を彷彿させる光景が繰り広げられたわけである[253]。

1858 年 3 月 22 日（月曜日）午後，失業者のパブリック・ミーティングがハイドパークで開催された。参加者は 700 〜 800 人であったとされるが，『エンパイア』紙は，多くは見物人だったとコメントしている。政府に失業対策の請願を行うことが目的であった。1859 年には，「近年，シドニーでは失業者のパブリック・ミーティングが頻繁に開かれている」と同紙が指摘しており，ハイドパークでは労働者の集会が継続的に開かれるようになっていたと思われる。実際，1860 年 7 月には，ハイドパークにおける機械工協会の炬火集会の開催の記事が掲載されており，それが毎週通常開かれる集会よりも小規模であったと述べられている[254]。1861 年 7 月 27 日の『エンパイア』紙の社説は，ハイドパークにおける夜間の集会の存在と，屋外集会に対する新聞の立場を示すものとして興味深いので，ここに引用する。

ハイドパークにおけるこれらの夜行性の集会に関しては，本当に軽

176　第4章　権力闘争の場としての公共圏

蔑以外の何ものにもほとんど値しない。町には，立派な目的を持った
運動をする人びとが顔を曝して，合法的な不満を述べる場所が多くあ
るにもかかわらず，暗闇の下で集まるのには，極めて強い邪悪な理由
があるに違いない。我われは夜の集会自体には反対ではない。夜の集
会がなければ，労働者階級が意見を聞いてもらうことが難しくなろ
う。しかし，こうした集会は，参加する人間のすべてが顔を見たり，
見られたりできるような場所で開かれるべきである。もし屋外集会が
必要であるならば，白昼堂々と開催されるべきあり，もし夜の集会が
必要であるならば，照明の行き届いた屋内に集まるべきである[255]。

　この社説からは，ハイドパークで夜の集会が開かれており，それが批判
する必要があるほどになっていたことがわかる。具体的には，この記事
は，ラミング・フラットにおける反中国人暴動に関連して，ハイドパー
クでの開催が新聞広告で告知された反中国人運動の集会を対象にしてい
た[256]。

　1863年7月には，シドニーに寄港した船の船長が，シドニー周辺の節
酒運動の団体を統括するための節酒連盟の設立集会で，日曜日の午後3時
にハイドパークで節酒集会を開くことを告知しており，ハイドパークが
こうした目的にも使われるようになっていたことを示している。実際，
1864年8月21日（日曜日），カリフォルニアから来た有名なメソジストの
ミッショナリー，ウィリアム・テイラーの節酒集会がハイドパークで開催
され，数千人から1万人の聴衆がつめかけた。その後テイラーは，毎晩，
ハイドパークで節酒集会を開くようになった。1865年には，ハイドパー
クで仕事のない移民たちが毎日集会を開いているとの不満が述べられてい
る。ハイドパークは他の目的にも頻繁に使われている。同年，シドニーの
フットボールクラブ（ラグビー）が，土曜日にハイドパークで試合を行い，
多数の観衆が集まった。また，志願兵の閲兵式や祝賀行事などの様ざまな
祭典，募金活動などにも使われていた[257]。

第2節　シドニーにおける自由な屋外集会の伝統　177

　この時期になると，暴力的な事件も見られるようになる。1866年9月2日（日曜日）午後，ハイドパークで行われていた宗教的な集会を群衆が襲うという事件が起こった。警察官がその場に数人居合わせていたが，まったく無力であった。『シドニー・モーニング・ヘラルド』紙は，何年も前から，日曜日の午後にハイドパークで自由に意見を表明することが認められていることを，イギリス的自由の特徴の一つであるとし，たとえ表明される意見が気に食わないとしても，意見を表明する自由を政府が守るべきだと主張した。この暴行の原因は，警察官が警告するほど過激な節酒運動の演説が群衆の怒りを買ったためであると思われる。付近には数千人の人びとがいた。ちょうどこのころ，ロンドンでは，選挙法改正運動の集会の開催をめぐって，ハイドパークで衝突が起こっていたことを付け加えておきたい。何らかの関係があるのかもしれない。9月9日にもシドニーのハイドパークには，女性や子供を含む5,000人ほどが集まったが，宗教的説教が始まると，それを妨害しようとした人間を多数配置された警察が逮捕し，6人ほどが拘束された[258]。

　1866年10月15日（月曜日）午後3時，失業者のパブリック・ミーティングが，ハイドパークで開催され，翌日，数人の代表者が公共工事担当大臣と面会した。同年12月には，保護貿易主義者によって，ハイドパークもしくはヘイマーケットでの大規模な炬火集会が企画された。12月18日（火曜日），午後7～8時，多数の人間がヘイマーケットに集まり，隊列を組み，楽隊を先頭にして街の中を練り歩いた。多くの者が炬火を手にしており，最後はハイドパークに集まって，集会を開催した。大規模なパブリック・ミーティングの開催前後に，参加者が行列を作って町を練り歩く姿が，この時期からありふれた光景となっていく[259]。

　1870年代になっても，ハイドパークがパブリック・ミーティングに使用される状況は変わらなかったと思われる。ハイドパークは，現在と異なり，公園の東寄りを南北に貫く太い道の両脇を飾る樹木を除けば，ドメインのような広い空間が広がっており，大きな屋外集会を開くには格好の場

178　第4章　権力闘争の場としての公共圏

図-6　1868年ころのシドニーのハイドパーク（ニューサウスウェールズ州立図書館蔵）

所であった。1870年4月13日（水曜日）午後4時には，まだ完成していないキャプテン・クック像の台座のところで，約300人の失業者の集会が開かれている。公園は広かったので，目印になるものを指定して集会を開催するのに，銅像は格好の目標物であった。同年10月のハイドパークでの失業者の集会には，2,000人が参加し，議会への請願を行った。ハイドパークに集まるこうした失業者は，カトリック系の新聞『フリーマンズ・ジャーナル』にとっては，「失業者の一部を代表するにすぎないばかりか，そして疑いなく「失業者」の最悪の部分を代表して」いた。ハイドパークでは，新たに成立したフランス共和国臨時政府に共感を表明する，労働者たちの集会も開催された[260]。

　1871年12月4日（月曜日）には，ヘイマーケットで屋外集会が開かれ，約1,500人が集まった。集会の目的は，節酒運動が支持する酒場の営業許可を地域の投票で決める法案を説明することであった。法案は集会の全面的支持を受けた。1872年にも，日曜日の午後には，ハイドパークなど

で，節酒運動の屋外集会が開催されているだけでなく，それとは対立する「無神論的な」演説も行われていた[261]。

1873年，イギリスのハイドパークで演説をしていた人びとが起訴され，それに対する抗議活動が起こっていることがオーストラリアの多くの新聞で報道されている[262]。イギリス本国におけるこのような出来事は，同じように自由に演説ができる，同じ名前の公園を持つシドニーの人びとにとっても，自分の社会の出来事のように感じられたかもしれない。1874年，ハイドパークは，ストライキに参加する労働者の集会場として使われた。また，「シドニー労働者協会」は，毎年の祭りの行進の出発点として，ハイドパークを指定し，700人ほどが集合している。さらに「8時間労働協会」も同様に，ハイドパークから数千人規模の行進を行った。1875年9月28日（火曜日）午後3時には，ハイドパークでシドニー労働者協会 the Sydney Labouring Man's Association の集会が，ストライキに関連して開催されている。参加者は約1,500人，雇用者を代表する下院議員のディブス（後の反連邦運動の指導者）が，「市民として，公人として」，集会での発言を認められている。続く木曜日の午後3時にも，ロックスの西に位置するフラッグスタッフ・ヒルで，2,000〜3,000人が参加するパブリック・ミーティングが開催された。同時に宗教的な集会も盛んであったようである[263]。

シドニーの夕刊紙『イヴニング・ニューズ』は，当時のハイドパークの様子を次のように描写している。

　　ハイドパークのリヴァプール・ストリートとキャプテン・クックの銅像に挟まれた部分が，一般的な合意によって，屋外でのパブリック・ミーティングに利用されているようである。平日，労働者たちは，自分たちとその雇用者との間の意見の違いを議論することが，さしあたり日常の義務の遂行よりも優先される時にはいつでも，まさにそこに集合する。日曜日に，宗教的な礼拝，神学上の論争や禁酒の唱道などと関連した様々な目的で，あらゆる種類の人びとが多数集ま

180 第4章 権力闘争の場としての公共圏

るのも，とりわけこの場所である[264]。

　社説は，この後，日曜日の宗教的なパブリック・ミーティングだけを論じ，禁酒以外に今日的な問題を扱う集会がなく，それぞれの集会も距離をおいて開催されていることから，混乱も起こる可能性が少ないので，人民が公園を自由に利用する権利から考えて，集会を規制すべきではないと結論づけている。

　1877年6月25日（月曜日）と7月24日（月曜日）に，労働者防衛協会 Working Men's Defence Association という組織が，ハイドパークでパブリック・ミーティングを開催している。この組織は，土曜日の夜には，ヘイマーケットで集会を開いた。ヘイマーケットの集会は定期的に開催されていたようである。また，フラッグスタッフ・ヒルでも，集会を開催した。労働者防衛協会の継続的な集会の開催状況は，『シドニー・モーニング・ヘラルド』紙の広告欄で確認できる。ハイドパークの西端，バサースト・ストリートの，現在では突き当りに位置するオベリスク，当時，バサースト・ストリート・コラムと呼ばれた場所でも，月曜日の晩に協会の定期的集会が開催されていた。1877年12月には，労働者防衛協会が分裂し，そのメンバーなどを基にして，1878年には政治改革連盟 Political Reform Union (League) が結成された。この年，労働者防衛協会がバサースト・ストリート・コラムにおけるパブリック・ミーティングを継続する一方，政治改革連盟もハイドパークやヘイマーケットなどで，パブリック・ミーティングを招集し，反中国人運動を先導した。この他にも，1877年10月には，8時間労働を支持する労働者たち数千人がハイドパークを起点に，街を行進して練り歩いた。このころまでに，ハイドパークは，労働者層の主な集会場となったのである[265]。

　1879年になっても，労働者防衛協会は，引き続きバサースト・ストリート・コラムにおけるパブリック・ミーティングを行い，政治改革連盟も土曜夜のヘイマーケットの集会を続けた。連盟は，ドメインやハイドパーク

でも集会を開いた。組合の統括団体である労働組合評議会も，ヘイマーケットで失業者の集会を招集し，失業者たち自身も屋外集会をヘイマーケットやベルモアパークで開催している[266]。

　1870年代後半には，こうした労働者たちのパブリック・ミーティングに加えて，とりわけハイドパークを中心にして，多数の宗教的な集会が開かれていた。節酒や禁酒を唱道する人びとが聴衆に呼びかけ，時には叱責し，時には挑発した。その集会の一つが暴発する事件が起こった。

1878年ハイドパークの乱闘

　1878年3月10日（日曜日）の午後，いつものように牧師のダニエル・アレン Daniel Allen がハイドパークで多くの聴衆に説教を始めると，2人の男が彼のところに来て，説教をしている場所を明け渡すように迫った。ここから大混乱が始まる。5,000人ほどが集まり，アレンの支持者と敵対者が互いに強く押し合った。10人程度の警察官がいたが，まったく無力であった。攻撃を仕掛けた方が多数であり，アレンと支持者は公園の西を南北に走るカースルレー・ストリートの方面へと追いやられた。そこにアレン牧師の家があった。アレン牧師は，ローマ・カトリックの教義を激しく攻撃する，かなり悪質な説教を行っており，それに反発した人びとの仕業であった。2月に死去したローマ教皇ピウス9世を攻撃したとされ，喪に服していたカトリック教徒の神経を逆なでしたようである。一部で殴り合いがあったが，重傷者はいなかった[267]。

　3月17日（日曜日）の午後，再びアレン牧師をめぐって，より大規模で重大な乱闘が起こった。事件が起こる前から，男女を併せて1万5,000〜2万人の群衆がハイドパークの内外に集まっており，その多くはやじ馬だったと思われる。当時ラリキンと呼ばれた若者たち，日本でいえば「不良少年」のような若者も，多数集まっていた。アレンの説教が行われる場所に近い樹木にも人びとがよじ登り，ハイドパークに面した建物の窓にも多数の見物人がいた。アレン牧師は午後3時ころから，1時間ほど支持者

に守られながら説教を行い，国歌の斉唱で集会が終わると，家路につこう
とした。しかし，その帰り道のリヴァプール・ストリートからカースル
レー・ストリートは群衆によって立錐の余地さえないくらいに埋め尽く
されていた。アレン牧師がようやく家に辿り着くころには，じょじょに群衆
が引き上げ始めた。この日はアイルランド系カトリックの祝日，聖パト
リックの日であり，多くの者が緑色のネクタイやリボンなどを身に付けて
いたが，それは大きな混乱を引き起こさなかった。ところが，午後5時を
過ぎて，2，3人の男がオレンジ色のネクタイを付けて現れると（アイルラ
ンドのプロテスタントの象徴的な色でオレンジ家に由来する），投石が始まり，投
石を行った人間の1人が逮捕された。実はあらかじめ，混乱を予期して約
150人の警察官がこの辺りに配置されていた。逮捕された若者が中央署に
連れて行かれるのを追って，数千人の主に16歳から20歳のラリキンと呼
ばれる若者からなる群衆が移動し，多数の金属片を警官隊に投げつけた。
この後，群衆はカースルレー・ストリートに引き返し，約400メートルに
わたって一塊となった群衆が道路を占拠し，リヴァプール・ストリートも
同様の有様であった。バルコニーや屋根の上にも若者がよじ登った。この
時，石やレンガが警官隊に投げつけられるようになり，警官隊は警棒で応
戦した。最終的に騎馬警官隊が群衆を排除した[268]。

　3月24日のドメインには，1万〜1万2,000ほど人がいたが，アレン牧
師の周囲に集まったのは2,000人ほどで，何事もなく集会は半時間程度で
終わった。アレン牧師は馬車に乗ってハイドパークを後にした。アレン牧
師の家の周囲には，2,000〜3,000人のラリキンが集まっていたが，被害
は出なかった[269]。

　3月31日のドメインには，8,000〜1万程度人がいた。午後3時ころに
アレン牧師が説教を始めたが，攻撃的なものではなく，つめかけていた群
衆は，何も起こらないことに落胆してか，笑い声を出したり，大声を出し
たりして，説教を妨害した。アレン牧師が「誰かそのご婦人を黙らせてい
ただけるなら，感謝の言葉もない」と言った時には，女性を警察官が引き

離した。アレン牧師は再び馬車で公園を去った。公園には多数のラリキン
が集まり，多くの者が目立つようにオレンジ色のネクタイを付けていた。
リヴァプール・ストリートは，3,000 〜 4,000 人の群衆で溢れたが，警察
がこれを排除した。警察官の監視の下で，他の集会は何事もなく行われ
た。この時以降，乱闘の問題は生じなくなった[270]。

ハイドパークにおける集会の禁止

　ハイドパークの混乱は収まったけれども，別のいっそう重大な出来事が
起こった。公園におけるパブリック・ミーティングを禁止しようとする動
きが生じたのである。シドニー市長と警察本部長を含む，ハイドパーク改
良委員会のメンバーが，土地庁の長官，J. S. ファーネル Farnell と面会し，
委員会に公園を管理する権限を与えるように要求した。改良委員会は，ハ
イドパークの正式の管財人としては法律上認められておらず，管理権限が
なかった。その後，ハイドパークの正式の管財人として新たに管理委員会
が設置された[271]。

　その年の終わり近く，1878 年 12 月 4 日（水曜日）の夜，中国人船員の雇
用をめぐる労働争議が行われる中で，政治改革連盟が反中国人運動の集会
をハイドパークで開催する。炬火が照らす中，1 万 5,000 人以上が集まっ
た。多数のラリキンや少年が集まったとされている。出席した下院議員た
ちの反対にもかかわらず，請願団が議会に長蛇の列を作って進み，議会の
前を埋め尽くした。ハイドパークのみならずチャイナタウンの近くにも，
多数の警察官があらかじめ配置されており，約 2,000 人の 17 〜 19 歳のラ
リキンの集団が炬火を持ってジョージ・ストリートを南下し，中国人所有
の家具工場に放火しようとするのを妨げた。前もって警告を受けていた中
国人たちは，戸締りを厳重にしていたおかげで，投石が行われたけれども
ガラスが 1 枚割れただけの被害で済んだ。一方，パークストリート，現在
のパークレジス・ホテルがある辺りにも 600 人くらいのラリキンが押しか
け，シティの各所で中国人が狙われた。12 月 7 日（土曜日）の夜にも，政

治改革連盟がヘイマーケットで3,000人規模の反中国人集会を開催した。連盟は，12月10日（火曜日）にも，ヘイマーケットに近い，ピモントで，1,000人規模の屋外集会を開催している。12月14日（土曜日）には，シドニー市長が招集した反中国人集会が午後3時からヴィクトリア劇場で開催されたので，予定されていた政治改革連盟の集会は開催されなかった。12月21日（土曜日）夜にも，連盟は「定期的な」集会をヘイマーケットで開催し，2,000人程度の参加者があった。さらに連盟は，12月28日（土曜日）にハイドパークで巨大な反中国人集会を開き，総督公邸に大挙して押しかける計画を立てたが，他の組織が12月26日の夜にハイドパークで集会を開催し，機先を制されただけでなく，労働組合評議会が協力を拒否し，勢いを削がれた。それでも午後3時に集会が始まると，7,000～1万人の参加者があり，集会後，ベルメイン・コールドストリーム・バンドを先頭にシティを練り歩き，総督秘書に請願を手渡したのちに，さらにフラッグスタッフにまで進んで，解散した[272]。

　1879年2月，ハイドパーク管理委員会が条例によって，12人以上による集会を禁止しようとする。ニューサウスウェールズの議会でも問題が取り上げられたが，首相ヘンリー・パークスは，ハイドパーク以外にも集会を開催できる場所があり，言論の自由の侵害には当たらないと答弁している。2月9日（日曜日）午後には，集会が警察の介入によって，解散させられた。この報道を行った『シドニー・モーニング・ヘラルド』は，その原因を「宗教的に敵対するグループの間で起こった数か月前の恥ずべき出来事」に求めているが，アレン牧師の出来事は，ほぼ1年前のことである。集会の規制に批判的な新聞『イヴニング・ニューズ』の投書欄には，ハイドパークで35年以上にわたって説教をしてきたというS. J. ジョーンズによる，規制に反対する投稿が見られる。また，同じく『イヴニング・ニューズ』の投書欄で，J. A. ダウイー Dowie は，規制がモアパークやベルモアパーク，ドメインなどにも拡大される危険性を指摘し，その場合，公会堂だけに集会の会場が限定されてしまい，反中国人集会のような大規模な集

会が不可能になると述べた[273]。

2月14日（金曜日）夜，テンペランス・ホールで，ハイドパークにおけるパブリック・ミーティングの規制に反対する集会が開かれた。集会では，シドニーにおける自由な屋外集会の伝統が30年，40年，50年と主張され，社会の安全弁としての機能を果たしていることが強調された。G. R. マクリーン Maclean は，政府は日曜日の集会を恐れたのではなく，反中国人運動のようにハイドパークに集まって，反政府的な集会を開くことを恐れたという見解を述べている[274]。

2月21日に，集会の代表者がヘンリー・パークスと面会し，規制条例の修正を求めたが，パークスはこれを拒否した。パークスは次のように述べている。

　　大きなイギリスの都市の例を考えてみると，都市の当局を介してか，もしくは他の手段によって，人民は偉大なタウンホールを建て，パブリック・ミーティングに集まった民衆の力のまさしく神殿となっている。これらの公会堂の使用には，正式に任命された管理者の許可が必要である。連合王国のどのような場所でも，パブリック・ミーティングを開催するという目的を明示して建てられた，これらの偉大なタウンホールの使用が，正式に任命された管理者の許可を得ずに，認められるという例は一つもない。この二つの規制は，私が理解するところ，次のことを意味するだけである。公園を管理するように法律で任命された人びとから許可を得ることで，誰でもパブリック・ミーティングのためにこの場所を使用できるということである[275]。

パークスの言葉は，規制の目的をきわめて率直に語っている。公会堂で行われる集会と同じように，公園における集会を管理しようとしていた。ただし，ハイドパーク管理委員会には，ハイドパークでの集会をいかなる集会にも許可する意図はなく，ハイドパークでの集会は1か所の例外を除

いて禁止された[276]。

通説はハイドパークにおける集会禁止の原因を，アレン牧師の集会における カトリックとプロテスタントの対立に帰しているが，その影響を示唆する言及はアレン牧師自体の名前に触れることはなく，その出来事を数か月前と言及している。アレン牧師の事件は1年近く前で，ハイドパーク閉鎖との時間の開きは大きく，なぜ急遽ハイドパークに新しい規制が設けられることになったかについて，納得のいく説明を提供しているとは言えない。すでに述べてきたように数か月前に起こったのは，ハイドパークで労働者組織と関連する反中国人集会が開かれ，放火によって火災が起こる一歩手前まで進み，政治的圧力をかけるために群衆が大挙して政府関係の施設へ押しかけようとしたことである。アレン牧師の事件と較べれば，はるかに規模が大きく，想定される被害が甚大で，広範囲に及び，政治的影響も大きかった。アレン牧師の事件は一つのきっかけに過ぎず，反中国人集会などの影響が大きかったように思われる[277]。

バサースト・ストリート・コラム

屋外集会の規制の動きはさらに拡大する。労働組合評議会が招集した失業者の集会が，7月26日午後に約400人を集めてヘイマーケットで開催された。演説からわかることは，最初はヘイマーケットの入場門の扉はすべて開いていたが，人びとが集まり始めると，その侵入を防ぐかのように1か所を除いて施錠された。政治改革連盟は，土曜日の夜にヘイマーケットで屋外集会を開いていたが，10月になると門が施錠されるようになったために，集会を続けられなくなった[278]。

ハイドパークでは，バサースト・ストリート・コラムの部分が柵で囲い込まれておらず，この部分で，労働者防衛協会が屋外集会を継続し，1880年に入っても，定期的に集会を開いていた。コラムは公園と道路の境界に位置しており，交差する道路がこの部分を囲い込むことを困難にしていた。労働者防衛協会は，夜の集会をここで開き，日曜日の午後にはドメイ

ンで集会を開催していた。4月5日（月曜日）のバサースト・ストリート・コラムにおける集会では，反中国人運動の再開が議論された。政治改革連盟も反中国人運動を継続し，ヘイマーケットで集会を開催するだけでなく，バサースト・ストリート・コラムでも，1880年4月8日（木曜日）夜に，中国人差別法の制定を要求する集会を開いた。4月14日（水曜日）夜には，全国反中国人連盟 National Anti-Chinese League の結成が決議された。4月20日（火曜日）の夜にも，バサースト・ストリート・コラムで反中国人連盟の結成への動きがあった。ただしその主体は不明である。4月26日（月曜日）の夜には，プロテスタント・ホールで，労働組合評議会が主催する700人が参加する反中国人集会が開催された。ここでも反中国人運動の団体（ニューサウスウェールズ反中国人協会）の結成が議決されている。同時刻，バサースト・ストリート・コラムでも反中国人集会が労働者防衛協会によって開催された。多くの労働団体が反中国人運動に関わろうとしていた。労働組合評議会による反中国人連盟には政治改革連盟も協力を申し出た[279]。

　労働組合評議会によると，プロテスタント・ホールでの反中国人集会の費用はかなり高額で，12ポンドに達し，それに対する寄付は2ポンドだけであり，財務担当幹事の任命は先送りされた。労働組合の連合体である労働組合評議会にとってさえ，ホールの賃借料は高額な支出であったので，小さな政治団体にとって，費用のかからない屋外集会の場所は，運動の拡大にとって不可欠であったと思われる。1880年5月5日（水曜日）午後8時に，シドニー市長が開催要請に応じて，中国人問題を議論するパブリック・ミーティングを招集し，労働組合評議会は多数の代表を送った。しかし，シドニー市長は出席しなかった。シドニー市長を含む有力者は，労働運動が指導する反中国人運動を忌避していたのである。反中国人連盟（ニューサウスウェールズ反中国人協会）の集会開催の要請には応えたが，市長は主体的に運動を支えようとはしなかった。5月26日（水曜日），労働組合評議会は，独力でテンペランス・ホールにおけるパブリック・ミーティングを開催し，ニューサウスウェールズ反中国人協会の最初の支部を

188　第4章　権力闘争の場としての公共圏

設立した。入会費用は1シリングであった。一方，労働者防衛協会の集会では，中国人問題のみならず種々のテーマが取り上げられていたが，特筆すべきは，5月10日の主要な演説者の1人，マーティン・ゲスト Martin Guest である。ハイドパークから追い出された人びとを卑怯者とののしり，たとえ監獄に入れられることになっても，彼自身は「バサースト・ストリート・コラムの威厳，高潔さと公正さを」守る覚悟を示した。『イヴニング・ニューズ』によれば，5月19日に「演説者たちは，いつもの集合場所，バサースト・ストリート・コラムで月曜日の夜に開かれる集会で，多くの政治的・社会的テーマについては意見を異にしているが，一点については一致している。彼らは，尋常でない言葉や演説において，現在の法律，その執行者とその効果を断罪する」と述べている[280]。

　1880年5月31日（月曜日），ギルドホールにおいて全国反中国人連盟（新組織の結成）のパブリック・ミーティングが開催された。そこに議員は一切参加しておらず，参加者によると「完全な労働者の集会」となった。また，屋外集会の開催が賛成多数で決議された。これに反対したのがゲストである。真意はわからないが，屋外集会は現時点で危険だという理由からであった。この後，労働者たちの組織は，反中国人連盟の支部を植民地各地に設立しようとする。6月17日には，シドニー郊外レッドファーンでの支部設立を目指すことが表明されるが，「ラリキンに集まる機会を与えるだけだ」などの意見が出されて，レドファーン市議会に提出されたタウンホールの無償提供願いは認められなかった。いくつかの反中国人運動の連携による郊外への拡大に失敗し，6月23日（水曜日），反中国人連盟はバサースト・ストリート・コラムでいつものような屋外集会を開催し，政治家への批判を強めた。全国反中国人連盟はようやく，シドニーで面積がもっとも狭く，労働者の多いダーリントンの市長の協力で，そのタウンホールの無償提供を受け，さらに隣接するニュータウンでもタウンホールの提供を受けたが，運動の停滞は明らかであった。7月に入り炭鉱都市ニューカッスルで開かれた支部設立集会には，6人が顔を見せただけで，

第2節　シドニーにおける自由な屋外集会の伝統　189

散会した。8月にはシティの西にあるグリーブで，タウンホールの無償提供が認められなかった。企図された屋外集会も開催されることはなかった[281]。

　労働者の運動が低調になったこの時期，ハイドパークに残った最後のパブリック・ミーティングの聖地が閉鎖されることになる。1880年8月になっても，労働者防衛協会は，バサースト・ストリート・コラムでの月曜日の夜の集会を開いていたことが確認できる。9月に入っても保護貿易と反中国人運動を支持する集会を続けていたが，コラムを囲い込むようにエリザベス・ストリートに沿って，柵が設けられ，集会の開催は不可能になった。別の観点から見ると，ハイドパークは美しくなり，女性も子供も安心して楽しめるリクリエーションの場になっていく[282]。

　1881年1月，マーティン・ゲストが，本人の予告通りに，バサースト・ストリート・コラムにおける12人以上のパブリック・ミーティングに参加し，警官の警告にもかかわらず，その場を去らなかったので，起訴された。1月28日（金曜日），マソニック・ホールもしくはテンペランス・ホール（新聞により異なる）で，公園でパブリック・ミーティングを開催する権利を守るための集会が開かれたが，参加者は限られていた。政治改革連盟や反中国人連盟などと並んで，労働組合評議会が招集者として名を連ねていたが，労働組合評議会の代表のダイク Dike は，労働組合評議会の名称が許可なく使用されたとして，運動への参加を一切拒否すると表明した。集会では，ハイドパーク管理委員会が，一方でパブリック・ミーティングを禁止しながら，他方で管理するクック・パークの一部の占有をボーリングクラブに認めたことが，厳しく批判された。『デイリー・テレグラフ』は，社説で公園の管理規則の厳格な適用を慎むように求め，公的秩序を乱さないような集会への干渉を批判した。マーティン・ゲストは最終的に不起訴になった[283]。

　1881年初めに，ハイドパークにおけるパブリック・ミーティングは完全に禁止され，労働者防衛協会や政治改革連盟は活動を停止した。労働者

190 第4章 権力闘争の場としての公共圏

たちの屋外集会は低調になった[284]。

新しい聖地ドメイン

ハイドパークの大部分が集会に使えなくなるのとほぼ時を同じくして，ドメインが人民の集会場の役割を果たすようになる。1879年6月8日（日曜日）午後，強姦をした3人の男の処刑（1人は先住民）に反対する集会が開催され，2万人以上の参加者を集めた。翌日に総督への請願を行うために再度ドメインに集まることが決議され，6月9日（月曜日）午後，主催者はまず「赦免」などと書かれた旗指物を掲げて，楽隊に先導された集団で街を練り歩き，多数の参加者を集めた。参加者は1万～1万2,000人と見積もられており，集合場所のバーク総督の銅像からニューサウスウェールズ議会までが，集会の参加者で埋め尽くされた。請願のために総督邸に向かった代表団は，武装した兵士が守るゲートを抜けて，総督と面会したが，期待した成果は得られなかった[285]。

このような大規模な集会が見られただけではなく『イヴニング・ニューズ』は，日曜日のドメインを「暴言を吐く説教師たちが非常に多く，しかも接近しているので，おかしいほど様ざまな言葉が入り乱れており，どこか一つの場所に立ち止まれば，4人の異なる説教師の唸り声が，まとまりがなく，興奮した，目的のない演説として聞こえるだろう」と描写している。描写は偏見に満ちているが，閉鎖される前のハイドパークと同じく，1879年の末までには，ドメインが活況を呈していたことを示している。多くの説教師がハイドパークからドメインに鞍替えしたのである。1880年の『イヴニング・ニューズ』の投書欄には，ドメインの説教師が日曜日の午後に，汚い言葉で政治的言辞を弄していることを批判し，ドメインにもハイドパークと同様の規制をかけるべきだという投稿が掲載された。別の投稿には，誰も聞くものがいないので，木に話しかけている説教師や，トゥモラの悪名高き宣教師で，行ったり来たりしながら長広舌をふるい，「今何時ピーター」と「友人たち」から挨拶をされる人で，最後には投げ

つけられるオレンジの雨の洗礼を受けたという説教師が登場する。この投稿をした者も，この類の集会の中止を求めている。さらに 1881 年 2 月には，『デイリー・テレグラフ』への投書が，「よきサマリア人」と呼ばれる人物の説教が，ラリキンたちを口汚く罵り，混乱を引き起こし，安息日を毎週汚していることへの不満を書き連ねて，対策を求めている。実際，4月には，エドウィン・コックス Edwin Cocks という説教師を攻撃し，秩序を破壊する行為をドメインで行ったとして，54 歳の男には 40 シリング，16 歳，17 歳，24 歳の若者には 20 シリングの罰金が科された。その後，「サマリア人として知られる」エドウィン・コックス自身も同じ罪状で告発されたが，公園の規則に従うことを約束して赦免された。しかし結局，7 月 13 日「あなたは再び生まれなければならない」と書かれたプラカードを胸にぶら下げて，水上警察の法廷に現れたこの男は，同じ罪状で 40シリングの罰金を科された。それでも，コックスは法廷で笑いを巻き起こすことには成功したらしい。ドメインは，苦情の多さでもハイドパークと同じようになっていた[286]。

　1880 年 10 月に，労働組合評議会が後援する反中国人協会の会合で，ドメインでの集会について，興味深い議論が交わされている。関心の低い国民に中国人の危険性を訴えるために，日曜日の晩にドメインで集会を開催するという提案が行われた。けれども，国民の多くが日曜日の午後の集会を嫌っているという理由から，この提案には反対があり，結局，土曜日の午後に開くことになった。プロテスタントの諸宗派は，日曜日を，世俗的活動を行わない聖なる日として保持するための活動を行っていた。1881年にも労働団体の間でドメインを反中国人集会に使用することをめぐって，意見の対立が見られる。その結果，日曜日を避けて，1881 年 5 月 24日（火曜日）の女王誕生日の午後に，一つの労働団体を除くほぼすべての労働団体が参加する，大規模な反中国人集会がドメインで開かれた。参加者は 1 万 2,000 〜 1 万 5,000 人であった[287]。

　ドメインでは，もう一つの大勢力，節酒運動を中心とする説教師たちも

活躍しており，多くの集会が開かれていた。1881年7月24日（日曜日）午後3時，ニューサウスウェールズ飲酒抑止連盟の定期集会がドメインで開催され，700〜800人が参加した。そこでは有名な説教師ジョージ・ペリーが議長を務めた。8月7日（日曜日）午後にも，同組織による集会がドメインで開催され，500〜600人が参加した。9月には，メルボルンに現れた「救世軍という厄介者」がドメインにも登場する危険性が指摘されている。10月には1人の説教師がラリキンたちに襲われた。10月23日（日曜日）には，禁酒主義者の集会に異様に多数の人びとが集まったことが報告されている。集会の終わりに40人が禁酒の誓いを立てた。10月16日には，先述のコックスが再び秩序を破壊する行為を行ったとして40シリングの罰金を科された。コックスは救世軍を始めたと述べ，当局にはコックスを止める力がないと発言している。11月にはコックスがハーモニウムを集会に持ち込んだが，コックスの言葉に激怒したラリキンたちによって壊された。警察の介入で混乱は収拾された。同じ11月，『デイリー・テレグラフ』にはドメインにおける大規模な節酒集会の記事が掲載されている[288]。

　1882年1月13日の『イヴニング・ニューズ』の記事にも，我らがサマリア人は登場する。コックスは，醸造酢工場の火事の犠牲者の家族を支援する基金のために，小銭から成る3ポンドを寄付した。記事は，コックスのドメインでの行動を良しとはしないが，犯罪の被害者であり，心優しい人間を処罰するよりも，保護することを求めている。7月10日の『シドニー・モーニング・ヘラルド』は，「日曜日ごとに繰り返される見るも悲しい恥ずべき光景」について語り，法の守護者がいない中で，最悪のラリキン的暴力がはびこることを嘆いている。この日は，サマリア人自身ではなく，コックスを襲おうとした若者が新聞による批判の標的になった。翌日の社説では，コックスがドメインで説教をする権利の問題は，ラリキンたちが勝手に決めることではないことを強調し，警察の対応を求めた[289]。

　1882年8月になると，ジョージ・ペリーが5,000人規模の節酒集会をドメインで開催するようになる。9月には，ついにサマリア人の問題が議会

でも取り上げられた。ニューサウスウェールズ植民地下院で，野党議員のヘンリー・コウプランド Henry Copeland が，公園の管理者が，コックスを放置する一方で，ドメインにある美術館の日曜開館を求める署名活動を行っていたある紳士の活動を阻止したことを問いただした。さらに市会議員でもあったジョン・マッケルホーン John McElhone がこれを自由の侵害であると問題視し，コックスやジョージ・ペリーなどによる安息日を汚し，宗教を冒瀆する集会を放置しているにもかかわらず，この問題だけに干渉したことを批判した。続く多くの議員は管理人の行動を行き過ぎだとしたが，同時にドメインにおける集会を止めさせるべきだと主張する議員もおり，労働者に一定の支持者を持つアンガス・キャメロン Angus Cameron も，ドメインをハイドパークと同じように管理し，説教師を追い出すことを良しとしている。アーチボルド・ジェイコブ Archibold Jacob は，「大部分の説教師はターバン・クリークに居るべき」，すなわち精神病院がふさわしいと述べている[290]。

　少なくとも 1883 年の初めまでには，ジョージ・ペリー，ピーター・キャンベル，ダニエル・スミスなどの人気を博した「屋外の雄弁家」が，日曜日の午後，ドメインで多数の聴衆に語りかける姿が見られるようになった。1 月 14 日には，このうちの 1 人ピーター・キャンベル，ブッシュのミッショナリーとして知られた人物が，ラリキンから暴行を受けかけたという『デイリー・テレグラフ』の記事が見られる。キャンベルは同紙への投稿で，ヴィクトリアにおける彼の説教への保護を引合いに出しつつ，ドメインで自由に説教をする権利とその保護を求めた。さらにキャンベルは，警察に直接赴いて，彼と他のドメインの説教師の安全確保を要求した[291]。

　このころのドメインの様子を少し詳しく見てみよう。1883 年 2 月 25 日，天候に恵まれてとりわけ多数の聴衆が集まっていた。「雄弁家たち」は 1 人の例外を除いて，かなりの聴衆に囲まれて，盛り上がっていた。植物園に通じる道の左側に集まる群衆にとりわけ関心が集中していた。この

194 第4章 権力闘争の場としての公共圏

場所は，長い間「火急の問題」を論じる場所とされており，そこにはいつも暇な人間がぶらついていて，誰かがやってきて演説するのを待っていた。この日はアイルランド問題が議論された。雑多な聴衆が集まっており，アイルランド系の人びとはそれほど目立たなかった。一部の人びとにはよく知られたクラークとガストンがアイルランド問題について議論を始めると，聴衆が集まってきたので，「古来のドメインの慣習」に従って，クラークが箱の上に立って，アイルランドの借地農の苦しみについて語り，ガストンは反対の場所から，これを論じた。ガストンは，両面からこの問題を論じていたが，口が滑ったのか，イギリス出身であると発言すると，聴衆が隣の少年に代われと要求し，アイルランド出身のドランが演説を行った。ドランの話の内容は，当時オーストラリアを訪問していたアイルランド国民連盟の代表者レドモンドの演説とよく似ていた。この集会が終わったのち，聴衆は小さなグループに分かれて，疲れるまで議論を続けた。残念ながら，ピーター・キャンベルのところだけは，ずっと纏わりついた3人のラリキンを除いて，ほとんど聴衆が集まらなかった。こうした状況になったのは，ジョージ・ペリーのパフォーマンスが魅力的過ぎたのかもしれないと，記者は述べている。ペリーは節酒運動の弁士であったが，「彼自身の16年にわたる大酒のみの経験」や尽きることのない放蕩生活，「あらゆる種類の飲み物，ラム・シュラブからサルサパリラまで」について雄弁に語った。ペリーによれば，サルサパリラはブランディと同じくらい致命的飲み物としてシドニーで売られているという。ペリーからほど遠くない場所に，ユーモアに満ちたもう1人の節酒運動の弁士がおり，岩をも貫くような声の持ち主であった。ペリーには，いっしょに演説をする協力者もおり，H. ブラウンは，冗談好きの大声の持ち主で，保護貿易の問題と酒類の取引とがどう関係しているかを論じ，婦人の扇子が中国人のあばら骨からできているなどと面白い話をした[292]。

1883年4月15日には，ロンドンから有名な屋外説教師のダニエル・スミスが，シドニーのドメインに現れた。彼は，偽の相続人をめぐるティッ

チボーン事件に関して，10年間にわたってオーストラリアから現れた相続人を応援して演説を続けてきており，シドニーにはそれに関連した活動をするために派遣されてきた。しかし，彼は，下品なパンフレットを販売した罰金の10ポンドを支払えず，投獄された。これに対し，5月6日，彼の罰金を支払うためにドメインで集会が開かれ，約10ポンドの献金が集まった。屋外集会の弁士は，地元の出身者ばかりではなく，アメリカやイギリスからも来ており，国際的な場でもあった。ロンドンやアメリカの有名な弁士や説教師は，多くの人びとにすでに知られており，最初から多数の聴衆を引きつけた。救世軍も，派手な演出で，ドメインの常連となっていたが，7月12日がアイルランドのプロテスタントの祝日であることを失念し，オレンジ色の旗を用いたために，ドメインに集まった「ごろつき」の攻撃の的になった[293]。

　1883年には労働者階級の政治的活動が再び活発になった。労働者防衛協会の流れを汲む保護主義・政治改革連盟 the Protection and Political Reform League は，1月27日（土曜日）夜，初めて連盟の集会を一般の市民に開放した。そして毎週の集会をパブリック・ミーティングとして開催することを決定した。2月10日の第3回のパブリック・ミーティングでは，J. B. ダグラスが，ヘイマーケットもしくは3,000人くらいの聴衆を集められるシティの中心で，パブリック・ミーティングを開催することを提案している。実際，2月19日（月曜日）夜，フラッグスタッフ・ヒルにおいて，補助移民に反対する屋外集会が開催され，連盟の幹事長が司会を務めた。J. B. ダグラスも決議を支持する演説を行っている。一方，2月24日のテンペランス・ホールにおける集会には，80〜100人程度しか参加者が集まらなかった[294]。

　労働組合評議会も補助移民に反対であったが，保護主義・政治改革連盟の提携の求めには応じずに，1883年3月13日（火曜日），サーキュラー・キーにおいて，独自に反補助移民の集会を開催し，約2,000人の参加者を集めた。さらに労働者防衛協会と類似の名前を冠する団体，労働者政治防

衛協会 Working Men's Political Defence Association が，7 月 21 日（土曜日）の午後に，ヘイマーケットにおいて，組織を結成するパブリック・ミーティングを開催した。前述の H. ブラウンが弁士として登場し，自身の反中国人移民の立場を語った後で，かつて労働者であったが，下院議員となったアンガス・キャメロンが公園で労働者が集会を開くことを禁止する告知に名を連ねていることを揶揄した。参加者は約 200 人であった。7 月 28 日（土曜日）の午後には，労働者政治防衛協会の集会が多数の参加者をえて，ベルモアパークで開催された。8 月 18 日（土曜日）の午後にはヘイマーケットで，労働者政治防衛協会の一部から急進主義協会 Radical Asociation が結成された。9 月 15 日（土曜日）午後 3 時，急進主義協会は，サーキュラー・キーでパブリック・ミーティングを開催し，補助移民に反対する決議を行った。約 1,000 人が参加した。この場で新たなメンバーが募られ，12 人が急進主義協会に加わった。10 月 20 日（土曜日）の晩，あらゆる労働者を団結させるための集会が開催された。ジョージ・ペリーが議長を務めた。ドメインの弁士で禁酒運動の推進者のペリー，フラワーやドランなどの急進主義協会の組織者たち，ドメインの弁士で労働者政治防衛協会の組織者，H. ブラウン，ジャーナリストで保護貿易主義者の E. W. オサリヴァン O'Sullivan などがこの集会の立役者であった[295]。

　屋外集会には，娯楽的なものから政治的なものまで雑多な集会があり，そこで話す弁士たちも，放蕩の経歴や奇妙な逸話，節酒の推奨からアイルランド問題，移民問題や保護貿易主義まで，様ざまな問題について話した。ドメインに集まる聴衆は面白い話を好んで聞いた。安息日を厳守しようとする勢力が日曜の娯楽を制限していた当時，多くの人びとにとって，ドメインは娯楽の場であった。しかし，こうした集会から，人びとが政治的・社会的な問題に関する情報を得ていたことも間違いない。節酒主義を説く弁士たちは，社会問題についても言及し，その時話題になっている政治問題を話に組み入れた。政治的な集会でも，娯楽的要素は不可欠であった。19 世紀の人びとが好んで参加した行進は，大規模な屋外集会にはつ

きものであった。装飾を施された馬，幌馬車，楽隊，消防団，さらに友愛協会，労働組合なども，支持する集会には旗指物を掲げて加わった。夜であれば炬火を掲げて行進が行われる場合もあり，時には花火が打ち上げられた。集まる群衆の政治性はその時々の状況に左右された。天然痘に罹患したとされる中国人移民の到着や，アイルランド国民連盟の代表者の訪問のような危機的な状況では，群衆の潜在的な政治性が表出する。失業者が増加した場合には，群衆の政治性が高まった。群衆の性質自体よりも，人びとが定期的に特定の場所に多数集まるようになり，そこで自由に集会が開けるようになったことが重要である。既存の支配権力に抗う勢力は，議会や総督邸などに近い，都市中心部における空間に定期的に集まる群衆に訴えかけることで，効果的に社会運動を組織することができた。これは，サイバー空間の誕生が新たな社会運動に肥沃な土壌を提供しているのと似ている[(296)]。

ドメインを閉鎖する動き

　ドメインに移動した弁士たちの活動が活発になり，失業者や労働者の集会も開かれるようになると，ドメインをハイドパークと同じように管理しようとする動きが生じる。1883 年 10 月 26 日，ニューサウスウェールズ植民地議会で，事務弁護士で保護貿易主義者の議員，R. H. レヴィンが，ペリー，ブラウン，リチャードソンらが，日曜日の午後にドメインで，議員たちを罵り，侮辱していると指摘し，ハイドパークと同様の対策を求めた[(297)]。

　ドメインの弁士に特に嫌われていたアンガス・キャメロンは，ブラウンについて，「彼は，その同輩のペリー氏とともに，議員の風刺画をその仲間の悪党の群れに掲げて示し，嫌悪感を催すような，何人かの議員の胃を表したと称する図を見せびらかした」。さらに「ドメインに立ち入れば誰でもわかることだが，数年前のハイドパークの状態と同じようになっている」と述べて，ドメインの管理を管理委員会に任せ，ハイドパークと同様

198 第4章 権力闘争の場としての公共圏

の規制を導入することを求めた。これに対し，家具製造を家業とするニニアン・メルヴィルは，表現の自由を擁護し，規制に反対した[298]。

10月30日の議会では，R. H. レヴィンが再び質問に立ち，土地担当の大臣，ジェームズ・ファーネルにドメインへの管理委員会の設置の件について問いただすと，ファーネルは土地測量の終了次第と回答したが，政府による集会の規制には難色を示した[299]。

1883年の屋外弁士たちは，1879年のハイドパークの閉鎖時よりも状況に恵まれていた。また，集会の自由を守ろうとする人びとは，管理委員会の設置が事実上の集会の禁止を意味することも明確に認識していた。政府がドメインへの管理委員会の設置を表明すると同時に，反対運動の組織化が始まった。1879年には主要新聞のすべてが，ハイドパークの管理強化に賛成していた。しかし，1883年には意見が分裂していた。「年老いた祖母」とドメインの弁士に揶揄されていた『シドニー・モーニング・ヘラルド』は，パブリック・ミーティングの制限に賛成であったが，その主張にはドメインの弁士に対するかつての辛辣な批判は失われている[300]。拡大を続けるもう一つのシドニーの朝刊紙『デイリー・テレグラフ』は，ファーネルが委員会の設置を明言すると間髪を容れずに，社説で規制の導入に反対した。社説は次のように述べている。

　　俯瞰的な観点から見ると，「ドメインの演説」の抑圧は，時々見られる卑俗さや下品さを嫌ったり，ラリキンたちが起こす恥ずべき光景に反対したりする人びとには，ある種の安堵を与える一方で，人民が所有する場所における集会の自由と言論の自由に対する人民の権利から判断すると，明確な悪になると主張することに，我われは努力をほとんど惜しむことはないであろう[301]。

同じ社説は，公会堂を借りてパブリック・ミーティングを開くべきだという意見には，ドメインを閉鎖すれば，賃料を払えない貧しい人びとか

ら，意見表明の場を奪うことになる点を指摘した。管理委員会が開催できるパブリック・ミーティングを決めるという点についても，委員会を構成する委員自身が特定の政治的信条を明らかに持っているという点を強調し，ハイドパークの例からすれば，事実上の集会の禁止となるのは明らかであるとした[302]。

　議会の討論で見られるドメインの集会に対する批判は，かつてのようにすべての弁士をひとまとめにするのではなく，個々の弁士の話し方や生活状況にまで及んでいる。それは反対運動を行うドメインの弁士たちが，1879年よりもはるかに社会的によく知られるようになっていた証左である。おそらく彼らの影響力も高まっていたと思われる。また，抗議運動もより組織化されていた。ドメインの弁士たちは，数日間で数人の国会議員やシドニーの市長の支持を得ることに成功する。

　1883年11月3日（土曜日），ドメインの管理委員会を設置して，パブリック・ミーティングを禁止する措置に反対する集会がドメインにおいて開かれた。ジョージ・ペリーが最初に演説を行い，常連のドメイン弁士ウィリアム・リチャードソンがこれに続いた。次にH.ブラウンが労働者階級の言論の自由にとってのドメインの価値を説いた。さらにその後に続いたのは，もう1人のドメイン弁士，R. C. ラスコム Luscombe であった。下院議員のニニアン・メルヴィルらがその後続いたのち，ファーネルと面会する代表団が任命され，翌週にもう一度パブリック・ミーティングを開催することが決まった。翌日の日曜日の午後，ジョージ・ペリーはいつものように飲酒の弊害について話していたが，途中でドメインへの管理委員会設置に対する批判を展開，これに別の場所で演説を行っていたH.ブラウンが聴衆を率いて合流し，3,000人規模の集会に膨れ上がった[303]。

　11月11日（日曜日）の午後，ドメインの弁士たちが集結した抗議集会が再び開かれた。1,000～1,500人の聴衆が集まった。内容は前の週の集会とほぼ同じであった。7ポンドの寄付が集まり，運動の広告費用などに使われた[304]。

200　第4章　権力闘争の場としての公共圏

　ドメインの弁士にとって幸運なことに，当時政府は，懸案の土地法案の成立に全力を傾注していた。ファーネルはこの法案の担当大臣であった。シドニー市長（下院議員でもある）と他の5人の下院議員を含む代表団による抗議は，政府があまり重要視していない課題から，政府に手を引かせるには十分な圧力だったと思われる。ファーネルは集会を規制する意図はないと説明し，管理委員会の任命を再検討することを約束した(305)。

　ペリーは，代表団が大臣に面会した2日後，11月18日（日曜日）の恒例の集会で，代表団の成果報告を行い，弁士たちの完全な勝利であったと述べた。しかし，シドニーの夕刊紙『イヴニング・ニューズ』は，ドメインで集会を開く権利を守ろうとする者は，ファーネルの回答に満足せずに，ドメインに突然管理委員会が任命されるような事態が起こらないように，注意すべきだと警告した(306)。

　11月末からは，ドメインの弁士たちは，政府による補助移民の財政支出に反対する演説を繰り返し行い，巨大な屋外集会の計画も話題にされるようになった。人民のタウンホールとしてのドメインの地位は，当分の間安泰となる(307)。

　シドニーでは，この時期から草の根の政治活動が活発化する。1884年初め，ハイドパーク北端に位置するアルバート公銅像前の労働者の屋外集会から民主同盟 Democratic Alliance が生まれ，4月には失業者たちも，アルバート公銅像前で集会を開き，政府から失業対策を引き出した。日曜日には失業者たちがドメインで集会を開き，寄付を集めて，食事などを提供した。1885年には，労働者の集会はキングストリートの突き当たりにある女王銅像前に移った。1886年には，ペリーやリチャードソンなどのドメインの弁士も，女王銅像前で開かれる失業者の集会で演説している。1887年には，ドメインや女王銅像前で，反移民，ブリー炭鉱救済基金，タバコ関税反対，日曜の劇場閉鎖反対，アイルランド抑圧法反対，失業問題等，これまで以上に様ざまな問題に関連して，多数の屋外集会が開かれた。1888年には，当時としては史上最大のパブリック・ミーティング，反中

国人移民集会がドメインで開催され，5万〜6万人の参加者を集めた。参加者数は郊外を除くシドニーの人口のほぼ半数に匹敵した。1889年には，労働組合評議会がドメインで，ロンドン・ドックのストライキを支援するための巨大集会を2度開いている。3万ポンドに達するオーストラリアからの支援が，ストライキの勝利に決定的な影響力を与えたと言われている。労働組合評議会は，1881年の反中国人運動の時には，屋外集会の招集に乗り気ではなかったが，今回は躊躇なく屋外集会の開催を決断した。しかし，集会は2度とも日曜日ではなく，土曜日に開催されている。労働組合評議会も，中・上流階級の日曜日には非宗教的な政治活動を行わないという慣行，聖日曜日に服していたのである[308]。

　1880年代のドメインは，ヨーロッパ系の人びとの独占物ではなかった。1885年にシドニーを訪れたJ. A. フルード Froude は，1885年にシドニーのドメインを訪れて，次のような観察をしている。「私は多数の黒人のグループを見たが，演説をしている人たちの周りを私たちといっしょに取り囲むように集まっていた。私は次から次へと何が話されているかを聞くために集団を渡り歩いた。そこはハイドパークやバタシーのようだった。ある場所には，節酒運動家の弁士がおり，各地域の酒類販売に対する決定権を訴え，別の場所では，「黒んぼ」が救済について雄弁に語っていた」[309]。

　話を少し戻そう。ロンドン・ドック・ストライキに関しては興味深い記事がある。1889年9月1日（日曜日），ドメインでは，新たに誕生した社会主義者連盟 Socialist League が，ドメインでロンドン・ドック・ストライキを支援するための大規模な集会を開催していた。ストライキを支援するための寄付が7ポンド集まった。一方，同じドメインで，有名なイギリスの福音主義者のヘンリー・ヴァーリー Henry Varley が，数千人規模の巨大な集会を開き，「人間の堕落」について語っていたが，ヴァーリーがロンドン・ドック・ストライキに言及すると，多くのびとが強い関心を示し，港湾労働者の闘いに共感を示す決議が満場一致で行われた。集まった寄付

202 第4章 権力闘争の場としての公共圏

金は12ポンド4シリングに達した。宗教的な集会に関心を抱くドメイン
の群衆も，社会主義者の集会の群衆と同じように，ロンドンの労働者のス
トライキを強く支持していたのである[310]。

1890年代，労働組合評議会は，積極的に屋外集会を利用して運動を繰
り広げた。ドメインのみならず，ヘイマーケットやフラッグスタッフ・ヒ
ル，ベルモアパークやプリンス・アルフレッド・パーク，女王銅像前など
で，集会を開催した。社会主義者やアクティヴ・サーヴィス・ブリゲイド
のような無政府主義者の団体も，組織化されていない失業者たちと並ん
で，屋外集会を開催した[311]。

こうした状況にあって，当局は再び屋外集会の規制に動く。例えば，
1892年，シドニー東部郊外のライカートのパラマッタ・ロードとクリス
タル・ストリートの交差点（現在コールズのある辺り）では，土曜日の夜に
多くの屋外集会が開かれていたが，警察は社会主義連盟の集会だけを解散
させた。また，女王銅像前の集会も警察によって排除されている[312]。さ
らに1894年に，政府は再びドメインを管理委員会の下に置き，集会を規
制しようとした[313]。

この時期のドメインでは，労働組合評議会系の労働連盟と，反ペテン師
連盟やアクティヴ・サーヴィス・ブリゲイドなどが対立し，小競り合いが
起こっていた。無政府主義者の組織とされる，反ペテン師連盟やアクティ
ヴ・サーヴィス・ブリゲイドの取り扱いが社会的な問題になりつつあっ
た[314]。

政府の動きに対して，シドニーの主要な日刊紙と夕刊紙は，ドメインの
規制に反対する立場を鮮明にした。夕刊紙『イヴニング・ニューズ』は，
誰もが投票権を持つ国においては，暴力を扇動しない限り，たとえどんな
に野蛮で馬鹿げていても，政治的・社会的な気持ちを表現することを妨げ
られることはない。ドメインの愚か者に関われば，愚か者への共感を生
み，彼らを議会に送り出すことになる。こういうことは不要だと，ドメイ
ンの集会に対する干渉に反対した[315]。

第 2 節　シドニーにおける自由な屋外集会の伝統　203

図-7　現在のドメインのスピーカーズコーナー（2023 年 11 月著者撮影）

　前回もドメインの規制に反対した『デイリー・テレグラフ』は，今回も同じ姿勢を保った。この規制を，演説の検閲の糸口になるだけでなく，一部の評判の良い市民が，ドメインの弁士たちが議論してもよいテーマを決める制度のきっかけにもなると主張した。ドメインは文字通り「公的な場所」で，そこで行われる言論に対処する唯一の合理的な方法は，法に触れない限り，それを許容することだと述べ，ドメインを管理員会の下に置くことは，自由な言論の統制の行き過ぎであり，許容の範囲を超えるとした。もしドメインで，人びとが危険な思想であったとしても，自由にそれを述べることができなければ，秘密結社に，はるかに危険なはけ口を見出すことになるとも主張した[316]。

　前回，ドメインの管理に賛成した『シドニー・モーニング・ヘラルド』さえも，今回は管理委員会の任命に反対した。「ドメインは，あらゆる種類の公的な弁論の場所である。この慣行は，規定されているわけではないが，長い習慣によって権利になったものである。ドメインは意見を詳しく表明したり，信条を表現したり，社会的，政治的，宗教的問題の論争の場

図-8　ハイドパークにおけるガザ侵攻に反対する抗議運動（2023年筆者撮影）

所として認められている。従って，十分な管理という正当化が様ざまな言論に対する検閲を課すことを意味するのを前提とするのであれば，それは重大な誤りである。どのような役人も，人が何を言ってよいか，何を言ってはいけないかを指図することはできない」[317]。

　主要な新聞がすべて反対を表明するなかで，政府はドメインにおける言論の規制を断念した。この後ドメインは，人民のタウンホールの地位を確立し，今日までスピーカーズ・コーナーの伝統は受け継がれている。この間の最大級の集会を見ていくと，第1次世界大戦中，徴兵制の導入をめぐって国論が分裂した時には，5万〜10万人がドメインに集まって，徴兵制に反対し，メルボルンでもヤラ川の河岸に5万人が集まった。ドメインで戦争終結を祝う式典には20万人が参加した。世界恐慌に直面した時期には，ドメインにおいて，ジャック・ラング首相の罷免に抗議する10万人規模の集会が開かれている。また，ヴィエトナム戦争に抗議する集会は，史上最大規模であった。他方で，政府による集会への介入も続いている。近年では，新型コロナが流行した時期には，BLM運動が規制の対象

になり，イスラエルのガザ侵攻に抗議する集会も当局の介入を受けた。こうした管理や統制が行われてきたにもかかわらず，それに抗い，議会や政府施設の眼と鼻の先で，市民が自由に集まり，抗議の声をあげることができることこそ，民主主義が真の意味で機能する必要不可欠の条件である。

第3節　女王陛下とパブリック・ミーティング————

帝国意識

　この節は本書の締めくくりとして，権力闘争の場としてのパブリック・ミーティングの姿を明らかにしたい。その舞台としてとりあげるのが，1887年のヴィクトリア女王在位50年を祝うために準備されたパブリック・ミーティングである。在位60年を迎えた女王に賞賛の言葉しか見いだせなかった国の読者にとっては，メナジェリーのようなものかもしれないが，退職まぢかの歴史家にとっては，バナナ共和国のような日本自体がメナジェリーのような気がしてならない[318]。

　中・上流層の人びとは，タウンホールの使用を制限したり，議会や総督公邸などの政府機関の近辺にある公園や共有地などの使用を制限したり，あるいは市長などがパブリック・ミーティングの招集を拒否するなどして，社会運動を規制し，世論をコントロールしようとしてきた。第1・2節で見てきたように，そうした動きが浮上し，それに抵抗する人びととの対立が顕在化することもあった。しかし，通常は中・上流層の人びとが，自らにとって都合の良い世論の形成を，抵抗を受けることもなく成就することが多かった（近年の日本では，タウン・ミーティングで，政府に都合の良い発言者をあらかじめ選ぶという方法が使われた）。ただし，中・上流層が内部に大きな分裂を抱えた場合，ニューサウスウェールズの例で言えば，19世紀末から20世紀初頭の自由貿易主義者と保護貿易主義者の対立が生まれた場合や，労働者階級に組織的な抵抗が見られた場合には，そうした構図が

206 第4章 権力闘争の場としての公共圏

成り立たなくなる。本節では，ヴィクトリア女王在位50年祝典をめぐる混乱を見ることで，中・上流層の人びとによる世論形成の平常性の背後に潜む権力に光を当てたい。その部屋に通じる扉を開く鍵は，パブリック・ミーティングが正当な世論表明の場として認められる条件の一つ，修正案の提出にあった。

ニューサウスウェールズの人びとは，他の植民地の人びとほどには，ヴィクトリア女王在位50周年に関心を抱いてはいなかった。『デイリー・テレグラフ』は，「祝賀の提案がなされると必ず，強い抵抗に遭うか，少なくとも冷水を浴びせかけられる。問題が議論の俎上に載るたびに，公金をこの目的に使用することに反対する多数派もしくは強力な少数派がいた」と述べて，祝賀行事を推進するメルボルンとの大きな落差に言及した。その原因は単なる無関心ではなく，「かつて「不忠」と呼ぶのが流行りであった言葉で表現される」ような，「強力で断固たる反対」があるとした。同紙によれば，ニューサウスウェールズは「反帝国主義的」感情の局面を通過中であり，そうなった一因は，スーダン遠征において見られた熱狂からの反動であった[319]。

イギリスが植民地化しようとしていたスーダンで起こったマフディー戦争において，太平天国の乱で活躍したゴードン将軍が1885年に戦死すると，本国と同じく，シドニーの帝国主義的感情は昂揚し，オーストラリアの植民地としては史上初めて，ニューサウスウェールズの部隊がスーダンに派遣されたが，何の成果もなく引き上げた。当時，この遠征を，大部分の議員が熱烈に支持したが，野党の指導者ヘンリー・パークスは，遠征を強く批判した（首相であれば，別の主張をしたと思われる）。これを潮目に，自由貿易主義を旗印にして，パークスは彼の言う保護貿易主義者から政権を奪い返した。一方，労働者階級の間では，共和主義的な意識が強まり，ドメインに見られるように屋外集会が多数開かれるようになっていた。ドメインに集合していた人びとと，中・上流層の世論形成の営みが在位50年記念式典で交差することになる。

ヴィクトリア女王在位 50 年記念

帝国主義者にとっては逆風が吹く状況にあって，シドニー市長の A.
J. ライリー Riley は，ヴィクトリア女王の在位 50 年を記念する大パー
ティーを企画し，そこにシドニーの学童全部を招待する予算を市議会に求
めたが，不調に終わった[320]。その結果，ライリーは，彼の提案に市民の
協力を求めようとして，パブリック・ミーティングを開催するための準備
委員会を 1887 年 5 月 31 日に，タウンホールに招集した。市長は 200 枚の
回状を送り，新聞広告で告知した。『シドニー・モーニング・ヘラルド』
によれば，「約 30 人のジェントルマン」が出席した。集会は「市民を代表
して」，市長の提案を支持し，その実現のためにパブリック・ミーティン
グを開催することを決めた。また，募金が開始され，市長の 100 ポンドを
含めて，合計約 370 ポンドが約束された[321]。

準備は順調に進み，6 月 3 日（金曜日）予定通りに，最初のパブリック・
ミーティングが，シドニーのタウンホールで開催された。参加者は 150 人
程度と，市長が招集したパブリック・ミーティングとしては少なかった。
演壇には，市長と 3 人の市会議員と 6 人ほどの代表的市民がいたが，会場
には「世俗主義者」（労働組合員，社会主義者，その他抗議をする人びとなど）の
一団が多数集まった。議長になった市長が，市の公金を祝賀のために支出
することの正当性を訴えると，「失業者はどうなるんだ」という声が投げ
かけられた。学童を大パーティーに招き，在位 50 年を祝賀するという市
長の考えを支持するという決議が提出されたが，世俗協会の代表，フレデ
リック・ジョーンズが修正案を提出しようと立ち上がった。市長は，「こ
の集会は，女王の在位 50 年にふさわしい祝賀に賛成する者を招集したの
であって，賛成しない者は出ていくがよい」と，それを妨げようとした
が，ジョーンズは，意に介さず，「この集会の意見では，植民地の子供た
ちに，君主の 50 年在位の年の意義を印象付けるという提案は，愚かで，
国の民主的精神を傷つけるように意図されたものである」という修正案を
提出し，これをジャーナリストで労働運動と関係の深いジョン・ノートン

Norton，社会主義者の W. H. マクナマラ McNamara が支持し，賛成多数で可決された。市長は，集会を散会させることもできたが，公平な立場で議事を進行し，反対意見を尊重した。最後に市長は女王への3度の歓声を求めたが，不満の声にかき消された[322]。

『シドニー・モーニング・ヘラルド』紙は社説で，昨晩の集会の参加者は，シドニーの人びとの気持ちを代表しておらず，「いかなる意味においても，集会はシドニーの声ではない」と弁明すると同時に，忠誠心あふれる人びとが現れなかったことを批判し，この結果を相殺するための行動をすぐに起こすように促した。その行動とは，同日の広告欄に掲載されている，キャリントン総督夫人の要請で始まった，貧しい女性のための「女王基金」への協力である。従来から，シドニーの中・上流層は，少数の人間を招集し，シドニーの声を生み出し，世論形成を行ってきたので，反対派がそれを乗っ取っても，その決議の有効性を覆すことは困難で，対抗措置として別の運動を支持せざるを得なくなったのである[323]。

シドニーの二大新聞のもう一つ『デイリー・テレグラフ』紙も社説で，極めて異常な集会に言及し，シドニーの声として意見を表明する機会を，自由思想家もしくは世俗主義者に与えたことこそが問題であるとし，次のように述べている。

　　いかにしてこの機会が彼らに与えられたのだろうか。我われ記者の推定によれば，約150人の集団が集まったパブリック・ミーティングにおいて，特定の形の在位50年記念行事を禁止し，シドニーの人民の感情として，彼らの感情を表明する決議を行う機会が与えられるというようなことが，どうして起こったのだろうか。今朝，ロンドンの諸紙は，次のように伝える，しかも正しく伝える電報をきっと掲載しているだろう。市長が招集して議長を務め，タウンホールで開催された，シドニー市民のパブリック・ミーティングにおいて，女王の在位50年記念式典は民主主義の原理に一致しないという決議が，圧倒的

多数によって可決された。それはいかにして起こるのだろうか。これらの疑問をたどれば，昨夜の出来事の本当に重要な側面が浮き彫りになる[324]。

　シドニーのタウンホールで開催され，市長が招集し，議長を務めるパブリック・ミーティングにおいて，少数の中・上流層の人びとが市民を代表する決議を採択することで，ニューサウスウェールズ植民地の世論が，これまでしばしば表明されてきた。本国においても，それが正式の植民地世論として受け止められてきた。これが通常のプロセスであり，中・上流層の人びとにとっては当然のことであった。ところが，このプロセスに不測の事態が生じたのである。帝国主義者や多くの中・上流層の指導者は，その埋め合わせが必要であると認識し，女王基金を利用しようとした。『デイリー・テレグラフ』紙も『シドニー・モーニング・ヘラルド』紙と同様に，この決議を無効にするような行動を迅速に取ることを求めた[325]。

　6月8日，元植民地最高裁判所長官のアルフレッド・スティーヴン Alfred Stephen の紹介で，大規模で有力な代表団がシドニー市長と面会した。スティーヴンは，何の影響力もない人間，「数において，さらに地位，品性，知識において，いっそう取るに足らない人びと」の行動を非難し，市民による在位50年祝賀行事を検討するパブリック・ミーティングを再度招集することを要請した。これには首相のヘンリー・パークスや現植民地最高裁判所長官も賛同の意を表していた。市長は，この要請に応じ，「彼らの中に紛れているみじめな少数派に，同様の行為を2度と行わないように教訓を与えるために」，6月10日（金曜日）午後8時，タウンホールでパブリック・ミーティングを開催することに同意した。その開催目的は，すでにパブリック・ミーティングで決定された決議を単に無効にすることは，通常の手続きを外れることになるので，市長による提案と総督夫人による提案を合体したものになると一部では説明されていた。しかし，集会を招集する広告では，再度市長による提案，学童に対するパーティーが唯

一の目的となっていた[326]。

2回目のパブリック・ミーティングの大失態

　第2回目のパブリック・ミーティングは，タウンホールの前室，着席収容人数250人くらいの場所で開かれた。主催者は演壇とその周辺部を支持者で固めるために，あらかじめ入場券を発行し，一般の聴衆が入場する午後7時30分以前に支持者を会場に入れようと考えた。しかしながら，「この幾分新規で，パブリック・ミーティングを思い通りに運営するもっとも確実だと思われる方法」は，主催者の意図が理解されていなかったために，成功したとは言えなかった。というのは，入場券を持つ人びとは，警察が守備する門にあらかじめ到着する必要があるとは考えておらず，他方，一般の市民は，パブリック・ミーティングが始まるかなり前に，主要な門に到着したからである[327]。

　6月10日（金曜日）午後7時には，タウンホールのすべての扉の周りに群衆が密集して，入場することを要求し，「誰もが隣人と同等だ」とアンドルー・ジャクソンのように唱え，入場券は不必要だと主張した。偽造入場券で多数が入場したと報道されているが，真偽のほどは不明である。会場の規模の数倍の入場券が送られていることを考えると，反対派にもその一部が流れたとも考えられる。一般市民に対して扉が開かれると，5分くらいの間に窒息するほど密な聴衆で会場は一杯になった[328]。

　入場券の所持者は，一般の参加者に先立って，演壇と前から数列の席を埋めた。前述のジョン・ノートンもこの時入場したが，建物の外に「放り出された」（本人の弁）。ノートンは一般の市民といっしょに，後ほど再度入場した。あらかじめ入場したのは，首相を含む大臣，代議士，司法関係者，銀行家，有力商人，レディたちなどで，ノートンのような異質な人びととはすべて，あらかじめ「放り出された」と思われる。祝賀行事の反対派は，回状を回して，先のパブリック・ミーティングの決議が覆されないように，国の名誉と独立を守るために早く集合するように促していた。しか

し，反対派は会場の外で待たされ，7 時 30 分になり入場してみると，演壇は有力者が席を独占し，一般入場者が入った空間と演壇は，祝賀行事を支持する人びとの席で隔てられ，演壇には容易に近づけないようになっていた。一般参加者に席はなく，立ってすし詰め状態になった参加者数を，『デイリー・テレグラフ』は，2,000 〜 3,000 人と見積もっている。さらに数千人が入場できずに外に集まっていた。演壇から，自由貿易協会の N. B. ダウニング Downing が女王への万歳三唱を求めると，忠誠派はこれに応えたが，反対派は，激しく罵声を浴びせかけて，共和国や人民に対して万歳三唱が行われた。こうしたやり取りが続くなか，8 時ころに，世俗協会の代表であるフレデリック・ジョーンズが演壇に登ると，聴衆に帽子を取って手を振ったが，「彼に手を出すな」という叫び声のなか，すぐに 6 人ほどの忠誠派に追い出された。「ジョーンズなしでは，集会はない」という声が沸き起こったが，ジョーンズが戻ることはなかった。初代首相になるエドモンド・バートンが聴衆に静かにするように求め，議長のライリーが，いかなる決議も提案する十分な機会を保障すると述べたが，役には立たなかった。この時，技術学校の討論協会の代表者の P. J. ガンドン Gandon が，ノートンに助けを求めると，ノートンは演壇のテーブルに登り，聴衆を静かにさせようと努めた。一方，国歌を歌おうとする試みは罵声に打ち消された。その後，市長もテーブルに登り，ノートンが，市長が発言できるように静粛を求めたが，効果はなかった。市長は，建物が十分に大きくないことを理由に，パブリック・ミーティングを中止し，博覧会の建物で水曜日に再開することを宣言した。聴衆は集会の継続を求めて，抗議の声をあげた。ノートンは，外で集会を続けると参加者に呼びかけたが，聴衆は議場に留まり続けて，ノートンに歓声を送った。再び国歌を歌おうとする試みが行われたが，これも喧騒にかき消された。数分後にノートンは議場から出たが，照明を消すという市長の警告にもかかわらず，大部分の人間はその場にとどまった。8 時 30 分になって，警察総監が率いる警察部隊が建物に入り，抵抗を受けながらも聴衆を排除した[329]。

市長室の会合

演壇の席に腰かけていた忠誠派の人びとは，パブリック・ミーティングが延期されるとすぐに市長室に集まった。そこには首相のパークスや主要な政治家，植民地の有力者が一堂に会していた。市長が議長を務め，少数の非国民の横暴を非難し，秩序を維持し，女王への忠誠を誓う決議を行い，さらに教会，銀行，その他の公的な場所にその文面を掲示する手配を行った。この決議を提案するにあたって，植民地最高裁判所長官のF. M. ダーリー Darley は，こうした取るに足らない少数派がいるのはシドニーのシティに限られており，その原因は劇場の不適切な使用と神への冒瀆にあるとした。また，「これらの人びとは，どのような権利によって，この国の圧倒的多数の人びとが嫌悪感を覚えるような主張を広めるために，公園を使っているのだろうか。……こうしたことは根絶しなければならない」と述べて，公園での集会を禁止することを提案した。総督代理を務めたこともあるアルフレッド・スティーヴンは，「今晩我われが目撃した人びと以上に，野蛮で，怒り狂った集団をこれまで見たことはなく，まるでインドの野蛮人のようだ」と述べ，こういう人間には理性が役に立たず，「強力な権力によって鎮圧しなければならない」と主張し，喝采を浴びた。どちらが本当に野蛮かは，意見の分かれるところだと思うが（なぜインドかも気になるが），スティーヴンはそう断じた。続いてパークスは，これらの人びとが，人口の500人に1人も代表していない少数派だと断定し，「社会の敵」だと糾弾した。議会上院議長のジョン・ヘイ John Hay は，集まった聴衆の一部が計画的混乱を引き起こしたと主張し，多くの聴衆はそれに賛同していないという意見を表明した。続いて第1の決議を実現し，第3回目のパブリック・ミーティングを準備するための委員会を任命する第2の決議が提案され，全会一致で採択された。内閣の副代表であったJ. E. サロモンズ Salomons は，この決議の提案に当たり，パークスの発言を敷衍し，反対派を「人類の敵」と呼び，それを抑圧する法律の制定を希望した。下院議員のフランシス・アビゲイル Francis Abigail は，労働者と

交流した経験から，反対派が少しも労働者を代表する人びとではなく，働かない者たちであると主張した[330]。

　主要な政治家や新聞は，反対者を取るに足らない少数で，組織的な活動によって正当な活動を妨害する社会の敵だと考えていたか，少なくともそう示そうとしていたことは明白である。『シドニー・モーニング・ヘラルド』紙によれば，

　　　無秩序は組織的に引き起こされたのであり，偽の入場券によって演壇を占拠した人びとがそれを明らかに率いていた。この目的が達成されると，組織的な粗暴行為によって，集会を妨害し，阻止するのは容易であった。昨晩の出来事は，小さくて暴力的な少数派の，規律正しい多数派に対する勝利であった。……圧倒的多数の住民が完全に賛同している目的で開かれた集会があり，それが騒々しく，乱暴で，取るに足らない党派によって水泡に帰したのである[331]。

　この記事によれば，少数派が「偽の入場券によって演壇を占拠」したということであるが，なぜか反対者が占拠しているはずの演壇から，その指導者のノートンが，一般聴衆の入場前につまみ出されている。『シドニー・モーニング・ヘラルド』の集会の経緯の描写は，具体性がなく，具体的記述は自己矛盾を起こしている。偽の入場券が使われたとしても，一般聴衆の入場前までは，忠誠派が演壇とその周囲を占拠しており，偽の入場券の効果はほとんどなかったことがわかる。この推測は，その後も演壇から女王への万歳三唱が求められたり，世俗協会の代表のジョーンズが，集会の開始予定時刻くらいに，演壇から追い出された点とも符合する。それに対する聴衆の抗議によって集会の制御ができなくなったのであろう。

　この時期の大きな集会を扱う新聞記事は，複数の記者が書く記事を合体したものであることが多く，全体をまとめて書いてある最初の要約文や社説と記事の内容や詳細が食い違うこともある。シドニーの複数の新聞や雑

214 第4章 権力闘争の場としての公共圏

誌を読み合わせて検証すると同時に，こうした矛盾点を突き合わせていくことで，実際に起こった出来事を見極めていく作業が重要になる。『ミステリと言う勿れ』の主人公の久能整くんのように，真実は人の数だけあるけど，事実は一つというのが，真実に近いのかもしれない。

『デイリー・テレグラフ』は，詳細な描写でこの集会の事実を伝えているが，祝賀行事に反対する人びとを，「いかなる原則も政治的意見も代表することのない，無秩序で乱暴な一団」と呼び，「オーストラリアの「サンキュロット主義」が，あからさまに大げさな物言いや中身のない自慢話で満足している段階に留まる限り，誰も憤慨することはないし，我われの社会の名誉が傷つくこともない。しかし，この一派が，法と秩序をないがしろにして，合法的で賞賛に値する目的のために集まった多くの平和的な市民に，この目的にいかなる関心も持たないにもかかわらず，暴力的に干渉し，植民地の評判を落とそうとする瞬間に，偉大な人民のあらゆる潜在的な力と情熱に火をつけるだろう」と述べている。ただし，『デイリー・テレグラフ』は，少なくとも政府による言論の規制には反対する立場を表明した[332]。

オーストラリア・ナショナリズムを奉じる週刊誌『ブルティン』紙は，忠誠派について「こういう表現を噴きだす凶暴さは，疑う余地のないイギリス的自由を単に行使しただけの人びとを，あからさまな暴力によって，粉砕しようとする願望と決意の表れだ」と酷評している[333]。

日曜日の劇場閉鎖

忠誠派の願望は第2回のパブリック・ミーティングの直後に，その実体を現すことになる。首相のヘンリー・パークスは，聖職者たちの要求に応じるという体裁を取って，日曜の晩の集会，コンサートや娯楽を禁じる通達を，6月11日の土曜日に劇場の支配人たちに伝達した。通達に従わない場合には，営業許可を取り消すというものである。支配人たちは，この通達に従わざるをえなかった。「世俗主義者」が集うシアター・ロイヤル

には，「政府の命令に従って，シアター・ロイヤルは今晩閉鎖となる」という文書が掲示され，約40人の警察官とほぼ同数の私服警官が劇場の周りに配置された[334]。

　この措置は，土曜日から日曜日かけて，シドニーの町に広く知れ渡った。これに対して，最初に抗議の声を上げたのは，日曜日の午後にドメインにいつものように集まっていた弁士たちであった。彼らは，金曜日の夜の忠誠派の行動を激しく非難し，劇場閉鎖を決めたパークスの責任を追及した[335]。

　夕方になると，下院議員のトマス・ウォーカーが講演をする予定であったシアター・ロイヤルの周りに数千人の人びとが集まった。女王銅像前で屋外集会が開かれるという情報が流れ，午後7時ころに人びとは，そちらに向かって移動した。群衆は，マクウォーリ・ストリートからセント・ジェームズ教会に至る空間をぎっしりと占拠し，銅像の反対側からハイドパークに至る空間にまで広がっていた。この集会の参加者は6,000〜8,000人と推計されている。午後7時20分過ぎに荷車が演壇として設置された。続いて演説が始まろうとした瞬間に，警察から教会の説教を妨げるような騒音を立てれば，処罰するとの警告があったが，聴衆はそれを嘲った。集会では，パークスが市民の言論の自由とパブリック・ミーティングを開く権利を侵害したことに抗議し，それを撤回させるという決議がなされ，パークスに対して派遣する代表団が任命された。この集会で演説をしたノートンは，日曜日の劇場の閉鎖は，女王在位50年記念式典が失敗したことへの報復であり，専制支配への最初の楔であるとして，この動きに民主主義的な方法で対抗することを訴えた。トマス・ウォーカーも，これが記念式典をめぐる2回の集会の失敗に対する報復だとの見方を示し，それは暗黒の専制時代への逆行だと批判した。彼が聴衆に，自由のためにともに闘うかどうかの意思表示を挙手で求めると，無数の手が上がり，大歓声に包まれた。ウォーカーは，聴衆に第3回目のパブリック・ミーティングに赴き，その意思を示すように求めた。『シドニー・モーニング・ヘラルド』

216 第4章 権力闘争の場としての公共圏

は，この集会が整然と行われたと報告している[336]。

　日曜の劇場の封鎖は，一言で言えば，一部のサークルを除けば，極めて評判が悪かった。例えば，『シドニー・モーニング・ヘラルド』紙は，この措置が，法的に疑問の余地のある行政権力の執行によって，表現の自由が侵害されているという口実を反対派に与える恐れがある。また，それによって，言論の自由を守るという，忠誠派の明白な目的を支持したであろう多数の本来の支持者を，敵側に立たせてしまうという危険性を，パークスは予見すべきであったと述べた後に，「我われは，こうしたいわゆる日曜娯楽の主催者に，まったく同情することはないが，上記の理由から，反対派に同盟者を生み，その勢力を強化し，他の点では非難される点のない法と秩序の友の立場を弱くする傾向のある方針を，首相が採用したことが残念である」と，首相を批判した。『デイリー・テレグラフ』も同じような主旨の社説を掲載したが，その表現はいっそう厳しく，「最悪のタイプの専制」だと酷評している[337]。

　女王銅像前の集会で任命された代表団が翌日の月曜日に，首相のヘンリー・パークスと面会し，日曜日の劇場閉鎖の不当性を訴えたが，措置の撤回に失敗した。その日の夕刻，予告通りに，再び女王の銅像前でパブリック・ミーティングが開かれた[338]。

　パークスの返答を検討するために約3,000 〜 4,000人が女王銅像前に集まり，おそらく集会の正当性を高めるために，弱者の救済に熱心な，シドニー郊外のベルメインの聖職者A. ターンブル Turnbull による修正案の提案を認めるという打ち合わせが，集会の開会前に行われた。集会では，パークスの回答が不十分だとの決議が通過し，ターンブルの修正案には50人ほどの手が上がったが否決された。最後に，トマス・ウォーカーが，聴衆に水曜日のパブリック・ミーティングに集まり，修正案を秩序正しく提案することを求め，木曜日に再度集まることを求めて散会した[339]。

３度目の正直はあったのか

　キャリントン総督夫人の要請による貧しい女性のための「女王基金」の集会は，本来６月13日(月曜日)にタウンホールで開かれる予定であった。市長のライリーは，自身のパブリック・ミーティングとは別に，この目的のためにもパブリック・ミーティングを招集していた。しかし，金曜日の集会の失敗を受けて，総督夫人の基金と市長の集会を併せて一つのパブリック・ミーティングにした。総督夫人の基金には，反対派の指導者の１人も賛成しており，とくに反対運動は見られなかったにもかかわらず，忠誠派がこういう方法を選んだ目的は，幅広い勢力を１か所に結集できるという他に，二つの目的を合体させることで，パブリック・ミーティングへの批判を和らげるという狙いもあったと思われる。チャリティーとして行われる貧しい女性のための「女王基金」の設置は，貧しい女性の救済という，正面から反対する人間がほとんどいない提案であり，しかも女性を主体とした非政治的活動だと一般的に見なされるもので，政治的批判にはなじまなかった。この目的を掲げ，それを前面に出すことで，集会に反対する人間を臆病者として，あるいは人間性に欠けるものとして描写することが容易になった。『デイリー・テレグラフ』は，「プロの民衆扇動家であったとしても，忠誠の記憶として，慈善事業の設立に従事する貴婦人の邪魔をするほど下劣で卑しいとは思えない」と述べて，３回目の集会を妨害しようとする者に警告を与えている。『シドニー・モーニング・ヘラルド』は，集会への強い反対を予期してか，女王基金の創設を博覧会会場での集会の第１の目的だとした。実際，その広告欄を見ても，女王基金の問題を前面に押し出している。女王基金の集会の告知広告が連日掲載される一方，延期された市長ライリーの集会への言及はなく，当日の朝になって，女王基金の告知広告が三つ続いた後に，４番目にようやく，延期されたパブリック・ミーティングが夕方に開催されることを告知する広告が登場する。しかし，広告にはその目的さえ記載がなく，入場方法を示しているに過ぎなかった。パブリック・ミーティングの広告としては，甚だしく奇妙な広告

218　第4章　権力闘争の場としての公共圏

であった[340]。

　『シドニー・モーニング・ヘラルド』紙上で，これらの広告に続くのは，
オレンジ・ロッジの広告で，シドニーのシティと郊外にある 65 の支部の
メンバー全員に，この集会への参加を求めている。オレンジ・ロッジと
は，元はアイルランドのプロテスタントの団体で，アイルランドにおける
プロテスタントの優位を維持するために結成された団体であった。ただ
し，この時期のオーストラリアでは，反カトリック・帝国主義を標榜する
プロテスタント各派の過激な人びとを広く包括する団体になっていた。
オーストラリアの支配的な中・上流層は，アイルランド系カトリックの過
激派を取り締まりの対象としていたが，オレンジ・ロッジの行き過ぎにも
警戒心を抱いていた。『シドニー・モーニング・ヘラルド』紙にはないが，
同日の『デイリー・テレグラフ』を見ると，同じオレンジ・ロッジの広告
の下に，「オーストラリア人，アイルランド自治支持者，フェアプレイを
望む人」に呼びかける広告が掲載されており，オレンジ・ロッジの回状を
掲載し，彼らに対抗して，「市民よ，我われの自由の削減を甘んじて受け
入れるのか」と問い，集会への参加を暗に呼び掛けている。女王在位の祝
賀行事の問題は，アイルランドをめぐるオレンジ・ロッジとアイルランド
系カトリックの対立軸も巻き込んで，双方が言論の自由の擁護を唱えて，
参加者を募る事態に発展していった[341]。

　1887 年 6 月 15 日（水曜日），第 3 回目のパブリック・ミーティングが，
博覧会会場で開催された。『シドニー・モーニング・ヘラルド』紙は，社
説において，その様子を次のように描写している。

　　博覧会場における昨晩の示威運動は，シドニーではこれまで見たこ
とがないようなものであった。集会は，巨大で，熱狂的で，ほとんど
全会一致であった。社会のほんの一部の不忠者による，市民が自分た
ちの公会堂で話す権利を否定する，乱暴な行為に対する抗議として
は，集会はその目的を完全に達成した。シドニーの人びとが母国と国

王に忠誠心を持つことを誰もが知った[342]。

　続いて，社説は，建物の中の参加者を 1 万 3,000 人と見積もり，さらに多くが建物の外に集まっており，参加者のこの推定値は過少であるとした。また，この集会は，参加者の規模だけではなく，その代表的性格，つまり「判事や大臣からつましい職人まで」，老若男女，あらゆる階層の市民が集まったことでも際立っていたという。集会の混乱を期待する向きもあったようだが，「無秩序も反目も存在しなかった。集会は騒々しかったが，喧騒は熱狂の騒がしさであった」。この無害な興奮ゆえに，聴衆が国歌『ゴッド・セイヴ・ザ・クイーン』や愛国歌『ルール・ブリタニア』を繰り返し歌い，歓声を上げた。その結果，かなりの人びとが（more than a fraction of）演説を聞くことができず，議事を短縮するのが望ましくなり，落ち着きのない印象を与えることになった。

　　数百人の反対派がいたが，忠誠心溢れる膨大な数の市民に比べれば，その数はあまりに少数で，彼らは圧倒されてしまった。彼らは，その無力さを思い知り，静かにその状況を受け入れたのである。彼らは見守っていたが，主要な決議に反対の手を挙げる以外に，何の行動も見せなかった。そうすることで，彼らは，他のいかなる方法による以上に，その数がまったく取るに足らないものであることを示した[343]。

　こう主張した後に，社説は，支持者で建物を満員にしようとしたヤラセ集会だとの批判を予期してか，次のように述べている。

　　言葉の普通の意味で，集会が「支持者で固められた」と言うことはできない。もちろん，組織的な準備があり，それは必要であった。先週の経験をした後では，不忠者たちが，その追随者たちを優位な場所

220　第4章　権力闘争の場としての公共圏

に配置して，集会を台無しにする機会を与えるのは，愚の骨頂であろう。それは忠誠心のある市民の集会であり，忠誠心のある市民には，要求すれば，最善の場所を得る権利があった。彼らはそれを要求し，数百人ではなく，何千人とやってきて，集会を昨日のような姿にしたのである[344]。

『デイリー・テレグラフ』の社説も同様の印象を与える内容であった。

　　昨晩の集会は，演説を除けば，あらゆる点で主催者の願いの実現に成功していた。集会は，法と秩序と自由な弁論の権利の勝利であった。集会は，この目的を，雄弁や議論ではなく，一つの強力な感情，すなわち，タウンホールにおけるこれまでの集会の展開を，可能な限り取り消し，さらに消し去ろうとする決意によって突き動かされた多数の人間による，熱狂的示威行動によって達成した[345]。

『デイリー・テレグラフ』にとって，この集会は，「シドニーの人民が，大英帝国の他のいずれの場所の人民にも劣らず，よき愛国主義者であり，市民であること」を大いに宣伝するのに効果的であった。
　しかし，こうした描写を鵜呑みにすることはできない[346]。なぜ集会は，ほとんど全会一致であったのに，予定よりはるかに短時間で切り上げられたのか。本当に反対派は極めて少数であったのか。最善の場所を要求した，忠誠心にあふれる市民とは，実際はどういう人びとであったのか。『シドニー・モーニング・ヘラルド』紙が描くように，市民をくまなく代表するような人びとであったのか。記事を詳しく検討することで，こういう点を少し掘り下げてみたい。

3 度目の集会の実態
「言葉の普通の意味で，集会が「支持者で固められた」と言うことはで

きない」。それでは，その実態はどのようなものだったのだろうか。共和
主義的な雑誌『ブルティン』によれば，集会はあらかじめ，3,000 人以上
の偏狭な忠誠派と用心棒によって固められていた。その中身は，警察，兵
士，拳闘の賞金稼ぎ，プロテスタントの極右集団などであった。こうし
て，ニューサウスウェールズの貴族的理想の主柱として，警察と拳闘の賞
金稼ぎが並び立つという奇妙な光景が現れた。『ブルティン』は，総督夫
人の基金を前面に押し出した戦略を，民衆に人気のある夫人の慈善事業と
合体させることで，民衆の怒りと軽蔑の一部を「女性のスカートの背後に
隠れて」逃げようとする試みだと断じている。また，ジョン・ノートン
に発言の機会を与えなかったことを，たった 1 人の共和主義者の発言を
3,000 人の力で封じ込めたと，その臆病さを批判した。さらに，この集会
が「パブリック・ミーティング」として招集されたにもかかわらず，反対
する者に参加しないように促し，支持者だけで固め，さらに修正案さえ認
めなかったことで，すでに見かけだけの「パブリック」な特徴さえ破壊さ
れたと主張した[347]。

　『シドニー・モーニング・ヘラルド』紙がそのまま信用できないように，
『ブルティン』誌の事実描写も必ずしも正しいとは言えない。そこで，『シ
ドニー・モーニング・ヘラルド』や『デイリー・テレグラフ』から，実際
に起こったことの描写を見て，集会の経過をできるだけ再構成していこう
と思う。

　前日の正午にシドニー大学では，教授の指導の下に約 150 人の学生が集
まり，法と秩序を守るために集会に参加するという決議が行われた。その
後，そのうちの 70 人ほどが市長と面会し，市長は学生に感謝し，女王や
市長の健康を祝して乾杯した。少なくとも学生は，「王党派」の一翼を担
い，秩序を乱す者をつまみ出す覚悟でいたことはわかる。オレンジマン
（オレンジ・ロッジのメンバー）を動員する署名入りの回状も記事にあり，プ
ロテスタントの過激派も，主催者がどの程度歓迎したかどうかは定かでは
ないが，「王党派」に与していた[348]。

パブリック・ミーティング当日の朝の記事で，『デイリー・テレグラフ』は，集会に対する強い関心と，混乱を避けるための特別な準備が為されていることに言及している。また，集会についての疑問（すでに述べたように，広告で集会の目的が明示されていない）に答えて，子供たちのためのパーティーと女王基金に関する二つの決議案が提出されると述べている。市長が司会を務め，すでに告知されている総督を含む弁士が参加することも決まっていた。それに加えて，ジョン・ノートンが修正案を出す予定であることを伝えて，その内容も掲載した。ノートンの決議案は，子供たちのためのパーティーの提案を再度行うのは，世論を捻じ曲げると主張するものであったが，市長が修正案の提示を認めない場合には，ノートン自身が議場を去ることと，女王基金には賛成である旨を表明していた[349]。

　『デイリー・テレグラフ』によると，博覧会会場に集まった人数は2万人以上で，前例のない規模の集会であった。その騒がしさから数的に多数を占めていると誤ってしまうきらいがある「反忠誠派」が，決議に賛成したのが数千人，これに反対したのが数百人という投票によって，実際には取るに足らない少数であることが明らかになった。しかし，『デイリー・テレグラフ』にとって，一つ残念なことがあった。それは参加者が多すぎて，早々と集会というよりも示威運動となり，制御が利かなくなったことである。外から多数の群衆が中に入ろうとし，中の人びとが前や後ろに押されるうちに，定められた境界を越えて，演壇の方へ，さらにその上にと向かい，パニックを引き起こした。しかし，それは群衆の性質のゆえであって，反対の結果ではない。忠誠派が大挙して集まったので，武力やいかなる強制力も必要ではなかった[350]。

　『デイリー・テレグラフ』は，開会前の会場の外の様子を次のように描写している。午後6時に，チケット所持者だけが通れる北の扉へと向かう大きな流れが見られた。オレンジマンや，多くのクラブを代表するスポーツ選手が，チケットを見せて入場した。集められる限りの警察官が，一列に並んで，一部は建物の中に，他はゲートのところに配置された。イギリ

スで生まれ，急激に拡大していた保守的団体，プリムローズ・リーグのメンバーも秩序の維持に努め，多数の女性メンバーが男性たちの間をぬって入場した。北の扉の周辺には，13人の騎馬警官と60～80人の海軍砲兵隊が集合した。7時ころまでには，すべての扉に1万5,000人以上の人びとが詰めかけていた。なかには「ジャック・シェパード」の笑劇のセリフや歌を引用して，女王の寛大さを疑ったり，慈善行為を馬鹿にしたりする者もいた。また，入場できずに，言論の自由や忠誠について濡れた芝生の上で議論する者もいた。7時30分までに，膨大な数の人間が入場し，外にいた人間は，中から聞こえる『ゴッド・セイヴ・ザ・クイーン』や『ルール・ブリタニア』の歌でもてなされた[351]。

　描写からは，警察と軍隊を動員し，帝国主義的，保守的団体をことごとく招集し，体力に優れたスポーツマンを集めて，議場の主要部分を占有しようとしたことがわかる。『ゴッド・セイヴ・ザ・クイーン』や『ルール・ブリタニア』が開会前から聞こえていた点からは，あらかじめ動員された楽隊が愛国歌を，騒々しい外部からでも聞こえるほどの大音量で演奏していたことがわかる。

　『シドニー・モーニング・ヘラルド』によると，あらかじめこの集会には，これまで以上に多数の警察官が配備されただけではなく，次のような組織，つまり海兵隊，海軍砲兵民兵隊，槍騎兵隊，ニュータウン予備役兵，シドニー大学の学生，オレンジ・ロッジ，プリムローズ・リーグ，複数のフットボールクラブなどが，前もって議場内の定められた位置に着いた。準備委員会は，「少数の騒々しい人びとが」が混乱を起こすのを避けるために，会場を分割し，軍の部隊と上記のような組織を特定の場所に配置し，残りを一般聴衆に割り当てる計画を練った。兵士によって一般聴衆を6つの方形に分割し，その4面を忠誠派組織のメンバーによって固めて，「言論の自由」を守ろうとした。演壇には，あらかじめ演説をすることが決まっていた人びとと，特別チケットを持つ者だけが登壇を許された。演壇の両端は，警察の部隊が固め，正面はシドニー大学の学生150人が守っ

224 第4章 権力闘争の場としての公共圏

ていた。演壇からホールの中央部に向かっては，もっとも意志強固なオレ
ンジマンがおり，その左右に他の忠誠派組織が結集した。主要な入り口を
守るために警察が配置され，一般聴衆がいる六つの部分のそれぞれには大
きな出入り口があり，そこからすぐに混乱を起こした者を追い出せるよう
にしてあった。女性には中2階の席が用意されていた。忠誠派は6時から
入場し，一般人は7時15分から入場した。議長の声が聞こえないことを
想定して，演壇には「決議に賛成」と「決議に反対」という掲示が行える
ようにしてあった。また，新聞記者のテーブルも演壇の前に設置されてい
たが，義務を果たすには不十分であった[352]。

　開会前の会場外の様子についても，『シドニー・モーニング・ヘラルド』
は言及しているが，『デイリー・テレグラフ』の情報に加えて，警官数を
300人としている。女性たち約100人が警察に守られて入場したこと，忠
誠派が学生を除いて，団体として目立たないように入場しており，大きな
混乱がなかったことを強調している。音楽家たちさえ，何故か不思議なこ
とに，「楽器を隠して」入場しようとしていた。ラリキンはほとんどおら
ず，女性を連れた人びとや子供を抱いた女性もいたと述べている。待たさ
れているうちに，一般大衆はじょじょに苛立ちはじめ，愛国的な音楽を耳
にすると，あらゆるところから「中で自分たちだけで楽しんでいる」との
声が聞かれて，警察に詰め寄る者も現れたが，「すぐにドアは開く」とい
う返事が繰り返されるのみであった。7時15分過ぎにすべてのドアが
開くと，ほどなく会場は一杯になり，会場の外にも1万5,000～2万人が
いた。8時に，総督を迎えるために警察が誘導路を確保し，総督が歓声を
もって中に迎え入れられたが，その歓声が落ち着こうとするや否や，総督
は再び会場を後にして，去っていった[353]。

　『シドニー・モーニング・ヘラルド』でも，『デイリー・テレグラフ』で
見られた，忠誠派が会場を支持者で固め，警察と軍隊の力によって反対派
を威圧しようとしていた様子が，さらに詳しくわかる。ここでは引用しな
かったが，新聞紙上では，そこに列挙されることが名誉であるかのよう

な感じで，多くの個人名と組織名や規模が逐一記載されている。ただし会場では，『デイリー・テレグラフ』も会場の様子を描写するときに言及しているが，軍隊やオレンジマンは，目立たないように制服を着用しておらず，反感を買わないようにする配慮があったようである。『デイリー・テレグラフ』が言及する王族を揶揄するような人びとへの言及は，『シドニー・モーニング・ヘラルド』には皆無であり，突然の総督の退室にはまったく説明がない。こうした点をさらに見ていきたいと思う。

　『シドニー・モーニング・ヘラルド』によれば，思いがけなく総督が退場するとすぐに，会場からの大脱出が始まったが，「名誉の衛兵」たちはその態勢を維持しており，すべての人びとは秩序正しく建物を去った。建物の外の群衆は，パブリック・ミーティングからあふれ出した群衆としては最大で，おそらく失望していた割には秩序だっており，1人の不忠者も現れず，喧嘩騒ぎもなかった。この総督の極めて早めの退出と集会の突然の終了の不自然さの背後には，何があったのだろうか。

　『デイリー・テレグラフ』は，6時ころから，チケット保持者だけを通過させる様子や，会場が忠誠派によって固められていく様子を詳しく描写している。オレンジマンは，各ロッジの長を通じて，メンバーに入場を許可するパスワードを与えることで，整然と入場したらしい。その後，多数の人びとの歓声が収まり，1時間ほど経過した後に，ヘンリー・パークスとその一行の入場に対して，大きな歓声が起こり，彼らは演壇の中央に席を構えた。入場に際しては，『彼はいい奴だ』が演奏され，人びとはそれに合わせて歌った。女性たちがとりわけハンカチを振って歓迎した[(354)]。ここでついに，市長が演壇にあるテーブルに登った。市長の登場と同時に集会の演説は，ほとんどパントマイムと化した。弁士から1メートルほどしか離れていなかった新聞記者を含む，会場の人びとには演説が聞こえなかった。市長の演説で重要であったのは，1万5,000人の忠誠を誓う連署を示した時であった。意味は理解できないが，記者によると，「人間性が導くところ，市長がすばらしい演説をしたのは当然で，なぜなら最後に大

歓声が起こったから」であった。続いて，ヘンリー・パークスが歓声に迎えられて，演説を始めたが，数分で疲れ果ててしまった。一般観客の入場後，大学生は手を組んで，約30分間は演壇を守っていた。しかし，群衆の圧力に耐えきれず，自分たちの安全のためも考えて，多くが演壇へと後退した。幸運にも，この時までに決議は通過していた。もはや演説は聞こえず，演壇に群衆が殺到する気配であり，演壇上の人びとの一部は，早々に引き上げた。この危険な状況が幾分収まると，1万人を超える人びとの『ルール・ブリタニア』と国歌の合唱が起こり，オーストラリアのパブリック・ミーティングではめったに見られない歓声が起こった。続いて，総督夫妻が群衆の間に特別に開かれた道を通って入場し，総督が短い演説を行い，女王基金の設立を認める決議がパントマイム劇のなかで行われ，集会は閉会した。新聞は演説を掲載しているが，すべて手渡された原稿を基にしたものと言って差し支えない。記者が述べているように，すぐそばにいた記者にさえ演説は聞こえなかったのであるから。記事からは，少なくとも1時間，通常であれば，おそらく2時間ほど必要な集会が，半時間ほどで終了していることがわかる。記事の後半の演説と議事進行の紹介では，多くの人びとの演説が行われて，四つの決議案が提案され，可決されたことになっている。三つ目と四つ目の決議案は，女王基金の委員会と幹事と会計を任命する決議案であるが，この二つの決議案が集会で実際に提案された形跡はない。必要な議事次第を終えずに集会は突然閉会したと思われる。通常であれば，残る決議を行うために集会が延期されるところであるが，そうしたことも行われていない[355]。

　この奇妙な集会の議事進行をさらに探るために『シドニー・モーニング・ヘラルド』を見てみよう。6時半に女性の入場が始まると，無数の人びとが入場を求めて群がった。内部では2,000人以上の「国民的名誉の守護者」が配置につき，演壇にもあらゆる代表者が席を占め始めた。聖職者，医者，法律家などが，混乱を避けられるであろう安全な場所に入った幸せをかみしめた。7時20分過ぎに，一般聴衆の入場が始まると，10分程度で

会場は一杯になった。「非常にリスペクタブルで，著しく陽気な聴衆」と描写されている。その総数は1万2,000人以上で，7時半くらいにパークスと市長が演壇に上がると，熱狂的な歓声が起こった。「ケントの火」と呼ばれる歓声が，オレンジマンを中心に発せられ，楽隊が歓声の中『ルール・ブリタニア』を演奏し始めた。8時15分前に市長が話し始めたが，歓声と罵声があまりに大きくて，ただし歓声が圧倒していたが，市長の声は聴衆には聞こえなかった。集会は決定的に市長に好意的であったが，主催者はあまりに多くの人を入れすぎた。妨害は少なかったが，所々で，大声で叫ぶ者が見られた。市長は1万5,000人の忠誠を誓う巻紙を見せた時，彼の声は混乱のなかにかき消され，すぐに席に着いた。続いてパークスが最初の決議，第1回のパブリック・ミーティングの決議を取り消し，植民地の忠誠を誓う決議を提案すると，大歓声が彼を包んだが，それが静まると，「明らかに取るに足らない少数から発せられた」罵声が飛んだ。続いてバートン（初代連邦首相）とL. F. ヘイドン Heydon が演説をしたが，1メートル以内でも聞くことができなかった。観客は全般的に苛立ちはじめ，市長が「短く」と言ったが，ヘイドンはこれを無視した。演壇の前の聴衆は危険なほど前後に揺れ動くようになり，演壇と聴衆の間に設けてあったスペースはじょじょに小さくなった。観客から演壇を守る任務を帯びていた学生とフットボール選手の役割は，予想以上に困難をきわめた。防御線は破られた。観客が演壇を占拠しそうになった。この圧力は，一般的な意見としては，主催者への反対ではなく，建物の外にいる忠誠派の人びとが参加しようとした結果である。主催者が襲われなかったことがその証拠である。掲げた紙の掲示で意見を聞く投票が行われ，賛成に数千の手が上がり，反対は数百であった。続いて，集会が女王基金の設立のためのものとなると記載された，緑のスクリーンが演台の前に棹に結び付けて掲げられると，大混乱が起こった。比較的秩序だっていた集会が，一瞬にして，まったく手の付けられない状況に陥った。突然の変化は反対する者の抗議のためではなかった。大規模な集会にはつきものの衝動に突き動かさ

228 第4章 権力闘争の場としての公共圏

れて，聴衆は演壇へと向かった[356]。

　この大混乱の様子は次のようであった。防御線が突破されると，学生と
フットボーラーは押し込まれ，聴衆は演壇の横に迫った。演壇上の人びと
とそこに登ろうとする人びとが「白兵戦」を繰り広げ，演壇の前面すべて
で，市民と警察が入り乱れて争った。スクリーンは魔法のごとく消え去
り，それを掲げていた者は演壇に撤退した。演壇の中央部がもっとも激し
い闘争の舞台になった。繰り返し攻撃が行われたが，防衛側によって跳ね
返された。しかし，多くの人間が演壇の中央部を占拠し，この争いのなか
で，頑丈な議長の杉のテーブルが粉々になった。多くの椅子も同じ運命を
辿った。最後に残ったのは記者席のテーブルで，その争奪戦が繰り広げら
れた。記者たちはいち早く後方に引き下がった。「この争いの興奮した状
態を考えれば，群衆は驚くほど陽気で，ほとんど本当の闘いは起こらず，
混乱を起こそうという強い意図もなく行われた陽気な小競り合いであっ
た」。このような事が起こっている間，ホールの後方では何が起こってい
るのか全くわからず，歓声を上げたり，叫んだり，前後に動くだけであっ
た。楽隊は，愛国歌を断続的に演奏し，聴衆はときにそれに合わせて歌っ
た。警察と学生には群衆を押し戻す力はなかったが，演壇だけをなんと
か確保していた。20分ほどこの状態が続いたときに，総督夫妻が登場し
た。演壇の人びとの塊が二つに割れて，夫妻の姿が現れた。幾分か，聴衆
の示威運動は収まったが，総督の話がすぐそばにいる者でも聞き取れない
ほどには，叫び声は騒々しかった。その喧騒の程度は，楽隊が最大限の演
奏をしていたにもかかわらず，大太鼓の音だけしか聞き取れないほどで，
他の楽器の音は全く聞き取れなかった。総督夫妻が5分ほどで退場する
と，元の混乱状態に戻った。8時30分ころに，演壇の上の者は集会が事
実上終わったと考えて，聴衆にそれを伝えようとしたが不可能で，警察力
で南の入り口から聴衆を押し出そうとした。しかし，警察が空間を作る
と，両翼から群衆がなだれ込むというのを繰り返した。海兵隊の1人とプ
リムローズ・リーグの1人が重傷を負って，病院に運ばれた[357]。

第3節　女王陛下とパブリック・ミーティング　229

　この記事の次に演説の詳しい内容が述べられている。市長，パークス，バートン，ヘイドンの演説が続き，第1の決議案の採決が行われる。ここで，特筆すべき点は，先に決議への反対を『シドニー・モーニング・ヘラルド』は数百の挙手としていたが，不満の声の底流は認められたが，「はっきりと認識できる挙手がなかった」として，市長は全会一致で最初の議案が可決したと宣言したと報道している。そこで緑の綿布のスクリーンが掲げられたところで，前述の大混乱に陥った(358)。

　「群衆は今やすべての明確な目的を失ってしまい，様ざまな声が混ざり合った轟音が急速に高まった」。愛国歌が演奏され，途方もない騒音のなかで愛国歌が所々から聞こえた。群衆は演壇に迫り，一部の人は演壇の端に挟まれるのを避けるために演壇に登った。演壇は人で一杯になった。この動きには敵意はなかったが，机や椅子，その他の物品は粉々になった。警察がホールの中央に移動したことで，幾分圧力が緩和された。演壇の端の争いに加わった者は消耗しきって，警察の目に留まった人びとの多くが手荒い扱いを受けた。約20分こういう状態が続いた後で，総督が登場し，大歓声で迎えられた。この興奮が冷めたころ，市長が女王基金の設立の議案を提案した。議案が可決され，反対の挙手はわずかであった。これに続いてキャリントン総督の演説が掲載されているが，その後の状況の描写はなく，有力者の手紙や行われたであろう有力者の演説が記事になっている。ある時点で，集会の記事は，ある程度は実際に起こったことから，単に起こる予定であったことの描写に変わっている(359)。

　以上のことから考えると，午後6時過ぎから，警察，軍隊，王党派的な団体，エリートの大学生，スポーツ選手（現在とは違い拳闘などで賞金稼ぎも行っていた）などを最大限糾合し，会場の演壇とその周囲を守るように配置したことは間違いない。その後，午後7時15分から20分くらいから一般聴衆の入場が始まり，10分程度で会場は満員になった。7時30分頃に，首相ヘンリー・パークスの一行が演壇に到着し，歓声で迎えられた。続いて「ケントの火」の歓声があがり，愛国歌が演奏され始めた。「ケントの

230 第4章 権力闘争の場としての公共圏

火」は支持者によっても用いられるが，通常，演説や議事に反対する人び
とによっても用いられる手段である。真相はわからないが，「ケントの火」
による抗議を打ち消すために愛国歌を最大限に演奏したとも考えられる。
この後のどこかの時点で，ジョン・ノートンが修正案を提出しようとした
が，拒否され，会場外に追い出されている。少なくともこのころから，あ
らかじめ配置についていた忠誠派の歓声とともに，多くの罵声が浴びせか
けられ，演壇をめがけて進む人びととそれを阻止しようとする人びとの間
で小競り合いがあり，大声で叫ぶ者が見られたのであろう。市長が登壇す
ると，歓声と罵声で，1メートルほどの距離でも声が聞こえなくなり，議
事は観客にとっては無言劇に等しくなった。パークスが第1の決議を提
案し，その後2人がそれを支持する演説を行ったが，3人目のヘイドンの
演説の途中で，演壇を守る防衛線が破られ，主催者側は慌てて決議への賛
否を聴衆に対して紙で掲示する方法で問い，全会一致で承認されたとした
が，少なくとも会場後方の一般聴衆には何が起こっていたかはまったく理
解できず，また，何が集会で提案されるかを広告で知らされていなかった
ので，前方に位置していた一般の人びとさえも，第1の決議案も内容がわ
からず，議事をほとんど理解できなかったであろう。あらかじめ議事の内
容を知らされていたと思われる忠誠派の人びとだけが，どのような議案の
採決が行われるかを理解していて，挙手をしたのだと思われる。

　緑の綿布のスクリーンに女王基金の設立に議事が進むと書かれたのを見
て，ようやく人びとは何が起こったのかを知り，それを受け入れられない
聴衆が怒りの声をあげ，演壇になだれ込んだのが実際に起こったことだろ
う。その結果，主催者側と反対する人びとによる議長のテーブルや他の
テーブルの奪い合いになり，議長の頑丈な杉のテーブルが粉々に砕け散っ
た。最後に，記者席のテーブルの争奪戦が繰り広げられ，ついにはテーブ
ルも椅子もすべて破壊されたのである。こうした光景は，対立的な党派が
暴力的に衝突するパブリック・ミーティングでは，時々見られた。『シド
ニー・モーニング・ヘラルド』の言うように，もし聴衆が圧力で演壇に押

し上げられただけの陽気な人びとであれば，学生やフットボーラーとテーブルを奪い合い，警察に手ひどい扱いを受け，主催者側の重傷者が急いで病院に運ばれることもなかったであろう。

　総督が公邸を出たのが 8 時ちょうど，その到着はおそらく 8 時 15 分か 20 分頃，入ったと思うとすぐに会場を後にしているのは，急に集会が終わったからである。その時刻が 8 時 30 分であった。緑のスクリーンが掲げられて，大混乱に陥り，その状態が 20 分程度続いたことを考えると，市長のあいさつと最初の 3 人の演説が 15 分ほどで終わったことになる。記事になったような長い演説は到底できなかったであろう。『シドニー・モーニング・ヘラルド』が描写するような，大混乱の後，突然市長が司会者として戻り，総督を紹介し，総督が演説を行ったという事実もあったかどうか疑わしい，テーブルも椅子も粉々になり，装飾や掲示装置も破壊された演壇で，市長に何ができたであろうか。テーブル上に立ったときにさえ，聴衆を鎮められなかった市長が，大混乱に陥った演壇で司会の役割を務められたのであろうか。大太鼓を除いて楽隊の音さえ聞こえない演壇上で，市長はパントマイムを演じたのだろうか。総督夫妻が演壇にいたのはせいぜい 5 分間，また大混乱に戻り，集会は閉幕する。『デイリー・テレグラフ』によれば，総督が群衆の間を分け入って入場したことになっているが，近くでも声さえ聞き取れないなか，警察も容易に制御できない演壇に押し寄せる群衆の間に，短時間で道を作るなど不可能であったに違いない。『シドニー・モーニング・ヘラルド』では，総督夫妻が，演壇上の人びとの間にパックリと空いた空間を通って，演壇中央へと前に進み出たことになっている。なぜ二つの新聞で総督の登場の仕方にこのような違いがあるのだろうか。総督の演壇への登場がなく，渡された演説の原稿を基に空想の物語を描いたとすれば，その違いは容易に説明できる。総督夫妻が到着した 8 時 15 〜 20 分には，議場は大混乱に陥っており，総督夫妻一行は控室に入り，首相のヘンリー・パークスらと面会したが，安全を考慮してそのまま引き上げ，集会は閉会となったという推論も成り立つ。あるい

は，演壇に姿を見せて，そのまま引き上げたのかもしれない。ともかく，話す声が聞き取れない，すべてが破壊された演壇上から，市長が議案への賛否を問うことはできなかったであろう。市長は議案がすべて通過したことにして，閉会を宣言したと思われる。その後すぐに警察が会場から力ずくで聴衆を排除しようとしたが，困難をきわめたのである。

　当時，ニューサウスウェールズ全体の世論調査を行えば，忠誠派に与する人のほうが確かに多かっただろう。しかし，シドニーのシティ周辺では，世俗主義者，共和主義にシンパシーを感じる労働者や知識人の割合がそれよりもかなり高かったと思われる。さらに，会場に詰め掛けた聴衆では，過半数に達したかどうかはわからないが，忠誠派に反対する人びとが多くいたに違いない。オレンジマンの動員は，ハイドパークなどで見られるように，アイルランド系カトリックの労働者の対抗的動員を促したであろう。実際，それを求める広告も掲載されている。さらに，パークスによる劇場の閉鎖は，抵抗勢力の数をいっそう拡大したと思われる。第3回目のパブリック・ミーティングは，両者の対決の場になったのである。忠誠派による大動員があったにもかかわらず，第3回目の集会は大混乱に陥り，まともな議事などできなかったが，シドニー市民の総意に基づく本国に忠誠を誓うパブリック・ミーティングとして，シドニーの二大新聞により報道された。この集会は，市長が招集し司会者を務めるパブリック・ミーティングにおける，通常は隠されているが，一旦支障が起こると表面に湧き上がる，権力構造を極めてよく示している。市民を代表するような公共圏は，一旦紛争が起こると，実力行使の場となったが，平常な状況においても見えない権力構造の影響を受けていた。また，新聞も積極的にこの構造を支え，権力行使に正当性を与えていた。

その後

　『ブルティン』誌は，次のように述べている。

集会はパブリックなものか，プライヴェイトかの，どちらかでしか
ない。その中間的な形態はない。パブリック・ミーティングが，すべ
ての人が同時に，同じ条件で入場する権利があり，そこで話をするこ
とができるものである限り，あれこれの目的に好意的な人びとのため
の，というような条件が付いたパブリック・ミーティングは存在しえ
ない。しかし，それにもかかわらず，先週の示威運動は，国民を代表
するものとして描かれるであろう。通過しなかった決議であるにもか
かわらず，恥知らずな事実の歪曲によって，人民の自由な決定だとし
て取り扱われるであろうが，その責任は彼らにある[360]。

『シドニー・モーニング・ヘラルド』は，パブリック・ミーティングが「現
在にいたるまで，偉大な社会的・政治的制度である」ことを認めつつ，将
来はどうであろうかと問うた。新聞は有効な機能を果たしているが，パブ
リック・ミーティングに取って替わることはできない。社説の筆者は，そ
の機能を守る方策について思案を巡らした最後に，次のような結論に至っ
た。

　　人種と才能と美徳の貴族階級に身を委ねることにはある程度の見返
　りがあるが，吠え叫ぶ者たちの寡頭制に身を委ねることに何の見返り
　もない。もし，シドニーにおける振る舞いが向上せず，パブリック・
　ミーティングが常に邪魔されるのであれば，こうした妨害を犯罪とし
　て，議長が指さした妨害者を警察が逮捕できるようにするしか方法が
　ない。……あらゆる大都市には，国民の平均水準に達しない道徳的・
　知的残滓があり，これらの残滓が底に留まるかぎりは，比較的無害で
　あるが，それがかき混ぜられた時，社会はきれいにされなければなら
　ない。そしてこの過程を怠れば，危険である[361]。

社会的・知的な沈殿物に厳しい態度が取られたわけであるが，他方で，

234 第4章 権力闘争の場としての公共圏

日曜の劇場閉鎖に反対した人びとの代表者たちは，首相のヘンリー・パークスとすぐに面会し，抗議の意思を示すことができた。公共圏は大きな権力構造の一部でもあるが，同時に，その権力に対する抗議の場としても，ある程度まで開かれていたことも，忘れてはならない。権力の及ばない公共圏はないが，それを権力への抵抗の場として，いかに維持するのかが重要である。

　日曜日の劇場封鎖への抗議活動は，第3回目のパブリック・ミーティングが終わっても続いた。人民権利擁護連盟 The People's Rights Defence League がこの運動のために結成された。『デイリー・テレグラフ』は，この運動を支持し，『シドニー・モーニング・ヘラルド』は，この問題を法文解釈上の議論に矮小化した。政府は圧力をかわすために，日曜日の午後に劇場をコンサートに使うことを認めたが，講演に使うことは認めなかった。また，女王銅像前の集会に対して，交通の妨害になった場合，処罰するという警告が行われた。しかし，7月半ばまでには，この問題が議論されることはなくなった[362]。

　阪大の西洋史の学生には，AI が発達する時代にあっても，物事を理解し，解釈するのに歴史学が果たす役割があると話している。その一つは，歴史研究が行ってきた史料批判である。扱うデータの真偽を様ざまな側面から検証し，蓋然性の高い結論を導いたり，あるいは書かれていることの誤りを指摘したりする役割である。第3節女王陛下とパブリック・ミーティングで行ったような検証は，文字列の利用による大量のデータ分析からは抜け落ちた側面や，データが示す表面的な姿とは異なった構造を示すのに有効である。逆に多数のパブリック・ミーティングの事例に接していれば，個別のパブリック・ミーティングの描写の不自然さに気づきやすい。IT は，こうしたことに大いに役立つに違いない。歴史学の大きな弱点は，一般化する手段が限られている点であるが，自然言語処理を用いたビッグデータの活用は，その点を大いに補完してくれるだろう。

むすび

　本書は，政府や権力を持つ組織を自由に批判し，その政策や行動に平和的に影響を及ぼすことができる場であり，世論形成のもっとも重要な手段であったパブリック・ミーティング（公開集会）の歴史を検討してきた。サイバー空間やSNSの拡大は，旧来のマスメディアと比較して，双方向的コミュニケーションの実現や，多種多様な意見の拡散などの特徴から，革新的・対立的に理解される傾向がある。しかし，パブリック・ミーティングの歴史は，まさしく近代的世論自体が，この2種類の様式が合体して誕生したことを示している。サイバー空間における世論形成の拡大によって，差別や偏見の助長，権力による監視や統制，闘争的な公共圏の拡張など，多くの問題が噴出している。しかし，世論形成の場としてのパブリック・ミーティングの具体的な歴史的変化を明らかにした本書によって，その多くは，けっして新たなコミュニケーションの手段に特有な問題ではなく，近代的世論が誕生した時から抱えていた問題であったことを示すことができたと思う。

　この研究では，主に第3章において，パブリック・ミーティングに関する大量のデータを，自然言語処理を利用した方法を活用することで，長期に渡って存続した歴史的構造として分析した。それを補完するために，第1章では既存の研究や伝統的な歴史的手法に依拠した方法，第4章では，屋外集会の伝統の探求とミクロな闘争的公共圏の探求という，別の角度からのアプローチも用いた。第2章では，本書で用いる構造の意味を明らかにすると同時に，パブリック・ミーティングの様ざまな側面について説明した。

　第1章においては，社会運動や公共圏に関連して，主要な先行研究とそれに対するこの研究の意義づけを行った。続いて，パブリック・ミーティングの世論形成における重要性を示したのちに，チャールズ・ティリーや

ヘンリー・ジェフソンに依りながら，18世紀末から19世紀初めにかけてのイギリス本国における歴史的発展を辿った。この時期に，パブリック・ミーティングは新聞と並んで，世論形成（政治的な公共圏）の中核として発展した。ただし間もなく，政府による弾圧が行われ，厳しい規制や管理が行われるようになる。しかし，パブリック・ミーティングを大幅に規制する法律が廃止されるとともに，19世紀の第2四半期以降にパブリック・ミーティングはさらなる発展を見た。次に19世紀前半のオーストラリアにおけるパブリック・ミーティングの状況を概観した。囚人植民地として設立されたオーストラリアにも，この制度は早々と移植され，イギリスと同様に，パブリック・ミーティングが一般的に広く活用されるようになった。オーストラリアでは，その後も急速に発展し，ゴールドラッシュを迎える1850年代には，「あらゆること，憲法を作ることから，銀行やガス会社を作ることまで，パブリック・ミーティングで決めなければならない」と言われるほど不可欠な制度になったのである。

　第2章では，パブリック・ミーティングを構造として扱うことの意味を明らかにし，その研究の主な範囲を，現在のオーストラリア一国とすることを示した。ただし，イギリスの政治文化が影響した地域，アメリカやカナダなどにおけるパブリック・ミーティングについても検討した。パブリックという言葉が指す対象やイメージは，地域によっても，時代によっても異なっており，その点には留意する必要がある。次に新聞にも言及し，世論形成におけるパブリック・ミーティングと新聞の相互作用を指摘した。また，書かれた言葉を重視する歴史学の傾向への警鐘として，連邦法案の是非を問うニューサウスウェールズを例にして，19世紀の演説，話された言葉の重要性についても述べた。投票者総数約19万人の3倍以上が演説を聞いていたという推計値を，重要性の一つの指標として示した。続いて，シドニー東部郊外のベルメイン市におけるパブリック・ミーティングを例として，パブリック・ミーティングを中核とする社会運動の始まりから終わりまでを一例として示し，個々のパブリック・ミーティン

グの背後にある様ざまな活動を紹介した。最後に，パブリック・ミーティングを支えた活動的な市民の様子，その組織，正統性の問題，世論と公共圏の定義，デジタル・ヒストリーの意味などを論じて，この章を閉じている。

第3章では，デジタル・ヒストリーの手法を用いて，パブリック・ミーティングの構造を分析している。オーストラリアの歴史的新聞のデータベース Trove から，1803〜1954 年にわたるパブリック・ミーティングの広告約 40 万件とそれに関連する記事を網羅的に集め，そこから，q1：開催時刻，曜日，季節，q2：開催場所，q3：目的，q4：開催要求者，q5：招集者，q6：招集された人という 6 種類の情報を抽出して，分析した。さらにこれらの広告と関連する報道記事から，q7：参加者数，q8：女性の参加，q9：主要な参加者，q10：議長，q11：賛否の状況，q12：入場券，q13：混乱状況，のような情報を抽出しようとしたが，後者については，あまり成果が出なかった。

本格的な分析を始める前に，第1節では，複数の巨大なデータベースを用いて，パブリック・ミーティングに関連する語句の歴史的変遷を検討した。結果は，パブリック・ミーティングとパブリック・オピニオンの深い関連性と，パブリック・ミーティングの影響力が 19 世紀半ばから 20 世紀初頭にかけて大きかったことを示すものであった。続いて第2節では，Trove の新聞データベースから必要なデータを集め，そのデータをどのように処理するか，その方法を示した。さらに項目ごとにデータを提示し，いくつかの論点をめぐって，データの解釈を行った。解釈はあまりに多岐にわたるので，そのうち興味深いと思われる点だけをいくつか抜粋して述べたい。

月曜日にパブリック・ミーティングの開催数が多いという点に関して，労働者たちが放蕩で，近代的な労働規律に従わず，月曜日を半ドンにするので，彼らを集めやすい月曜日の昼間（聖月曜日）がパブリック・ミーティングの開催日として好まれたという従来からの主張がある。しかし，実

は，労働者たちは労働時間外のパブリック・ミーティングに参加すること
を望んでおり，とくに仕事が終わった夜の集会を好んだと思われる証拠が
多い。逆に中流層にとっての聖なる日である日曜日には，政治活動や娯楽
などを自粛するという規範が存在しており，労働者がもっとも参加しやす
い日曜日には，ほとんどパブリック・ミーティングは開かれなかった。

　19世紀前半には，ホテルやパブなどがパブリック・ミーティングの開
催場所として重要であったが，公会堂の増加に伴い，使用頻度は減少し
た。帝国主義的な感情の発露の場として知られるミュージックホールは，
パブリック・ミーティングの開催場所としては重要ではなく，公的世論形
成とはあまり関係がなかったようである。また，同じく開催場所として，
19世紀後半には，タウンホールと民営の公会堂の割合が多くなった。と
りわけ市民の世論を表明する場所としてのタウンホールの権威が高まった
が，失業者などの下層の労働者などに対しては，その使用が制限され，集
会の内容に関する管理が強まった。

　パブリック・ミーティングの招集者としては，地域の首長や行政官の長
が全時代を通じて，少なくとも40％以上で最多であったが，1885年を境
に重要性が低下し，政党，帝国主義・ナショナリスト団体，女性や労働者
の団体などの各種団体が組織するパブリック・ミーティングの重要性が増
した。

　1880年代末から，女性のパブリック・ミーティングへの参加が散見さ
れるようになる。女性が参加したパブリック・ミーティングの開催目的を
見ると，女性参政権問題は当然として，帝国主義・ナショナリズム・人種
主義に関する集会に参加する割合が，非常に高くなっている。これに対し
て，ローカルな問題に関係する集会への参加率は極端に少ない。女性のパ
ブリック・ミーティングへの参加は，身近な問題からというよりも，女性
参政権問題に加えて，最終章の女王基金の設立問題に見られるように，女
性領域とされた慈善や，帝国主義やナショナリズムに促されたと言えるか
もしれない。

集会に招集された人びとのカテゴリーについては，経年的な変化を検討した。自治植民地が成立した19世紀半ば以降，納税者，市民（国民），有権者など，義務と権利を有する政治的主体とみなされる人びとを招集するパブリック・ミーティングが増加し，一般住民や農民やメソジストなど特定の集団に取って代わった。しかし，第1次世界大戦を迎えると，このうちの市民だけが増加し，納税者と有権者は激減した。総力戦体制の時代に，国民を包括する概念が増加したことからは，国民的なアイデンティティがローカルなレベルまで浸透してきたことが窺える。また，20世紀に最大のカテゴリーになったのは，特定の問題に関係する人びとを招集したパブリック・ミーティングである。それは，パブリック・ミーティング研究のパブリックの定義，特定の問題が特定のパブリックを生むという考え方と合致している。女性の招集される集会は，女性参政権運動が活発であった時期よりも，両大戦とその戦間期に最大になる。それは戦争と関係して，給与労働をしていない中流女性を招集していた結果である。以上のような検討から，パブリック・ミーティングに招集された人びとの推移は，各時代の人びとが想定するパブリックの中身の変化を反映しているという推論を行った。

　パブリック・ミーティングの目的についていえば，ローカルな問題が全時代を通じて，支配的なテーマであった。ティリーの主張とは異なり，全国的な問題がローカルな問題に取って代わることはなかった。帝国への関心は，それほど大きなものではなかったが，両大戦の時期に高まった。この他，A：娯楽，B：儀式，C：慈善・募金活動，D：クラブ，E：災害，F：経済，G：教育，H：環境，I：施設・機関，J：健康・衛生，K：先住民，L：破産，M：法律，N：管理・運営，O：公害・害獣，P：政治，Q：人種主義，R：規制・規律，S：宗教，T：輸送，U：戦争という目的別に経年変化を辿り分析した。一応まとめておくが，詳しくは本文を参照してほしい。それぞれのデータは，様ざまに活用できると思うので，関心のある項目を適宜参照してほしい。

19世紀におけるもっとも重要な目的は，I：施設・機関とT：輸送であり，両者を併せると，もっとも割合が高く，地域の生活と密着した問題が重要であったことがわかる。20世紀には，その比重が低下するが，同じく地域生活と関係の深い，A：娯楽，B：儀式やD：クラブなどの割合が増し，それらに匹敵するようになる。パブリック・ミーティングが地域の問題を扱う場であるという性格に変化はないが，地域の利便性よりも娯楽性に関心が移っている。これらの項目と並んで重要であったのが，F：経済やP：政治である。19世紀には全体の4分の1程度，20世紀にも全体の5部の1程度を占め，州もしくは植民地全体や国全体に関わる問題も，重要なパブリック・ミーティングの目的であり続けた。C：慈善・募金活動が継続的に重要性を増したこと，U：戦争が一時的ではあるが大きな関心を集めたことも忘れてはならないだろう。K：先住民についても一言触れると，K：先住民は最大でも10年間で4件しかなく，主なテーマは先住民に対する宣教活動であった。W. E. H. スタナーStannerは「大いなるオーストラリアの沈黙」という言葉によって，オーストラリアの研究者の先住民に対する態度を批判したが，パブリック・ミーティングも同じ態度を取っていたと言えよう。

パブリック・ミーティングが，地域を越える大規模な組織によって直接，もしくはその影響下で組織された割合を見ると，19世紀にはすべての時期で10%を下回り，20世紀に入っても20%を超えることは1度しかなかった。じょじょに組織的なパブリック・ミーティングが増えているが，圧倒的に地方が独自にパブリック・ミーティングを開催していたと言えるだろう。

女性が他の参加者の平均と比べて，より頻繁に参加したと思われるパブリック・ミーティングの目的としては，C：慈善・募金活動やA：娯楽，J：健康・衛生，B：儀式などがあった。最後に中国人が自ら組織したパブリック・ミーティングの事例を示して，この章を閉じている。

第4章では，Troveを用いた資料抽出では十分に把握することができな

い屋外集会の歴史を，政治権力による世論の管理と規制の観点から検討した。19世紀半ば以降，集会を開く場所や時間の規制によって，間接的に世論を管理するシステムがじょじょに導入された。とりわけ多くの下層市民が自由に参加する屋外の集会が，規制の主要なターゲットになった。第4章第1節では，19世紀にオーストラリア最大の都市であったメルボルンのイースタンマーケットを中心に，屋外集会を規制する法律の制定にいたる経過を詳述した。第2節では，現代まで続く自由な屋外集会の伝統，スピーカーズ・コーナーを持つシドニーに舞台を移して，その場所が本国と同じ名称のハイドパークからドメインに移った経緯とともに，空間規制の導入とその過程を辿った。最後に第3節では，屋外集会とは少し離れて，ヴィクトリア女王在位50年記念式典をめぐる3度にわたるパブリック・ミーティングを例として，通常は隠されている権力構造に光を当てた。これらの集会は，一旦支障が起こると表面に湧き上がる，権力構造を極めてよく示している。市民的な公共圏は，紛争が起こると暴力性が暴露されるが，平常な状況においても見えない権力構造の支配を受けていた。新聞は積極的にこの構造を支え，権力行使に正統性を与えていたのである。

　以上が本書の内容の簡単なまとめであるが，言い尽くせたとは思えないので，詳しくは本文を読んでいただきたい。また，本文中のデータについても，紙幅の関係もあり，論じられなかった問題が多数あるだけでなく，私が示した以外にも様ざまな解釈が可能であると思われる。さらに，第3章の私の解釈を検証できるように，他の章で言及するパブリック・ミーティングについても情報を加えるようにしているので，判断の材料にしてほしい。要するに，本書は，オーストラリアの世論形成とパブリック・ミーティングの歴史に関する，一つの理解の仕方であると考えていただきたい。

注

第1章

(1)　Patrick Ward, "When the Soapbox Talks: Platforms as Public Utilities", *Wisconsin Law Review*, 2022, n. 1, pp. 164-193 は，マスメディアと SNS の直接的な比較を批判し，一昔前の街頭演説と SNS の比較を試みている。

(2)　ドンによく聞かれた質問：オーストラリア植民の第 1 船団を率いた「Arthur Phillip の綴りに，エルは一つか，二つか」。後に，ドン所蔵のアーサー・フィリップの伝記をいただいた。

(3)　労働者を研究する，ジェンダー史を研究する，あるいは特定のテーマにこだわり続けるような研究者とは少し違い，なんとなく，こういう集団の研究も必要だ，一側面だけではダメだろうなどと思って，面白いテーマについて研究していると，結果的にこうなったという方が正確。母が精神病で入退院を繰り返し，10 歳で父が他界し，母子家庭になったことなどが，背景としては考えられるが，差別を生涯の研究テーマにというような信念があったわけではない。幸せなことに，研究が好きなので，成果をあげようと思って研究するというより，好きなテーマを喜んで研究していた。そうして遊んでいると，研究成果を出す企画を持ってきてくれる人たちがいて，たまたまそこに出すと研究成果になるというパターンが多かった。最近のデジタル・ヒストリーとかはその真逆で，恐ろしい時代になったものだ。

(4)　以下を参照：①藤川隆男（1990）「白豪主義の「神話」」『規範としての文化』平凡社；②（1991）「オーストラリアとアメリカにおける中国人移民制限」『シリーズ世界史への問い 9　世界の構造化』岩波書店；③（1994）「アボリジナルの近代スポーツ史」『帝塚山大学教養学部紀要』40；④（1995）「アボリジナルの女性史研究──動向と展望」『女性史研究』第 5 号；⑤（1997）「オーストラリア女性史の発展と展望」『西洋史学』第 187 号；⑥（1999a）「移住する先住民」青柳清孝，松山利夫編『先住民と都市──人類学の新しい地平』

青木書店；⑦ (1999b)「オーストラリアにおけるアイルランド系移民」樺山紘一他編『移民と移動 —— 岩波講座世界歴史 19 巻』岩波書店；⑧ (2000)「第3章オーストラリア史」山本真鳥編『世界各国史 27　オセアニア史』山川出版社；⑨ (2005)『白人とは何か？—— ホワイトネス・スタディーズ入門』(刀水歴史全書 73)；⑩ (2011a)『人種差別の世界史 —— 白人性とは何か？』(刀水歴史全書 82)；⑪ (2011b)「オーストラリア連邦の結成とジェンダー」粟屋利江・松本悠子編『ジェンダー史叢書 7　人の移動と文化の交差』明石書店；⑫ (2016)『妖獣バニヤップの歴史 —— オーストラリア先住民と白人侵略者のあいだで』刀水書房；⑬ (2023a)「移民国家オーストラリア —— 流刑植民地から多文化社会へ」中野聡，安村直巳責任編集『岩波講座世界歴史 19　太平洋海域世界〜 20 世紀』岩波書店；⑭ (2023b)「第 10 章　人種主義 —— 複合的な差別のひとつとして考える」前川一郎編『歴史学入門　だれにでもひらかれた 14 講』昭和堂。

(5)　Markus, Andrew, *Fear and Hatred*: *Purifying Australia and California*, 1850-1901, Sydney: Hale & Iremonger, 1979.

(6)　日本では小泉政権時代にアメリカのパブリック・ミーティングの一種，タウン・ミーティングを活用しようとしたことがあるが，政府に近い意見に集会を操作しようとする「やらせ」活動が明るみに出て，悪評を残して頓挫した。日本では頓挫したが，政府が住民の意見を聴取する方法として使用されるパブリック・ミーティングについては，その性格をめぐって研究者の関心を集めている。例えば，Kathleen E. Halvorsen, "Critical Next Steps in Research on Public Meetings and Environmental Decision Making", *Human Ecology Review*, Vol. 13, No. 2, 2006, pp. 150-160 は環境問題についてのパブリック・ミーティングを検討している。また，もう少し広い観点からは，Katherine McComas, John C. Besley and Laura W. Black, "The Rituals of Public Meetings", *Public Administration Review*, Vol.70, No.1, pp.122-130 や John C. Besleya , Katherine A. McComas and Craig W. Trumboc, "Citizen views about public meetings", *Journal of Risk Research*, Vol. 15, No. 4, pp.355-371 が興味深かった。オーストラリアの歴史研究では，選

244 注

挙とパブリック・ミーティングの関係を扱った Chris Monnox, "'More Like a Swagman than a Parliamentary Candidate': Federal Election Meetings in Rural New South Wales and Victoria, 1910-22", *Labour History*, No. 114, 2018, pp. 37-51 があるが，テーマは限定されている。

(7) 注(4) の①と②を参照。

(8) 鈴木玉緒「公共圏とコミュニケイション的行為 ―― アーレントとハーバマス」『社会分析』19 号，1991 年，59 ～ 75 頁。

(9) ユルゲン・ハーバーマス（細谷貞雄・山田正行訳）『公共性の構造転換』第 2 版，未來社，1994 年，31, 35 ～ 38, 50 ～ 58, 72 ～ 74, 86 ～ 96 頁。

(10) 少し付け加えると，17 世紀半ば，イギリスにコーヒーハウスが登場すると，いくつものコーヒーハウスが政治的グループの集会場となり，反王権的な思想の伝播の源泉だとみなされるようになった。チャールズ 2 世やジェームズ 2 世はこれを弾圧しようとした。コーヒーハウスは始まるとすぐに，公権力を批判する場となり，復古王政の弾圧を受けることになったのである。非政治的な形態での文芸的公共圏から政治的公共圏という，具体的な事例がほとんど語られない物語の根本的な所にも，欠陥があるように感じる。

(11) 『公共性の構造転換』198, 215 ～ 221, 227 ～ 234 頁。
　　新版の序言では歴史家からの批判を気にしているように見えるが，その反論は著しく歴史的事象との照応関係を欠いており，否定も肯定もできない叙述が続く。E. P. トンプソンにも言及しているが，トンプソンが取り上げる幅広い内容はほとんど消化されていないし，そのトンプソンもジョーン・スコットなどの批判を受けている。

(12) ナンシー・フレイザー「公共圏の再考：既存の民主主義の批判のために」（山本啓・新田滋訳）『ハーバマスと公共圏』未來社，1999 年，117 ～ 159 頁参照。
　　ナンシー・フレイザーが指摘しているように，ハーバマスのモデルは，自由主義的なブルジョワ的公共圏，つまり部分的な公共圏の理念型にすぎない。当然ながら，それは，多元的な公共圏，複数のパブリックの存在を軽視することにつながった。ジェンダー，階級，エスニシティーを排除し，さら

に，宗教や下層階級の娯楽の果たした役割を軽視すると，歴史的なモデルとしては，ほとんど魅力的な部分はない（藤川隆男「公共圏の歴史的構造」『クリオ』34，2020 年，128 頁及び崔昌幸「多元的な公共圏の可能性 —— ハーバーマスによる公共圏概念に対する批判的検討」『社会システム研究』23，2020 年，139 〜 147 頁参照）。

(13)　ユルゲン・ハーバーマス（河上倫逸・耳野健二訳）『事実性と妥当性』下，未來社，2003 年，90 〜 91，96 〜 97，105 頁及び鎌田大資「市民社会をもたらす公共圏と社会的世界としての公共圏」『中京大学現代社会学部紀要』8，2014 年，33 頁。

(14)　ハーバーマス自身の研究は，熟議的民主主義を成り立たせるための理想的な条件を追求するものであったと思われる。つまり理想的な公共圏を構想するのが目的であったのに対し，私の関心は，差別と排除を生み出す民主的プロセスにあった。そうしたハーバーマスの試みは，ある意味で傾聴に値する。ここでの批判は，『公共性の構造転換』における公共圏の描写を，歴史的現実であるかのようにみなす，あまりに愚かすぎるエピゴーネンに向けたものである。

(15)　もちろん，これをグローバルな規模で考えられれば，なおさらよいが，今のところ見取り図を描く程度に留まるだろう。

(16)　その後 1 年間の面会は，通常「図書館に行きなさい」で締めくくられ，残る半年は「図書館には行かないように」と言われ続けた。

(17)　この一時帰国の間に，日本で家内と婚姻届を出し，香港で結婚式を挙げた。オーストラリアに戻ってからは，家内と生活する住居を探すなど，多忙な時期であった。書き上げたエッセイの内容は高く評価されたが，論文を書く前に，英語を何とかしろと，研究能力のサポート組織，Skills Unit に送り出され，毎週英文添削を受けることになった。1 月ほどで読むに堪える英文になったみたいである。

(18)　Tilly, Charles, "The Rise of the Public Meeting in Great Britain, 1758-1834", *Social Science History* 34:3, 2010.

246 注

死後, 出版された論考であるが, もっともよくまとまっている。

(19) "The Rise of the Public Meeting", p.292.

(20) "The Rise of the Public Meeting", p.293.

(21) "The Rise of the Public Meeting", pp.294-295, 1831 年には, 集会の割合が 86.5 ％に達している (See Tilly, Charles, "Britain Creates the Social Movement", Center for Research on Social Organization, University of Michigan, Working Paper 232, 1981, Table 1.)。

(22) "The Rise of the Public Meeting", pp.297-298.

(23) "The Rise of the Public Meeting", p.298.

(24) 具体的に言うと, 君主や貴族の行列, 公開処刑などの場における暴動, 食料一揆, 立ち入り禁止の森林や猟場・漁場の集団的侵犯, 個人の家, 商店, 通行税徴収所などの集団破壊, 機械の打ちこわし, 外国人や税吏などの追放, シャリバリ, 祝祭のパレードやカーニバル, 伝統的スポーツなどがあげられる (藤川隆男「パブリック・ミーティング研究へのアプローチ」「帝塚山大学紀要」25, 1988 年, 39 ～ 40 頁参照)。

(25) Fujikawa, Takao, "Public Meetings and the Making of Public Opinion in Late 19th Century New South Wales", ANU MA thesis, 1986 (Making of Public Opinion と以下略記)。

本章と次章の叙述の多くは, この論文を基にしている。また, 「パブリック・ミーティング研究へのアプローチ」の内容からも多くを抜粋している。

(26) Jephson, Henry, *The Platform, Its Rise and Progress Vol 1 and 2*, London: Macmillan and Co, 1892.

ジェフソンのプラットフォーム概念は, パブリック・ミーティングだけでなく, 公的宴会や食事会での演説や政治的講演も含む, はるかに幅広い概念である。

(27) イギリスの動向については中村武司「イギリス史研究におけるパブリック・ミーティング―― 研究の現状と課題」『パブリック・ヒストリー』20 号, 2023 年, 1 ～ 16 頁も参照。

Navickas, Katrina, *Protest and the politics of space and place, 1789-1848*, Manchester: Manchester University Press, 2016 は，19 世紀前半までの社会運動の勃興を扱うだけでなく，私の関心の中心の一つである公的空間の規制に焦点を絞っており，必ず参照してもらいたい。また，次のサイトも参照してもらいたい，a history of public space: contested public and private spaces in England, by Katrina Navickas(https://historyofpublicspace.uk/)。

（28） *The Platform*, pp.5-7; Thompson, E.P., *The Making of the English Working Class*, London: Victor Gollancz, 1963, p.42.

（29） 法律や条令の規制をクリアしていればの話であるが。

（30） *The Platform I*, p.8.

（31） *The Platform I*, pp.129-132; "Britain Creates the Social Movement," pp.2-3.

（32） *The Platform I*, p.133; *Making of the English Working Class*, p.131; Wilson, G.F., *Theory of Public Opinion*, Chicago: Henry Regnery Company, 1962, p.75.

（33） *The Platform I*, pp.149-168; *Making of the English Working Class*, pp.102-144.

（34） *The Platform I*, pp.198-199,209-213,218,242-244,248-250,252,256-258; *Making of the English Working Class*, p.145; "The Rise of the Public Meeting," pp.294-295.

（35） *The Platform I*, pp.274-296 引用は p.289, p.296.

（36） *The Platform I*, pp.313-317, 391-401.

（37） 「パブリック・ミーティング研究へのアプローチ」44 頁。

（38） 「パブリック・ミーティング研究へのアプローチ」44 ～ 45 頁。

（39） *The Platform I*, pp.436-439.
　　　この事件については，例えば，古賀秀男「キャロライン王妃事件をどうとらえるか──イギリス王室と民衆・世論」『史窓』58，2001 年，143 ～ 157 頁参照。

（40） *The Platform I*, pp.439-451.

（41） *The Platform I*, pp.424-425.

（42） *The Platform II*, pp.188-191.

（43） 私の MA 論文の提出日と同じ日付。論文提出日の 10 日前に大学の情報シ

248　注

ステムがダウンして，どうしようもないので3日間テニスをしていた。システムの復旧と同時に論文を完成，印刷，製本に出した。PC がない時代の話である。

(44)　*The Platform II*, pp.191-192; Gammage, R.G., *History of the Chartist Movement 1837-1854*, Newcastle: Browne & Browne, 1894, pp.94-98, 113, 119, 134;「パブリック・ミーティング研究へのアプローチ」45 頁。

(45)　Trove に関しては，次の URL：https://www.digitisednewspapers.net/histories/trove/ を参照。

(46)　*The Sydney Gazette*, 08/07/1804, 05/01/1811（Trove https://trove.nla.gov.au/search/advanced/category/newspapers　以下使用した新聞のデータベースは特記しない限り同じ）.

(47)　*The Sydney Gazette*, 7/11/1813.

(48)　*The Sydney Gazette*, 30/11/1816, 07/12/1816.

(49)　*The Sydney Gazette*, 22/02/1817, 15/03/1817.

(50)　*The Sydney Gazette*, 09/05/1818, 23/05/1818.

(51)　「パブリック・ミーティング研究へのアプローチ」45 頁；*The Sydney Gazette*, 23/01/1819, 24/04/1819.

(52)　*The Sydney Gazette*, 01/07/1820, 06/01/1821, 21/01/1821; *The Hobart Town Gazette*, 08/12/1821, 05/01/1822.

(53)　*The Hobart Town Gazette*, 02/08/1823, 16/08/1823, 25/10/1823; *The Sydney Gazette*, 08/11/1823, 15/11/1823, 22/11/1823, 09/04/1824, 30/04/1824, 20/05/1824, 17/06/1824, 28/10/1824, 11/11/1824; *The Australian*, 11/11/1824（public meeting は競馬にも使われる）.

(54)　*The Australian*, 20/01/1825, 17/03/1825, 14/04/1825; *The Tasmanian Port Dalrymple Advertiser*, 11/05/1825; *The Hobart Town Gazette*, 13/05/1825, 25/05/1825, 08/07/1825, 12/08/1825.

(55)　*The Australian*, 13/10/1825, 27/10/1825; *The Sydney Gazette*, 24/10/1825, 03/11/1825, 29/12/1825.

注　249

(56)　*The Sydney Monitor*, 14/05/1838; *The Australian*, 18/07/1834, 26/08/1834; *The Sydney Herald*, 08/07/1833, 07/09/1835（パブリック・ミーティングに関する皮肉を込めた記事も登場）.

(57)　「パブリック・ミーティング研究へのアプローチ」46 頁。

(58)　H. M. Carey, *Empire of Hell: Religion and the Campaign to End Convict Transportation in the British Empire, 1788-1875*, Cambridge: Cambridge University Press, 2019, pp.230-233（この運動に関する教会の役割の大きさは明白である。ケープ植民地でも流刑反対運動が起こり，反穀物法運動をならって，パブリック・ミーティングが多数開催されている。）;「パブリック・ミーティング研究へのアプローチ」46 頁。

(59)　Westgarth, William, *The Colony of Victoria. With Remarks, Incidental and Comparative, Upon the Other Australian Colonies*, London: S. Low, Son, and Marston, 1864, pp.454-455.

第 2 章

(60)　最近，新型コロナの感染でオーストラリアに行けず，奈良県山添村のめえめえ牧場に羊に会いに行ったので，ついに奈良県にも入った。六甲山牧場は何度も行っている。2023 年には初めて日本西洋史学会大会に荷物を運ぶために名古屋に行った。

(61)　日常語として使われている，もしくは使われていたかどうか，というような点は重要になるように思う。例えば，ジェンダーが文法用語でしか使われていない世界で，実在としてのジェンダーを探求する研究には，無理を感じる。

(62)　McQueen, Humphrey, *A New Britannia*, Penguin, 1976, p.46.

(63)　"Making of Public Opinion", pp.18-19.

(64)　森井一真「パブリック・ミーティングをめぐる研究動向：アメリカ・カナダを中心に」『パブリック・ヒストリー』18，2021 年，注(19)。

(65)　「パブリック・ミーティングをめぐる研究動向」，45 〜 46 頁。

(66) *The South Australian Advertiser*, 26/1/1858.

(67) ゴードン将軍が戦死したマフディー戦争への派兵。

(68) *The Sydney Morning Herald*, 27/02/1885; *The Daily Telegraph*, 27/02/1885.

(69) 「パブリック・ミーティング研究へのアプローチ」47 〜 48 頁。

(70) 「パブリック・ミーティング研究へのアプローチ」40 〜 41 頁。

(71) 『シドニー・モーニング・ヘラルド』は, 既存のオーストラリアの新聞の中でもっとも長い歴史を持つ新聞で, 『デイリー・テレグラフ』は当時のニューサウスウェールズで最大部数を誇った。

(72) 1899 年にしたのは, 過去の研究データの収集の結果である。

(73) Walker, R. B., *The Newspaper Press in New South Wales, 1803-1920*, Sydney: Sydney University Press, 1976, pp.102-105.

(74) *The Sydney Morning Herald*, 10/06/1899.

(75) *The Sydney Morning Herald*, 24/04/1899-19/06/1899 の広告欄に掲載されたもの。

(76) 両組織の集会 851 のうち, 集会の参加者の推計が新聞で報道されたものの平均が 840 であり, その数値を用いている。

(77) 米田は, 1899 年のキャンペーンに関して注 (75) の時期について *The Sydney Morning Herald* だけででなく, *The Daily Telegraph* も利用し, 広告欄だけを基にするのではなく, 新聞記事からもデータを抜き出し, より包括的に集会の事例を網羅した。

(78) *The Sydney Morning Herald*, 26/10/1901.

(79) 「パブリック・ミーティング研究へのアプローチ」49 頁。

(80) ニューサウスウェールズ州立図書館での調査中, 地方紙の『ベルメイン・オブザーヴァー』が詳しくパブリック・ミーティングを報道しているのを読む機会があり, この例を示すことにした。

(81) *The Balmain Observer*, 27/10/1888, 03/11/1888, 17/11/1888, 24/11/1888, 01/12/1888.

(82) *The Balmain Observer*, 23/03/1889, 04/05/1889, 01/06/1889, 08/06/1889, 06/07/1889.

（83） *The Balmain Observer*, 13/07/1889.

（84） *The Balmain Observer*, 20/07/1889; See Golder, Hiraly, *Sydney's electoral history: a short electoral history of Sydney City Council, 1842-1992*, Sydney, NSW: Sydney City Council, 1995.

（85） *The Balmain Observer*, 27/07/1889.

（86） *The Balmain Observer*, 03/08/1889.

（87） *The Balmain Observer*, 17/08/1889.

（88） *The Balmain Observer*, 31/08/1889, 28/09/1889.

（89） Trove で Pyne Park を検索し，集めた事例の中身を確認した。1888 年にも 10 に満たないが，関連記事がある。

（90） この時点で，パブリック・ミーティングがシドニー郊外のマリックヴィルで開催され，連邦結成の是非を問う投票が行われようとしていたが，連邦法案自体がほとんど人の目に触れていない状況で，賛否を問うこと自体を問題視する意見が出されていた。

（91） *The Daily Telegraph*, 06/04/1898; *The Evening Journal*, 06/04/1898; *The Sydney Morning Herald*, 07/04/1898; *The Australian Star*, 07/04/1898.

（92） *The Sydney Morning Herald,* 11/04/1898, 13/04/1898; *The Daily Telegraph*, 13/04/1898.

（93） 同時代人もその分裂状況に言及している（*The Sydney Morning Herald*, 23/04/1898）。

（94） *The Sydney Morning Herald*, 15/04/1898, 19/04/1898; *The Daily Telegraph*, 15/04/1898, 19/04/1898, 20/04/1898.

（95） Fujikawa, Takao, "From Henry Parkes to Geoffrey Blainey: A Stronger or Persistent Strain of 'White Australia,'" *Journal of History for the Public* 6, 2009, p.54.

（96） *The Sydney Morning Herald*, 10/01/1871.

（97） *The Balmain Independent*, 02/10/1880.

（98） "Making of Public Opinion", p.30; *The Sydney Morning Herald*, 16/12/1878.
　　　 ただし連盟は，その後も反中国人運動を利用して，組織の拡大を図って

252　注

いった。

（99）　"Making of Public Opinion", p.31.

（100）　*The Newcastle Morning Herald*, 06/11/1886, 22/11/1886; *The Daily Telegraph*, 23/10/1886; *The Evening News*, 28/10/1886; *The Balmain Observer*, 30/10/1886.

（101）　*The Sydney Morning Herald*, 20/11/1886, 22/11/1886; "Making of Public Opinion", p.32.

（102）　"Making of Public Opinion", p.33.

（103）　*The Sydney Morning Herald*, 13/04/1895, 17/04/1895, 18/04/1895, 19/04/1895, 20/04/1895, 22/04/1895; *The Evening News*, 20/04/1895.

（104）　*The Sydney Morning Herald*, 23/04/1895, 24/04/1895, 25/04/1895, 26/04/1895; *The Newcastle Morning Herald*, 27/04/1895; *The Daily Telegraph*, 24/04/1895, 27/04/1895; *Truth*, 28/04/1995; *The Australian Star*, 29/04/1895.

（105）　*The Sydney Morning Herald*, 30/04/1895, 01/05/1895; *The Evening News*, 30/04/1895.

（106）　原語は British。

（107）　*The Sydney Morning Herald*, 26/10/1901.

（108）　Hennessy, B. C., *Public Opinion*, Belmont: Wadsworth, 1970, pp.25-26.
とくに Dewy, John, *The Public and its Problems: an essay in political inquiry*, Chicago: Gateway Books, 1946, pp15-16 を参照。

（109）　藤川隆男「「パブリック・ヒストリー」とは何か。」『パブリック・ヒストリー』17 号，2020 年，14 頁を参照。
最近の研究としては，Marshall, P. D., et al., eds., *Contemporary Publics: Shifting Boundaries in New Media, Technology and Culture*, United Kingdom: Palgrave Macmillan, 2016 (ebook) を参照。

（110）　Allport, F. H., "Toward a Science of Public Opinion", *Public Opinion Quarterly*, Vol.1, 1937, pp.7-8.

（111）　Kelly, T. M. (2013) *Teaching history in the digital age*, University of Michigan Press. (https://www.digitalculture.org/books/teaching-history-in-the-digital-age/)

注　253

（112）　Cohen, D. J., Rosenzweig R. (2005) Digital history: A guide to gathering, preserving, and presenting the past on the web(https://chnm.gmu.edu/digitalhistory/index.php.html.)

（113）　藤川隆男, Chenhui Chu, 梶原智之, 長原一「歴史研究におけるビッグデータの活用：オーストラリアを中心に」『西洋史学』268 号, 2019 年。

第3章

（114）　『シドニー・モーニング・ヘラルド』紙におけるカテゴリー分けされた広告欄の誕生とデータ収集の開始を一致させた。それ以前においては, パブリック・ミーティングの広告が紙面のどこに現れるか予想が難しく, 一定期間でデータを集めるのは不可能であった。

（115）　ティリーの手法では, より包括的に社会運動のデータを集めているが, カタログのメタデータを活用している点では, データの偏りがより大きいと想像できるし, データ収集の年の決定も極めて恣意的である。対象地域が限定されているのは共通している （"Making of Public Opinion", pp.41-43 参照）。

（116）　*Victorian Year Book*, 1888/89, p.399.

（117）　"Making of Public Opinion", pp.42-43; *The Balmain Independent*, 12/03/1881.

（118）　"Making of Public Opinion", p.43 を参照。

（119）　"Making of Public Opinion", pp.43-44 を参照。

（120）　正確には, Trove, Newspapers & Gazettes であり, 次の URL から検索サイトに進める：https://trove.nla.gov.au/search/advanced/category/newspapers; 連邦, 州, 地方のレベルで, 歴史的に重要だと考えられた新聞がデータベース化されており, 一国の新聞世論の動向を見るのに, 歪みがもっとも少ないデータベースの一つと言える。

　　Cassidy, Steve, "Publishing the Trove newspaper corpus", *Proceedings of the Tenth International Conference on Language Resources and Evaluation* (*LREC' 16*), 2016 も参照。

（121）　2022 年 6 月 4 日検索。Trove のデータベースは日々拡張されているので, 収集できるデータは少しずつ増えていくが, 数年のスパンでは, 検索結果を

254　注

大きく変えるほどの影響はない。ただし，第1次世界大戦100年記念などの
特別なプロジェクトが行われる場合には，注意が必要である。バニヤップを
研究した時は，10年ごと，1年ごとに分割して，データを表示させて，記事
を確認した。

(122)　正確には Newspapers and Gazettes のデータベース。

(123)　この数値には1955年分も少数含まれている。

(124)　See The British Newspaper Archive, https://www.britishnewspaperarchive.co.uk/.

(125)　The British Newspaper Archive, https://www.britishnewspaperarchive.co.uk/search/
advanced(11/06/2022).

(126)　Papers Past, https://paperspast.natlib.govt.nz/newspapers?snippet=true .

(127)　Trove, Newspapers & Gazettes, https://trove.nla.gov.au/search/advanced/category/
newspapers(12/06/2022).

(128)　Tim Sherratt. (2021). GLAM Workbench (version v1.0.0). Zenodo. https://doi.
org/10.5281/zenodo.5603060.

(129)　QueryPic, https://hub.gke2.mybinder.org/user/glam-workbench-trove-newspapers-
8rnjo4mv/voila/render/querypic.ipynb?token=GieheAfFTh-tWGLY2El44g, API キー
利用で 12/06/2022 検索。

(130)　GLAM Workbench, QueryPic DigitalNZ, https://hub.gke2.mybinder.org/
user/glam-workbench-digitalnz-9uvrd0ro/voila/render/querypic_papers_past.
ipynb?token=p9J-_KWhSaKhyP9-hYbD5g(12/06/2022).

(131)　QueryPic, https://hub.gke2.mybinder.org/user/glam-workbench-trove-newspapers-
4nw38tgn/voila/render/querypic.ipynb?token=us2y75azQ-WkJ6365faIMw, API キー
利用で 12/06/2022 検索。

(132)　Trove Newspapers, https://glam-workbench.net/trove-newspapers/#visualise-the-
total-number-of-newspaper-articles-in-trove-by-year-and-state(12/06/2022).

(133)　Tanaka K., Chu C., Ren H., Renoust B., Nakashima Y., Takemura N., Nagahara
H., Fujikawa T. (2020), "Constructing a public meeting corpus," *Proceedings of The 12th
Language Resources and Evaluation Conference*, pp.1934-1940.

（134）　OpenCV, https://opencv.org/, viewed, 21/1/2021.

（135）　Lan Z., et al., "Albert: A Lite Bert for Self-supervised Learning of Language Representations", arXiv preprint, 2019, arXiv: 190911942.

（136）　Rajpurkar P., et al., "SQuAD: 100,000+ questions for machine comprehension of text", *Proceedings of the 2016 Conference on Empirical Methods in Natural Language Processing*, Association for Computational Linguistics, Austin, Texas, 2016, pp.2383-2392, DOI 10.18653/v1/D16-1264, URL: https://www.aclweb.org/anthology/D16-1264.

（137）　weighted-F1 を測定基準として用いた。

（138）　生成 AI などを用いれば，結果を改善できるように感じるが，退職までにもうその時間はない。

（139）　R. W. Connell and T. H. Irving, *Class Structure in Australian History: Documents, Narrative and Argument*, Melbourne: Longman, 1980, p.120; *The Sydney Morning Herald*, 18/08/1853; "Making of Public Opinion", p.49 も参照。

（140）　*The Sydney Morning Herald*, 12/06/1849; *The Argus*, 17/08/1849.

（141）　"Making of Public Opinion", pp.48-50.

（142）　"Making of Public Opinion", pp.48-50.

（143）　*Balmain Observer*, 08/08/1885.

（144）　関係ないものも多いが，Trove で Lighting the Town Hall のフレーズ検索をかけてみるとよい。

（145）　実際には，次のような用語で分類している：1: town hall, council chamber, city hall, chamber, mayor room, mayor parlor, shire office, borough chamber, council office, Council Room, Warden's Office, the Clerk's, Municipal Chamber, Council-chamber, Town Board's Office; 2: school, school of art, school hall, court house, institute, mechanics, exhibiton, fire station, library, museum, hospital, technical college, college, post office, district court, Police Office, school room, Supreme xxxx House, Insolvent xxxx House, the Exchange, the Sydney Exchange, the Mechanics' Institution, courthouse, schoolroom, Road Board Office, the Fire Engine House, Fire Brigade,

Institution, railway station; 3: church, church hall, chapel, Wesleyan, Synagogue, Cathedral, Salvation Army; 4: temperance, Masonic, Protestant, Oddfellows, Foresters, Rechabite, trade hall, trades hall, Freemason's, Lodge; 5: hotel, inn, public house, pub, society room, store, arms, club room, Mrxxx rooms, Assembly rooms, tavern, lodge room, Mr xxxx's, castle, large room, long room, White Horse, Company's Room, Highlander, the Royal Oak, the Westbury, the Star, Traveller's Rest, at the Shamrock, the Prince of Wales, the Rising Sun, the Horseshoe, the Cornwall, Cafe, Coffee Palace; 6: theater, music hall, the Royal Australian Circus, Picture Pavilion, Athenaeum; 7: park, market, commons, street, place, domain, street column, flag staff, public outdoor space, memorial, pavillion, reserve, ground, garden, streets corner, esplanade, hustings, Beach, square, Circular Quay, heymarket, Clock Tower, Racecourse; 8: others.

(146) *The Miners' Advocate*, 05/09/1874; See also *Norther Argus*, 20/07/1875; *Yorke's Peninsula Advertiser*, 01/09/1881; *The North Eastern Ensign*, 26/04/1887; *Devon Herald*, 11/06/1886; "Making of Public Opinion", p.57.

(147) See *The Balmain Observer*, 13/03/1886; *Southern Argus*, 01/04/1880; *Launceston Examiner*, 17/02/1881; *The Bega Gazette*, 08/12/1883; *Bathurst Free Press*, 04/07/1885.

(148) *The Herald*, 24/12/1885.

(149) インスティチュートは南オーストラリアに見られる独特の施設で，他の場所ではスクール・オヴ・アーツに相当する施設。成人教育や図書館，各種の文化活動などが行われていた。

(150) *The Brisbane Courier*, 02/11/1882; *Evening Journal*, 22/08/1878; *Yorke's Peninsular Advertiser*, 01/09/1882.

(151) *Southern Argus*, 16/10/1883.

(152) *The Wallaroo Times*, 06/08/1879, 06/07/1881; *South Australian Weekly Chronicle*, 14/04/1883; *South Australian Register*, 15/10/1883; *Bathurst Free Press*, 15/08/1885.

(153) *The North Shore Times and Manly Press*, 01/05/1886; *Balmain Observer*, 30/03/1889.

(154) *The Balmain Observer*, 31/01/1885.

(155) *The Balmain Independent*, 31/01/1885 quoted in "Making of Public Opinion", p.53.

注　257

(156)　"Making of Public Opinion", p.54.

(157)　当時の広告によると，経理担当者の週給3ポンド，女性アシスタント1ポンド2シリング，ガヴァネス年35ポンド，看護婦30ポンド，女性の船の給仕は月2ポンド，多くの召使は週給12シリング程度など（*The Daily Telegraph*, 21/01/1899, 04/02/1899）。

(158)　"Making of Public Opinion", pp.54-55.

(159)　*The Sydney Morning Herald*, 06/07/1897.

(160)　*The Sydney Morning Herald*, 07/02/1878.

(161)　*The Daily Telegraph*, 22/02/1883.

(162)　"Making of Public Opinion", pp.56-57.

(163)　*The Age*, 29/03/1883; *The Argus*, 29/01/1896.

(164)　*Balmain Observer*, 14/08/1886.

(165)　*The Age*, 04/08/1886, 08/08/1886, 16/06/1892; *The Sydney Morning Herald*, 05/07/1890, 19/07/1890, 16/12/1892, 31/01/1893.

(166)　*The Sydney Morning Herald*, 02/02/1894; *The Age*, 07/03/1894.

(167)　*The Sydney Morning Herald*, 16/03/1895, 08/01/1895, 11/01/1895.

(168)　*The Sydney Morning Herald*, 15/02/1896; *The Age*, 02/08/1897, 04/08/1897, 01/03/1899.

(169)　*The Daily Telegraph*, 29/08/1889, 27/09/1889; See "Making of Public Opinion", pp.132-140.

(170)　この項目に含まれない市長婦人が招集した7例のパブリック・ミーティングもすべて1914年以降のものである。

(171)　*The Sydney Morning Herald*, 21/07/1883; See "Making of Public Opinion", pp.83-84.

(172)　*The Sydney Morning Herald*, 05/09/1871.

(173)　ただし，ニュージーランドを除く，アジア，アフリカ，太平洋の先住民は，選挙権を持たなかった。

(174)　*The Sydney Morning Herald*, 15/07/1893; See "Making of Public Opinion", p.83.

（175） *Freeman's Journal*, 29/01/1898.

（176） 以下この項目は，表-1 を含めて，"Making of Public Opinion", pp.84-87 を基にしている。

（177） 移民に対するヨーロッパ語による言語テストは 1958 年まで続き，白豪主義が完全に廃止されたのは 1970 年代の初めである。

（178） "Making of Public Opinion", pp.74-76.

（179） Andrew Markus, *Fear and hatred: purifying Australia and California, 1850-1901*, Sydney: Hale & Iremonger, 1979 が，暴動や集会を扱ったもっとも包括的な文献。

（180） タウンホールの向かいに位置する Togs Cafe での昼食は，私のヴィクトリアでの楽しみの一つである。駐車もしやすい。ゴールドラッシュ時代の豊かさの面影を残す，雰囲気の良い地方の町である。

（181） *The Argus*, 04/08/1857, 07/08/1857, 16/09/1857; *The Mount Alexander Mail*, 07/08/1857; "Making of Public Opinion", pp.88-89.

（182） 中国人の抵抗運動全般については，Anna Kyi, "'The most determined, sustained diggers' resistance campaign': Chinese protests against the Victorian Government's anti-Chinese legislation 1855-1862", *Provenance: The Journal of Public Record Office Victoria*, no.8, 2009 を参照，関連文献も記載されている。

（183） *The Bathurst Free Press*, 17/12/1859.

（184） *The Mount Alexander Mail*, 20/11/1867.

（185） *The Sydney Morning Herald*, 27/01/1879.

（186） *The Age*, 09/05/1888; *The Ballarat Star*, 09/05/1888; *The Sydney Morning Herald*, 22/05/1888, 15/08/1895.

（187） *The Australian Star*, 02/02/1900.

（188） *The Herald*, 22/05/105; *The Advertiser*, 18/06/1906.

（189） *The Telegraph*, 13/11/1911.

注　259

第4章

（190）　「現前」とか，一度使ってみたかった。こういう言葉をよく使う人は，ど
う思って文章を書くのだろうか。

（191）　コーヒーハウス自体も，すでにイギリス革命期などに政治活動の場で
あったが（マコーリーなどを読めばよい），後には会社や経済組織の場になっ
たり，単なるカフェのようになったり，閉鎖的なクラブになったり，ギャン
ブルや売春の拠点になったりと，様ざまな形に変質していった。コーヒーハ
ウス自体にも文芸的公共圏から政治的公共圏への単純な移行を見るのは難し
いように思われる。多くのコーヒーハウスはランダムにあらゆる階層が集合
するような場所でもなく，政治的傾向，教養や嗜好の共通性などに沿って，
比較的同質の人びとが集まっていた。

（192）　例えば，Launceston Examiner, 21/06/1848 参照。

（193）　1st Parliament, *Victorian Hansard*, Vol.4, No.2, 1858, pp.254-256, 314-315,
https://www.parliament.vic.gov.au/images/stories/volume-hansard/smaller/Hansard_01_
CA_V4_Oct1858-Feb1859/VicHansard_18581102_18581116.pdf (14/01/23).

（194）　Victorian Historical Acts, "An Act for securing the freedom of the deliberations of
Parliament and for preventing disorderly Meetings", http://austlii.edu.au/au/legis/vic/
hist_act/aafstotdopafpdm909.pdf (24/08/2024).

（195）　E-Melbourne, Eastern Market, https://www.emelbourne.net.au/biogs/EM00499b.
htm (03/04/2023).

（196）　Messner, Andrew Charles, "Chartist Political Culture in Britain and Colonial
Australia, c. 1835-1860", PhD thesis, 2000, pp.345-366.

（197）　*The Argus*, 07/11/1854; See Messner, p.347; See also *the Age*, 29/01/1855.

（198）　*The Age*, 06/12/1854; *The Argus*, 13/03/1855.

（199）　*The Age*, 07/08/1855; *The Argus*, 07/08/1855, 09/08/1855.

（200）　*The Age*, 08/12/1856.

（201）　*The Age*, 23/04/1857, 27/04/1857; *The Argus*, 23/04/1857.

（202）　*The Argus*, 23/04/1857; *The Age*, 24/04/1857.

260 注

(203) *The Age*, 13/04/1857.

(204) *The Argus*, 6/05/1857.

(205) *The Argus*, 23/06/1857; *The Age*, 23/06/1857.

(206) *The Star*, 02/07/1857; *The Age*, 02/07/1857.

(207) *The Age*, 13/07/1857.

(208) *The Star*, 24/07/1857.

(209) *The Argus*, 14/08/1857.

(210) *The Age*, 25/08/1857, 01/09/1857.

(211) *The Argus*, 08/09/1857.

(212) *The Age*, 15/09/1857; *The Argus*, 15/09/1857; Messner, p.348.

(213) *The Age*, 21/09/1857, 24/09/1857, 29/09/1857, 20/10/1857, 24/10/1857, 28/10/1857; *The Argus*, 22/09/1857; *The Star*, 22/09/1857.

(214) *The Argus*, 01/01/1858.

(215) *The Age*, 06/01/1858.

(216) *The Age*, 26/01/1858.

(217) *The Argus*, 25/02/1858.

(218) *The Age*, 04/03/1858.

(219) *The Age*, 09/03/1858; *The Argus*, 09/03/1858.

(220) *The Argus*, 23/03/1858, 24/03/1858.

(221) *The Age*, 04/05/1858.

(222) *The Age*, 07/05/1858; *The Argus*, 07/05/1858.

(223) *The Portland Guardian*, 14/05/1958; *The Age*, 21/05/1858. *The Argus*, 21/05/1858.

(224) *The Age*, 02/06/1858; *The Argus*, 02/06/1858.

5月31日にもイースタンマーケットで, 7,000〜8,000人規模の集会が開催されたと思われる（嘆願書より, *The Argus*, 05/06/1858）。

(225) *The Victorian Hansard Containing the Debates and Proceedings of the Legislative Council and Assembly of the Colony of Victoria Session II. 1857-1858*, Vol. III, pp.527-528; *Melbourne Punch* 03/06/1858 の議会レポートは面白い。

(226)　*The Age*, 08/06/1858.

(227)　*The Argus*, 21/10/1858, 03/11/1858.

(228)　*1st Parliament, Victorian Hansard*, Vol.4, No.2, 1858, pp.250, 254-256.

(229)　*The Mount Alexander Mail*, 15/11/1858.

(230)　*1st Parliament, Victorian Hansard*, Vol.4, No.2, 1858, pp.314-315.

(231)　*The Argus*, 22/03/1859.

(232)　*The Age*, 15/04/1859.

(233)　*The Age*, 13/07/1859.

(234)　一連の内容は，*2nd Parliament, Victorian Hansard*, Vol.6, 1860, pp.1737-1748, 1759 に基づく。

(235)　1858 年頃から，"the Corner" という表現で，議会の「民主主義的」（当時は「過激な」を含意する）グループを呼ぶようになり，イースタンマーケットの集会やそこで演説をする政治家が対象になっていた。

(236)　*The Argus*, 17/01/1860.

(237)　*The Age*, 04/06/1860.

(238)　*The Argus*, 05/06/1860.

(239)　*The Argus*, 24/07/1860, 25/07/1860; *The Age*, 24/07/1860; *The Star*, 24/07/1860; *The Victorian Farmers' Journal*, 28/07/1860.

(240)　*The Age*, 31/07/1860.

(241)　*The Bendigo Advertiser*, 22/08/1860.

(242)　*The Argus*, 28/08/1860; *The Age*, 28/08/1860.

(243)　*The Argus*, 29/08/1860; *The Age*, 29/08/1860.

(244)　*The Geelong Advertiser*, 31/08/1860; *The Argus*, 31/08/1860; *The Age*, 31/08/1860.

(245)　*The Age*, 04/09/1860; *The Argus*, 10/09/1860.

(246)　*The Age*, 11/09/1860, 12/09/1860; *The Argus*, 12/09/1860.

(247)　*The Argus*, 04/06/1860, 18/04/1866, 15/10/1875, 24/01/1876; *The Age*, 15/07/1865, 08/08/1865, 18/04/1866, 09/10/1866, 16/10/1866, 15/10/1875, 30/11/1875; *The Herald*, 25/07/1865, 08/08/1865; *The Leader*, 21/04/1866.

262　注

(248)　第 2 節は，"Making of Public Opinion", pp.93-130 を基に，それを拡大して作成した。

(249)　*The Empire*, 07/09/1853.

(250)　*The Sydney Morning Herald*, 29/10/1844; *The Australian*, 24/12/1846.

(251)　*The Empire*, 07/09/1853.

(252)　*The Empire*, 21/07/1857, 10/09/1857.

(253)　*The Sydney Morning Herald*, 16/02/1858.

(254)　*The Empire*, 10/04/1858, 03/10/1859, 07/05/1860, 17/07/1860, 04/08/1860.

(255)　*The Empire*, 27/07/1861.

(256)　*The Empire*, 26/07/1861.

(257)　*The Sydney Morning Herald*, 31/07/1863, 21/09/1864, 21/03/1865, 10/07/1865; *The Illustrated Sydney News*, 16/09/1964; *The Empire*, 21/09/1864; *The Freeman's Journal*, 14/06/1865.

(258)　*The Sydney Morning Herald*, 03/09/1866, 04/09/1866, 08/09/1866; *The Freeman's Journal*, 08/09/1866, 15/09/1866; *The Pastoral Times*, 15/09/1866.

(259)　*The Sydney Morning Herald*, 17/10/1866; *The Empire*, 14/12/1866; *The Sydney Mail*, 22/12/1866.

(260)　*The Sydney Mail*, 16/04/1870; *The Evening News*, 20/10/1870; *The Freeman's Journal*, 12/11/1870; *Town and Country Journal*, 03/12/1870.

(261)　*The Sydney Morning Herald*, 05/12/1871; *The Manning River News and Advocate*, 11/05/1872; *The Empire*, 09/12/1872.

(262)　Hyde Park Defence で Trove をフレーズ検索。

(263)　*The Maitland Mercury*, 10/01/1874; *The Sydney Morning Herald*, 18/09/1874, 29/09/1875, 30/09/1875, 01/10/1875; *The Freeman's Journal*, 23/01/1875, 02/10/1875; *The Protestant Standard*, 07/03/1874.

(264)　*The Evening News*, 03/11/1875.

(265)　*The Sydney Mail*, 30/06/1877, 18/08/1877; *The Sydney Morning Herald*, 07/07/1877, 08/08/1877, 10/09/1877, 29/09/1877; *The Express and Telegraph*, 02/10/1877; *The*

Illustrated Sydney News, 18/08/1877; *The Evening News*, 10/09/1877; *Town and Country Journal*, 13/10/1877; "Making of Public Opinion", p.95.

(266)　"Making of Public Opinion", pp.95-96.

(267)　*The Sydney Morning Herald*, 11/03/1878; *The Evening News*, 11/03/1878; "Making of Public Opinion", pp.97-98.

(268)　*The Sydney Morning Herald*, 18/03/1878; *The Evening News*, 18/03/1878; "Making of Public Opinion", p.98.

(269)　*The Sydney Morning Herald*, 28/03/1878.

(270)　*The Sydney Morning Herald*, 01/04/1878.

(271)　*The Sydney Morning Herald*, 19/03/1878, 08/11/1878; *Town and Country Journal*, 05/10/1878.

(272)　*The Evening News*, 05/12/1878, 16/12/1878, 24/12/1878, 30/12/1878, 10/03/1879; *The Sydney Morning Herald*, 05/12/1878, 16/12/1878, 28/12/1878, 30/12/1878; *Town and Country Journal*, 14/12/1878.

　　この後，３月８日（土曜日）の夜にも，ヘイマーケットで反中国人移民連盟という名称を使い，政治改革連盟が 2,000 人規模の集会を開いた。さらに政治改革連盟は，ハイドパークなどで屋外集会を開こうとしているが，詳細はわからない。

(273)　*The Evening News*, 11/02/1879, 15/02/1879; *The Sydney Morning Herald*, 06/02/1879, 08/02/1879, 10/02/1879, 12/02/1879, 15/02/1879.

(274)　*The Evening News*, 15/02/1879, 17/02/1879; *The Sydney Morning Herald*, 15/02/1879.

(275)　*The Sydney Morning Herald*, 22/02/1879.

(276)　*The Sydney Morning Herald*, 11/03/1879.

(277)　ドメインのスピーカーズ・コーナーの歴史を研究した歴史家はいないが，ドメインで演説を行っていた人物，スティーヴン・マックスウェルが綴った著作があり，ドメインを解説する文献のほとんどは，その書物から情報を得ている（Maxwell, Stephen, *The History of Soapbox Oratory*, Chiswick, c.1994）。マッ

クスウェルは，ドメインのスピーカーズ・コーナーの起源とアレン牧師の事件の関係について簡単に述べているが，年代などに明らかな誤りがある。

（278） *The Evening News*, 28/07/1879; *The Sydney Morning Herald*, 28/07/1879; *The Daily Telegraph*, 08/07/1879, 16/10/1879; "Making of Public Opinion", p.102.

（279） *The Daily Telegraph*, 28/10/1879, 15/04/1880, 21/04/1880, 04/05/1880; *The Evening News*, 06/04/1879, 27/04/1880; *The Sydney Morning Herald*, 08/04/1880, 09/04/1880, 27/04/1880; "Making of Public Opinion", p.102, 集会の継続を示す記事や新聞広告については，p.102, footnotes 168, 169 を参照。

（280） *The Daily Telegraph*, 30/04/1880, 11/05/1880; *The Evening News*, 06/05/1880, 11/06/1880, 19/05/1880, 27/05/1880; *The Sydney Morning Herald*, 06/05/1880.

（281） *The Sydney Morning Herald*, 01/06/1880, 06/08/1880; *The Daily Telegraph*, 01/06/1880, 08/06/1880, 18/06/1880, 26/06/1880, 06/07/1880; *The Evening News*, 01/06/1880, 29/07/1880.

（282） *The Evening News*, 24/08/1880; *The Daily Telegraph*, 07/09/1880, 14/09/1880; *The Sydney Morning Herald*, 02/10/1880.

（283） *The Evening News*, 25/01/1881, 29/01/1881, 08/02/1881; *The Daily Telegraph*, 27/01/1881, 29/01/1881, 03/02/1881; *The Sydney Morning Herald*, 29/01/1881, 09/02/1881.

（284） "Making of Public Opinion", p.104.

（285） *The Evening News*, 09/06/1879, 10/06/1879; *The Sydney Morning Herald*, 10/06/1879.

（286） *The Evening News*, 20/12/1879, 13/10/1880, 30/10/1880, 20/04/1881, 14/05/1881, 13/07/1881, see also 17/01/1881; *The Daily Telegraph*, 14/02/1881, 14/07/1881; *The Sydney Morning Herald*, 26/04/1881, 07/07/1881, 15/07/1881.

（287） *The Sydney Morning Herald*, 16/10/1880, 25/05/1881; *The Daily Telegraph*, 18/05/1881, 21/05/1881, 25/05/1881, 27/05/1881; *The Evening News*, 18/05/1881, 21/05/1881, 25/05/1881.

（288） *The Evening News*, 26/07/1881, 17/09/1881, 28/11/1881; *The Daily Telegraph*,

09/08/1881, 10/10/1881, 24/10/1881, 25/10/1881, 31/10/1881, 07/11/1881; *The Sydney Morning Herald*, 25/10/1881; 10 月にコックスを襲った 19 歳の事務員と 29 歳の鉄道のポーターも罰金刑を科せられた。

（289） *The Evening News*, 13/01/1882; *The Sydney Morning Herald*, 10/07/1882, 11/07/1882.

（290） *The Evening News*, 23/08/1882; *The Daily Telegraph*, 14/09/1882; *The Sydney Morning Herald*, 14/09/1882.

（291） "Making of Public Opinion", p.106; *The Daily Telegraph*, 15/01/1883, 16/01/1883, 17/01/1883, 20/01/1883.

（292） "Making of Public Opinion", p.106; *The Daily Telegraph*, 26/02/1883, 30/04/1883. ペリーは 32,000 人から禁酒の誓い引き出すのに貢献し，市会議員を通じて，シドニーの禁酒主義者からの感謝のしるしとして金時計と鎖を贈られたと述べている（*The Evening News*, 12/03/1883）。またコックスが演説の中でガス爆発を描写し「火事だ，火事だ，火事だ」と叫んだのが消防署に伝わり，6 台くらい消防車が駆け付けたことがある（*The Evening News*, 26/06/1883）。

（293） *The Daily Telegraph*, 21/04/1883, 07/05/1883, 09/07/1883.

（294） *The Daily Telegraph*, 29/01/1883, 26/02/1883; *The Sydney Morning Herald*, 29/01/1883, 12/02/1883, 26/02/1883; *The Evening News*, 20/02/1883; "Making of Public Opinion", p.107.

（295） *The Daily Telegraph*, 02/03/1883, 14/03/1883, 23/07/1883, 30/07/1883, 21/08/1883, 17/09/1883, 22/10/1883; "Making of Public Opinion", p.108.

（296） "Making of Public Opinion", p.108.

（297） *New South Wales Parliamentary Debates*, Vol.10, p.220; "Making of Public Opinion", p.109.

（298） *New South Wales Parliamentary Debates*, Vol.10, pp.220-223; "Making of Public Opinion", p.109.

（299） *New South Wales Parliamentary Debates*, Vol.10, p.240; "Making of Public Opinion", p.109.

(300) *The Sydney Morning Herald*, 08/11/1883; "Making of Public Opinion", p.109.

(301) *The Daily Telegraph*, 02/11/1883.

(302) *The Daily Telegraph*, 02/11/1883.

(303) *The Daily Telegraph*, 05/11/1883.

このころのドメインには救世軍やアメリカ発祥のブルー・リボン・アーミーも現れており，後者には女性の弁士がいた (*The Evening News*, 07/11/1883)。

(304) *The Daily Telegraph*, 12/11/1883; *The Sydney Morning Herald*, 12/11/1883.

(305) *The Daily Telegraph*, 17/11/1883; *The Sydney Morning Herald*, 17/11/1883.

(306) *The Daily Telegraph*, 20/11/1883; *The Evening News*, 20/11/1883.

(307) *The Evening News*, 03/12/1883.

(308) "Making of Public Opinion", pp.110-117.

(309) Froude, J. A., *Oceana, or England and her Colonies*, 2nd ed., London: Longmans, Green and Co., 1886, pp.187-188.

マックスウェルはこれを 1870 年代末としているが，誤りである。

(310) *The Daily Telegraph*, 02/09/1889.

(311) "Making of Public Opinion", pp.117-120.

(312) "Making of Public Opinion", p.120; *New South Wales Parliamentary Debates*, Vol.61, pp.2615, 2935.

(313) *New South Wales Parliamentary Debates*, Vol.67, p.820.

(314) *The Evening News*, 19/02/1894.

(315) *The Evening News*, 19/02/1894.

(316) *The Daily Telegraph*, 19/02/1894.

(317) *The Sydney Morning Herald*, 20/02/1894.

(318) すべての文献に目を通し，再度研究史をチェックし，内容を再構築しているが，本節の内容は，基本的に "Making of Public Opinion", pp.140-154 によっている。

(319) *The Daily Telegraph*, 31/05/1887.

(320) *The Sydney Morning Herald*, 20/05/1887.

ヴィクトリア植民地でも，この種の提案が市の評議会によって退けられる
　　例が見られた。

（321）　*The Sydney Morning Herald*, 01/06/1887.

（322）　*The Daily Telegraph*, 04/06/1887; *The Sydney Morning Herald*, 04/06/1887.

（323）　*The Sydney Morning Herald*, 04/06/1887.

（324）　*The Daily Telegraph*, 04/06/1887.

（325）　*The Daily Telegraph*, 04/06/1887.

（326）　*The Sydney Morning Herald*, 09/06/1887.

（327）　*The Bulletin*, 18/06/1887; *The Sydney Morning Herald*, 11/06/1887; *The Daily Telegraph*, 11/06/1887.

（328）　*The Sydney Morning Herald*, 11/06/1887.

（329）　*The Daily Telegraph*, 11/06/1887.

（330）　*The Daily Telegraph*, 11/06/1887; *The Sydney Morning Herald*, 11/06/1887.

（331）　*The Sydney Morning Herald*, 11/06/1887.

（332）　*The Daily Telegraph*, 11/06/1887.

（333）　*The Bulletin*, 18/06/1887.

（334）　*The Daily Telegraph*, 13/06/1887; *The Sydney Morning Herald*, 13/06/1887.

（335）　*The Daily Telegraph*, 13/06/1887; *The Sydney Morning Herald*, 13/06/1887.

（336）　*The Daily Telegraph*, 13/06/1887; *The Sydney Morning Herald*, 13/06/1887.

（337）　*The Sydney Morning Herald*, 14/06/1887; *The Daily Telegraph*, 14/06/1887.

（338）　*The Sydney Morning Herald*, 14/06/1887; *The Daily Telegraph*, 14/06/1887.

（339）　*The Daily Telegraph*, 14/06/1887.

（340）　*The Daily Telegraph*, 13/06/1887, 14/06/1887, 15/06/1887; *The Sydney Morning Herald*, 13/06/1887, 14/06/1887, 15/06/1887.

（341）　*The Sydney Morning Herald*, 13/06/1887, 14/06/1887, 15/06/1887; *The Daily Telegraph*, 15/06/1887.

（342）　*The Sydney Morning Herald*, 16/06/1887.

（343）　*The Sydney Morning Herald*, 16/06/1887.

（344） *The Sydney Morning Herald*, 16/06/1887.

（345） *The Daily Telegraph*, 16/06/1887.

（346） イギリス人の帝国意識に批判的な立場で，その存在を強調しようとする場合に陥りやすい落とし穴ではある。

（347） *The Bulletin*, 25/06/1887.

（348） *The Daily Telegraph*, 15/06/1887.

（349） *The Daily Telegraph*, 16/06/1887.

（350） *The Daily Telegraph*, 16/06/1887.

（351） *The Daily Telegraph*, 16/06/1887.

（352） *The Sydney Morning Herald*, 16/06/1887.

（353） *The Sydney Morning Herald*, 16/06/1887.

（354） 女性への言及については第2章の「ミクロ圏に突入」の項を参照（40頁）。

（355） *The Daily Telegraph*, 16/06/1887.

（356） *The Sydney Morning Herald*, 16/06/1887.

（357） *The Sydney Morning Herald*, 16/06/1887.

（358） *The Sydney Morning Herald*, 16/06/1887.

（359） *The Sydney Morning Herald*, 16/06/1887.

（360） *The Bulletin*, 25/06/1887.

（361） *The Sydney Morning Herald*, 21/6/06/1887.

（362） See *the Daily Telegraph*, between 18/06/1887 and 27/06/1887, 02/07/1887, 07/07/1887, 11/07/1887, 13/07/1887, 14/07/1887; *the Sydney Morning Herald*, 18/06/1887, 20/06/1887, 25/06/1887, 07/07/1887.

索 引

I. 人名索引————

ア 行

アレン，ダニエル……… 50,181~184,186

ヴィクトリア女王……………… 146,152,
168,205~207,241

ウエストガース，ウィリアム
…………………………… 25,26,117,120

ウェントワース，W. C. ………… 23,24

ウォーカー，トマス…………… 215,216

オールポート，F. H. …………… 54,55

カ 行

キャメロン，アンガス………193,196,197

キャンベル，ピーター………… 193,194

クルーズ，J. B. ………………… 168,169

コックス，エドウィン（サマリア人）
……………………………20,191~193

コベット，ウィリアム………………16

サ 行

ジェフソン，ヘンリー…………… 11,12,
15,21,236

シェラット，ティム……………… 73,74

ジョーンズ，フレデリック……… 184,
207,211,213

スコット，ローズ…………………46

スティーヴン，アルフレッド…… 209,212

タ 行

チザム，カロライン……………… 111

ディブス，ジョージ……… 46,47,111,179

ティリー，チャールズ………8,9,11,12,
15,16,21,33,60,126,
128,130,134,135,235,239

ドン，チャールズ…………158,167,168

ナ 行

ニコルソン，ウィリアム
……………………… 162,164~168

ノートン，ジョン……… 207,210,211,
213,215,221,222,230

ハ 行

パークス，ヘンリー……… 41~43,47,53,
183~185,206,
209,212,214~216,
225~227,229~232,234

バートン，エドマンド…………45,211,
227,229

ハーバーマス，ユルゲン………… 4~6,9,
12,55,67

ファーネル，ジェームズ…………… 183,
198~200

ブラウン，H.…………… 194,196,197,199

ブリッグズ，エイザ…………………95

270　索引

プレイス，フランシス……………16
ベイカー，ドン…………………… 2
ヘネシー，B. C. ……………54,122
ベリー，グラハム……………… 168
ペリー，ジョージ…………192~194,
196,197,199,200

マ行・ラ行・A-Z

マーカス，アンドルー……………… 3
マクゴエン，J. S. T.………………46
マッカーサー，ジェームズ………… 175
ライリー，A. J.…………207,211,217
ライン，W. J. ………………………46
リード，ジョージ…………………45
Quong Tart ……………………… 147

II. 地名索引

ア　行

アデレイド…………………… 63,95
アメリカ………………… 8,14,32,33,68,
149,158,195,236
イギリス………… 4,5,8~14,18,19,21~24,
26,31~33,37,47,48,53,68,70,72,
85,100,101,119,126,129,144~148,
151,154,159,163,172,175,177,179,
185,194,195,201,206,214,222,236
ヴァンディーメンズランド（タスマニア）
………………………… 21,22,31
ヴィクトリア………… 25,31,116,117,137,
144,147,153,154,156,161,162,
166,168,170,171,184,193,205,206

カ行・サ行

カナダ………………………… 32,236
クィーンズランド………………… 27,31
シドニー……… 20~24,29,34,35,37~40,
44~47,49~53,60,63,84,

87~90,96,98~103,111,112,141,
146~148,152,171~180,183~185,
187,188,192,194,195,198~203,
206~209,212,213,215~218,220,
221,223~226,229~234,236,241

タ行・ナ行

中国………………………… iii, iv,147
西オーストラリア………………… 31,149
ニューサウスウェールズ……… 20,22,31,
37~39,45~47,50,51,55,
95,96,101,116,119,145,
153,184,187,190,192,193,
197,205,206,209,221,232,236
ニュージーランド……………… 32,59,69,
70,72,74,75

ハ　行

フランス………………… 4,16,67,178
ブリスベン…………………23,95,101

ベルメイン･･････････ 35,40〜43,47〜51,61,
　　　81,89,96〜98,101,102,184,216,236
ホバート･･････････････････････ 22,23
香港･･･････････････････････ iii,145

マ行・ラ行

マンチェスター･････････････････18
南アフリカ･････････････････････32

III. 事項索引

ア　行

アイデンティティ･･･････121,129,239
アイルランド系（人）･･････････ 3,86,88,
　　　182,194,218,232
アイルランド自治･･････････････ 101
『アーガス』紙 ･･････････ 87,154,157,
　　　166,167,170,171
アソシエーション･･･････････8,11,13
アボリジナル･････････････ vi,168
雨傘運動･･･････････････････ iii
アンザック･････････････ 128
『イヴニング・ニューズ』･･･････44,179,
　　　184,188,
　　　190,192,200,202
イースタンマーケット･･････････ 89,90,98,
　　　153,154,156〜162,164〜171,241
市場･･････ 89,91,96,151,154,167
飲酒･･･････････88,134,137,192,199
インターネット･･･････vi,57,58,150
ヴィクトリア女王･･････ 146,205〜207,241

南オーストラリア･･･････････ 31,35,63,
　　　75,95,96,112,113
メルボルン･････ 34,39,61,63,87〜90,94,98,
　　　100〜102,112,141,147,152〜159,
　　　161,166,169〜173,192,204,206,241
ラミング・フラット･････････ 47,144,176
ロンドン･････････9,10,12,14,15,33,94,160,
　　　172,174,177,194,195,201,202

ヴィクトリア女王の銅像
　･････････ 152,200,202,215,216,234
『エイジ』紙 ･･････････････ 157,160,
エマンシピスト････････････ 22〜24
屋外集会･･･････････････ 15,87,99,
　　　151〜156,158,159,162,166,
　　　170〜179,181,184〜190,195,
　　　196,200〜202,206,215,235,241
オシャナシー内閣･･････････ 156
オーストラリア出生者協会･･････ 45,109
オーストラリア連邦･････････ 2,31,37,38,
　　　45,109,120,128,
『オーストラリアン』紙 ･････････ 23,24
オレンジ･･･････････ 182,183,191,195
オレンジマン････････････ 221,222,
　　　224,225,227,232
オレンジ・ロッジ･･････････218,221,223

カ　行

ガザ侵攻抗議･･･････････････ 205
ガス灯･･････････････････ 90,167,170

カトリック…………… 22,88,95,117,134,
　　178,181,182,186,218,232
カトリック解放運動…………………17
神の警察……………………… 114
議会………………3,7,8,10,11,14,
　　15,17,23,25,28,31,
　　41~43,46~48,50,56,91,
　　94,99~102,109,119,131,145,
　　152~154,156~158,160~173,
　　178,181,183,184,186~192,195,
　　197~199,201,202,205,207,212
議会改革運動………………… 14,15,17
機械学習…………………… 79,104
議長…………… 18,20,21,29,35,41,
　　42,49,50,55,62,66,
　　82,87,99,101,111,112,
　　145~147,155,156,159,168,
　　174,175,192,196,207~209,
　　211,212,224,228,230,233,237
キャプテン・クック像…………… 178
キャロライン王妃事件………………17
ギャンブル……………………88
儀礼………………………… 20,36,37
クラブ………… 42,104,130,132,138,
　　176,189,222,223,239,240
クリオメトリックス………………… vi
警官………………… 144,145,169,
　　182,189,215,223,224
劇場………91,93,97,100,184,200,
　　212,214~216,232,234
ケントの火………………227,229,230

公園………… 40~43,91,96,131,132,151,
　　152,171,177~181,183,185,
　　186,189,191,193,196,205,212
公会堂…………… 42,61,65,89,90,
　　94~98,100,132,152,
　　173,184,185,198,218,238
公共圏………… v,2,4~7,9,11,15,26,
　　28,30,33,35,44,56,135,
　　149~151,172,232,234~237,241
広告………… 18,20,21,24,34,38,39,
　　41~45,49,60~62,65,66,72,74,
　　75,77~82,97,99,104~107,110,
　　122,152,155,156,161,176,180,199,
　　207~209,217,218,222,230,232,237
構造………4,5,7,8,11,19,26~31,33,37,
　　38,59,79,149,171,232,234~237,241
コーパス……………………73,77~79
コーヒーハウス…………… 5,6,9,11,67,
　　68,92,151,244
コミュニケーション……………… 5,6,18,
　　25,36,58,235
ゴールドラッシュ………… 25,31,94,120,
　　128,129,132,144,152,153,174,236

サ　行

サイバー空間………………150,197,235
サーキュラー・キー……………… 173,
　　174,195,196
サロン……………………5,11,67,68,151
ジェンダー…………………… 3,28,140
ジェントルマン…………………… 15,207

索引 273

慈善·················· 7,21,22,50,87,88,103,
106,109,111,114,115,
124,125,130～132,135,138,
141～143,217,221,223,238～240
自然言語処理········ 59,63,64,77,234,235
自治植民地············31,119,128,137,239
市長·················· 17,19,29,35,41～43,
48,49,55,85～87,97～105,
108,112,151,156,158,159,
162,164,167,169,170,174,
175,183,184,187,188,199,
200,205,207～209,211,212,
217,221,222,225,227,229～232
失業者·················· 47,48,60,87,98,99,
101～103,110,152,154,
159,160,167,171,173～175,177,
178,181,186,197,200,202,207,238
『シドニー・モーニング・ヘラルド』紙
··············37,38,39,44,47,50,51,53,
60,100,112,177,180,184,192,
198,203,207～209,213,215～218,
220,221,223～226,229～231,233,234
社会運動········ 7,8,11,28,34,36,40,44,55,
60,83,88,90,137,197,205,235,236
社会主義者············ 7,38,201,202,207,208
シャリバリ ····························36
囚人········ 25,86,161,173,174,236
州長官····················· 15～17,22,32,48
自由貿易主義者·············· 108,205
使用許可·············· 99,101,103,170
ジョージ・ディーンの再審運動····· 50～52

女性············· 3,7,13,43,46,49,52,62,66,
82,87,106,109～115,117,122,
123,131,141～147,177,182,189,
208,217,221,223～226,237～240
人種主義························ 3,7,29,114,
131,136,238,239
人道主義························ 114
新聞············· 3,7,8,18～21,23,24,33～35,
37～39,41,43～45,48,49,
60～69,73,74,77,79,81～83,
87,95,99,108,140,145～148,
152,154,157,160,161,163,166,
175～179,184,189,192,198,204,207,
208,213,224～226,231～233,236,237,241
スクオッター···················· 169
スクール・オヴ・アーツ········ 91,96,98
スーダン派兵···················· 35,206
スピーカーズ・コーナー
···························· 171,172,204,241
スポーツ············· 3,36,88～90,106,131,
132,149,222,223,229
請願···················· 7,10,14,16,17,25,41～44,
47,48,50,102,112,144,
145,153,156～158,161,
163,173,175,178,183,184,190
聖月曜日····················· 19,84～88,237
政治改革連盟···················· 49,180,183,
184,186,187,189,195
聖パトリックの日···················· 182
世俗主義者············ 207,208,214,232
節酒運動············ 86,97,134,161,173,

176~179,191,194,201

世論‥‥‥‥‥‥ iv,3,4,6~9,15,18,23,24,
　　30,33~40,44,48,52~56,61,
　　66~69,72,75,82,83,92,94,97,
　　98,104,108,110,115,120~122,
　　127,129,137,138,140,151,157,205,
　　206,208,209,222,232,235~238,241

先住民‥‥‥‥‥‥‥‥ 3,114,116,
　　130,136,168,239,240

タ　行

第1次世界大戦‥‥‥‥‥70,83,109,121,
　　123,127~130,132,135,
　　136,139,140,143,172,204,239

第2次世界大戦‥‥‥‥‥‥‥‥ iv,129,
　　135,139,140

炬火集会‥‥‥18,19,151,153,158,175,177

タウンホール‥‥‥‥‥‥19,42,45,46,
　　48~52,91,92,94~96,
　　98~103,151,171,185,188,189,
　　200,204,205,207~210,217,220,238

タウン・ミーティング‥‥‥‥‥ 32,205

治安判事‥‥‥ 14,15,17,20,48,137,144

治安四法‥‥‥‥‥‥‥‥‥‥‥‥16

治安六法‥‥‥‥‥‥‥‥17,21,151

チャイナタウン‥‥‥‥‥‥‥ 147,183

チャーチスト運動‥‥‥‥‥‥ 18,85,
　　119,151,152

中国人‥‥‥‥‥‥2,3,4,7,29,47,49,98,
　　136,144~148,176,180,
　　183~189,191,194,196,197,200,201,240

中産階級‥‥‥‥‥‥‥‥‥‥ 15,29,75

中・上流層‥‥‥‥‥‥ 13,14,87,114,201,
　　205,206,208,209,218

忠誠派‥‥‥‥‥‥‥‥‥‥‥211~217,
　　221~225,227,230,232

中流層‥‥‥‥‥‥‥‥ 15,17,87,88,238

徴兵制‥‥‥‥‥‥‥‥‥‥‥ 139,204

帝国主義‥‥‥‥‥‥ 92,97,106,114,131,
　　206,207,209,218,223,238

『デイリー・テレグラフ』紙
　　‥‥‥‥ 37~39,44,100,189,191~193,
　　198,203,206,208,209,211,214,
　　216~218,220~222,224,225,231,234

テンペランス・ホール‥‥‥‥ 89,97,185,
　　187,189,195

ドメイン‥‥‥‥‥‥ 80,91,98,152,172,
　　173,177,180,182,184,
　　186,190~204,206,215,241

奴隷制廃止運動‥‥‥‥‥‥‥‥‥ 13,17

ナ　行

ナポレオン戦争‥‥‥‥‥‥‥‥ 10,13,15

ニコルソン内閣‥‥‥‥‥‥‥‥‥ 166

ネットワーク‥‥‥‥‥‥‥ 5,6,13,57

納税者‥‥‥‥‥‥ 100~106,113,115,
　　119~121,141,169,239

能動的市民‥‥‥‥‥‥‥‥‥‥‥ 116

ハ　行

ハイドパーク‥‥‥‥ 98,151,152,172~186,
　　188~191,193,197~201,215,232,241

白豪主義‥‥‥‥‥‥‥‥‥‥‥2,3,137

索 引 275

バサースト・ストリート・コラム
……………………… 180,186~189
バニヤップ……………… 37,63,64,171
パブ………… 91~93,96,98,155,238
パブリック・ハウス………………91
パブリック・ヒストリー……… 55,70,71
反穀物法運動………………… 15,18
反中国人運動……………… 2~4,7,29,49,
136,137,147,176,
180,183,185,187,188,201
反中国人暴動……………… 47,144,176
反中国人連盟………………… 187~189
反連邦…………… 38,45~47,49,111,179
BLM 運動 ………………… iii,204
ピータールーの虐殺…………16,17,151
ビッグデータ…………… 58,64,66,234
フィルタリング………………… 78,82
プラカード…………99,155,156,159,191
フラッグスタッフ・ヒル………… 91,98,
154,179,180,184,195,202
フランス革命…………… 12,15,151,158
プリムローズ・リーグ………… 223,228
ブルジョワ………………… 4~6
『ブルティン』紙 …………214,221,232
プロテスタント 88,91,96,111,134,
182,186,187,191,195,218,221
プロパガンダ…………35,52,53,109,110
ヘイマーケット…………89,98,152,173,
177,178,180,181,184,
186,187,195,196,202
『ベルメイン・オブザーヴァー』紙

……………………… 41~43,50
弁士…………………… 25,38,170,
194~201,203,215,222,225
放火…………………163,183,186
保護貿易主義者………… 108,170,177,
196,197,205,206
補助移民……………… 98,195,196,200
ホテル……………… 20,41,59,91~93,
96,97,159,169,183,238

マ 行

マスコミ………………………iv,18
マスメディア…………………5,8,235
マフディー戦争………………… 206
ミュージックホール……… 91,93,97,238
無政府主義者………………… 202
メソジスト…………12~14,120,176,239

ラ 行

ラリキン………………… 181~183,188,
191~194,198,224
流刑反対運動………… 24,28,86,87,152
ルール・ブリタニア………………… 219,
223,226,227
レディ………………………… 87,210
連邦運動…………39,45,46,49,109,111,179
連邦議会………………… 31,131
連邦憲法……………………31
労働運動………………… 3,7,46,49,154,
159,164,187,207
労働者………………………… 15,16,18,

　　　　　　　　　　　19,24~26,37,
　　　　84~89,98,99,109,110,
　　　　136,148,151~154,156,
　　　　158~160,162,164,168,173,
　　　　175,178~181,188,189,193,196,
　　　197,200,202,212,213,232,237,238
労働者階級……………… 25,29,84,87,88,
　　　　159,176,195,199,205,206
労働者防衛協会……… 180,186~189,195
ローカル………………… 89,113,114,121,
　　　　124~128,133,139,238,239
ロンドン通信協会………………… 14,15
ロンドン・ドックのストライキ
　　　………………………………… 201,202

A-Z

AI ……………………………………… vi,234
ALBERT ……………………………… 81,82
API ……………………………………… 63,64,74
British Newspaper Archive …………68
GLAM Workbench ………………… 73,75
Google Books …………………… 66,67,70,73
OCR …………………77~79,81,83,92,117,125
Papers Past ……………………………… 69,75
Python …………………………………………83
QueryPic ……………………………… 74,75
SNS ……………………………………… iv,57,235
Trove ……………………19,21,63~65,68,69,
　　　　72,73,75~77,81,152,237,240

《著者紹介》

藤川隆男（ふじかわ たかお）

1959 年大阪生まれ，大阪大学大学院文学研究科博士課程中退，現在同大学大学院人文学研究科教授

主著『オーストラリアの歴史　多文化社会の歴史の可能性を探る』（編著）有斐閣（2004），『人種差別の世界史』（単著）刀水書房（2011），『アニメで読む世界史 2』（編著）山川出版社（2015），『妖獣バニヤップの歴史』（単著）刀水書房（2016）

オーストラリアの世論と社会
デジタル・ヒストリーで紐解く公開集会の歴史

2024年11月14日　初版1刷発行

著　者　藤川隆男

発行者　中村文江

発行所　株式会社 刀水書房
〒101-0065　東京都千代田区西神田2-4-1 東方学会本館
TEL 03-3261-6190　FAX 03-3261-2234　振替00110-9-75805
印刷　亜細亜印刷株式会社
カバー印刷　三成印刷株式会社
製本　株式会社ブロケード

©2024 Tosui Shobo, Tokyo　ISBN978-4-88708-489-6　C3022

本書のコピー，スキャン，デジタル化等の無断複製は著作権法上での例外を除き禁じられています。本書を代行業者等の第三者に依頼してスキャンやデジタル化することは，たとえ個人や家庭内での利用であっても著作権法上認められておりません。